Gottfried Gabriel
Erkenntnis

Grundthemen Philosophie

Herausgegeben von
Dieter Birnbacher
Pirmin Stekeler-Weithofer
Holm Tetens

Gottfried Gabriel

Erkenntnis

—

DE GRUYTER

ISBN 978-3-11-040815-7
e-ISBN (PDF) 978-3-11-040865-2
e-ISBN (EPUB) 978-3-11-040867-6

Library of Congress Cataloging-in-Publication Data
A CIP catalog record for this book has been applied for at the Library of Congress.

Bibliografische Information der Deutschen Nationalbibliothek
Die Deutsche Nationalbibliothek verzeichnet diese Publikation in der Deutschen Nationalbibliografie; detaillierte bibliografische Daten sind im Internet über http://dnb.dnb.de abrufbar.

© 2015 Walter de Gruyter GmbH, Berlin/Boston
Einbandabbildung: Martin Zech
Satz: fidus Publikations-Service GmbH, Nördlingen
Druck und Bindung: Hubert & Co. GmbH & Co. KG, Göttingen
♾ Gedruckt auf säurefreiem Papier
Printed in Germany

www.degruyter.com

Inhaltsverzeichnis

Vorwort — IX

1 Einleitung — 1

2 Die erkenntnistheoretischen Grundthemen — 3
2.1 Die Erkenntnistheorie als Teildisziplin der Philosophie — 3
2.2 Die Erkenntnisrelation: Subjekt und Objekt der Erkenntnis — 4
2.3 Ursprung der Erkenntnis: Rationalismus und Empirismus — 7
2.4 Realität der Außenwelt: Realismus und Idealismus — 9
2.5 Beschaffenheit von Subjekt und Objekt: Dualismus und Monismus — 12

3 Geltung und Genese der Erkenntnis — 15
3.1 Die Problemgeschichte — 16
3.2 Das Begründungsapriori — 18
3.3 Begründungs- und Entdeckungszusammenhang — 20
3.4 Verwechselung von Geltung und Genese — 23
3.5 Theoretisches Wissen — 29
3.6 Behauptungen — 33
3.7 Wahrheitstheorien — 37
3.8 Erkenntnisfreiheit und Willensfreiheit — 39

4 Unterscheidungswissen — 43
4.1 Definitionen — 43
4.2 Begriffsbildungen als Explikationen — 47
4.3 Kategoriale Unterscheidungen in der Philosophie — 50
4.4 Der Erkenntniswert von Metaphern — 53

5 Nicht-propositionale Erkenntnis — 57
5.1 Erkenntnis durch Bekanntschaft — 58
5.2 Phänomenales Wissen — 59
5.3 Kennen, Erkennen, Erleben — 63

6 Erkenntnis in den Wissenschaften — 71
6.1 Wissenschaftliche Theorien — 71
6.2 Begründungen, Erklärungen, Beweise — 73
6.3 Verstehende Wissenschaften — 80

7 Kreatives Denken und Heuristik des Erkennens —— 85
- 7.1 Logik der Kreativität? —— 85
- 7.2 Beispiele kreativen Denkens: Gottlob Frege und August Kekulé —— 90
- 7.3 Bedingungen kreativen Denkens —— 92

8 Der Erkenntniswert der Kunst —— 97
- 8.1 Denken in Bildern —— 97
- 8.2 Wahrheit der Bilder? —— 99
- 8.3 Logik der Bilder —— 102
- 8.4 Kunst und Nicht-Kunst —— 106
- 8.5 Die Bewertung von Kunst —— 109
- 8.6 Die Kunst der Exemplifikation —— 111
- 8.7 Bilder mit Inschriften: René Magritte —— 115
- 8.8 Konzeptkunst zwischen Kunst und Philosophie: Joseph Kosuth —— 117
- 8.9 Ursprünge der Konzeptkunst —— 119
- 8.10 Kritik des Kunstbetriebs —— 121

9 Der Erkenntniswert der Literatur —— 125
- 9.1 Kritik des Fiktionalismus —— 125
- 9.2 Explikation des Fiktionsbegriffs —— 127
- 9.3 Wahrheit der Dichtung? —— 130
- 9.4 Dichtung und Moral —— 136
- 9.5 Dichtung und Historie —— 140
- 9.6 Wissensvermittlung durch Literatur? —— 142

10 Erkenntnisformen der Philosophie —— 147
- 10.1 Philosophie und Literatur —— 148
- 10.2 Die Vielfalt der Darstellungsformen —— 150
- 10.3 Argumentation und Vergegenwärtigung —— 156
    - 10.3.1 Die Dialogform bei Platon —— 157
    - 10.3.2 Die Dialogform bei Gottfried Wilhelm Leibniz und George Berkeley —— 161
    - 10.3.3 Die Darstellungsform der pyrrhonischen Skepsis —— 163
    - 10.3.4 Die Meditation bei René Descartes —— 164
- 10.4 Die Vielfalt der Sprachformen —— 167
- 10.5 Beschreibende Vergegenwärtigung —— 170

11 Zusammenfassende Schlussbetrachtung —— 177

Literaturverzeichnis —— 179

Namenregister —— 187

Sachregister —— 191

Vorwort

Das vorliegende Buch ist aus Vorlesungen hervorgegangen, die ich an den Universitäten Jena, Luzern, Basel und Konstanz gehalten habe. Für ermutigende Kommentare und anregende Diskussionen habe ich Hörern und Hörerinnen zu danken. Mein besonderer Dank gilt Sven Schlotter, der nicht nur in den Jahren meiner Tätigkeit an der Universität Jena ein ständiger Begleiter meiner Bemühungen war, sondern sich noch in den Jahren danach als genauer Leser meiner Texte verdient gemacht hat. Seine Kommentare sind schließlich auch der Endfassung des Buches zugutegekommen. Teile sind bereits in Einzelstudien veröffentlicht worden. Die Texte wurden überarbeitet, gekürzt und ergänzt, um eine zusammenhängende Darstellung zu gewährleisten. Berücksichtigung fanden insbesondere folgende Publikationen (in eckigen Klammern Angabe der Kapitel, in denen sie verwendet wurden):

(1) „Geltung und Genese als Grundlagenproblem", in: *Erwägen Wissen Ethik*, 23 (2012), Heft 4, 475-486. Das Heft enthält außerdem Kritiken an meinem Beitrag von verschiedenen Autorinnen und Autoren (487-593) sowie meine Antworten (593-609). [Kapitel 3]

(2) „Kreatives Denken. Über den ‚Geist' in den Naturwissenschaften", in: Gudrun Kühne-Bertram/Hans-Ulrich Lessing (Hrsg.), *Phantasie und Intuition in Philosophie und Wissenschaften. Historische und systematische Perspektiven*, Würzburg: Königshausen & Neumann 2011, 199-213. [Kapitel 7]

(3) „Warum es so schwerfällt, etwas über Kunst zu sagen", in: Julian Nida-Rümelin/Jakob Steinbrenner (Hrsg.), *Kunst und Philosophie. Kunstvermittlung in den Medien*, Ostfildern: Hatje Cantz 2011, 61-84. [Kapitel 8]

(4) „Der Erkenntniswert der Literatur", in: Alexander Löck/Jan Urbich (Hrsg.), *Der Begriff der Literatur. Transdisziplinäre Perspektiven*, Berlin u. New York: Walter de Gruyter 2010, 247-261. [Kapitel 9]

(5) „Literarische Formen der Vergegenwärtigung in der Philosophie", in: Michael Erler/Jan Erik Heßler (Hrsg.), *Argument und literarische Form in antiker Philosophie*. Akten des 3. Kongresses der Gesellschaft für antike Philosophie 2010, Berlin u. Boston: Walter de Gruyter 2013, 13-32. [Kapitel 10]

Geboten wird im Folgenden eine Analyse unterschiedlicher Erkenntnisformen unter besonderer Berücksichtigung von deren Darstellungsformen. Ein solcher Zugang hat auch seine eigene Darstellungsform zu bedenken. Für den Verfasser ist Philosophie, von der formalen Logik einmal abgesehen, keine Lehrbuchwissenschaft, deren Stoff man aufschreiben und schwarz auf weiß vermitteln kann. Wenn man mit Kant bedenkt, dass es in der Philosophie weniger darum geht, Philosophie als vielmehr Philosophieren zu lernen, so erweist sich die lehrhafte

Darstellung nicht unbedingt als die beste. Die Philosophie handelt von systematischen Problemen, die im Laufe der Geschichte auf sehr unterschiedliche Weise zu lösen versucht wurden. Diese Lösungsversuche sind fortwährend bewusst zu halten und weiterzudenken. Die beste Methode der Philosophie besteht daher in einer problemorientierten Auseinandersetzung mit klassischen Texten. Die vorliegende Darstellung ist demgegenüber mit Blick auf die Reihe, in der sie erscheint, stärker ergebnisorientiert ausgerichtet. Bei der Abfassung habe ich mich bemüht, einer mittleren Linie zu folgen. So wurden die problemgeschichtlichen Zusammenhänge zu skizzieren versucht, bisweilen musste es aber bei Andeutungen bleiben, um Kenner nicht zu langweilen und die systematische Diskussion nicht zu kurz kommen zu lassen.

Konstanz im Dezember 2014 G. G.

„Wenn ich mich nicht irre ..."
Sam Hawkens

1 Einleitung

Erkenntnis ist nicht nur ein Thema der Philosophie, sondern auch einiger anderer Disziplinen, wie zum Beispiel der Psychologie und der Neurowissenschaften. Im Folgenden wird es darum gehen, die *philosophischen* Fragestellungen zu entwickeln. Die philosophische Theorie der Erkenntnis untersucht die Möglichkeiten und Grenzen menschlicher Erkenntnis. Die entsprechende Disziplin heißt ‚Erkenntnistheorie'. Daneben ist auch die Bezeichnung ‚Epistemologie' in Gebrauch. ‚Epistemologie' besagt seinem griechischen Ursprung gemäß ‚Wissenslehre' oder ‚Wissenstheorie'. Der Erwerb, die Begründung und die Vermittlung von Wissen erfolgt insbesondere durch die Wissenschaften, deren Grundlagen und Methoden in der Wissenschaftstheorie analysiert werden. Angesprochen ist hier das theoretische im Unterschied zum praktischen Wissen. Die Wissenschaftstheorie als Theorie *wissenschaftlicher* Erkenntnis ist eigentlich ein Teilgebiet der Erkenntnistheorie. Bisweilen besteht allerdings die Tendenz, die Erkenntnistheorie von der Wissenschaftstheorie her zu entwickeln. Der Grund ist, dass Erkenntnis – zumindest *eigentliche* Erkenntnis – häufig mit Wissen gleichgesetzt wird, was bereits in der Bezeichnung ‚Epistemologie' zum Ausdruck kommt. Dementsprechend meint die Wissenschaft als Sachwalterin des Wissens auch vorgeben zu können, was Erkenntnis zu heißen verdient, obwohl nicht einmal Wissen auf die Wissenschaft beschränkt ist. So gibt es ja auch Alltagswissen.

Als besonders problematisch erweist sich die Gleichsetzung von Erkenntnis mit theoretischem Wissen, weil Erkenntnis damit einzig an wahren Aussagen festgemacht und als propositional bestimmt wird. Im Unterschied und in Ergänzung zu erkenntnistheoretischen Arbeiten, die auf den propositionalen Wissensbegriff konzentriert sind (vgl. etwa Grundmann 2008, Brendel 2013), wird die folgende Untersuchung die Akzente genau anders herum setzen und dabei insbesondere nicht-propositionale Formen der Erkenntnis in den Blick nehmen. Die wissenschaftliche Erkenntnis wird als eine unter anderen Erkenntnisweisen und damit der Wissensbegriff als Unterbegriff des Erkenntnisbegriffs behandelt. Dementsprechend wird es darum gehen, neben der wissenschaftlichen weitere Möglichkeiten der Erkenntnis zur Anerkennung zu bringen, nämlich zu zeigen, dass Erkenntnis gerade auch durch Kunst und Literatur vermittelt wird. Für einen Großteil der Freunde der schönen und auch der nicht mehr schönen Künste möchte eine solche Auffassung selbstverständlich sein. Ist doch die Rede von der ‚Wahrheit der Kunst' und der ‚Wahrheit der Dichtung' ein alter Topos, der bis heute geläufig ist. Die Frage ist dann aber, was mit Wahrheit in solchen Verbindungen gemeint sein kann, da ‚Wahrheit' meist als Prädikat von Aussagen und damit propositional verstanden wird.

Mitunter wird die Wahrheit der Kunst sogar gegen die bloße Richtigkeit der Wissenschaft ausgespielt und der Kunst in Sachen Erkenntnis mehr zugetraut als der Wissenschaft. Einem derartigen emphatischen Kunstverständnis wird hier genauso widersprochen wie der szientistischen Gleichsetzung von Erkenntnis mit wissenschaftlicher Erkenntnis. Der Grundgedanke der folgenden Überlegungen ist in Absetzung von beiden Positionen die Anerkennung unterschiedlicher Erkenntnisformen, die nicht miteinander im Widerstreit liegen, sondern einander ergänzen. Das angestrebte Ziel ist die Begründung einer *Komplementarität der Erkenntnisformen* in Verbindung mit einer Analyse ihrer Darstellungsformen.

Davon ausgehend, dass die Erkenntnistheorie gegenüber der Wissenstheorie die umfassende Disziplin ist, steht zunächst eine Erörterung allgemeiner Fragen und Themen der Erkenntnistheorie an. Es folgt eine Analyse wissenschaftlicher Erkenntnis. In Absetzung vom Begriff des propositionalen Wissens wird sodann die Explikation eines weiteren Erkenntnisbegriffs vorgelegt, der Raum lässt für die Anerkennung einer Vielfalt von Erkenntnisformen in Kunst, Literatur und Philosophie.

2 Die erkenntnistheoretischen Grundthemen

Wir beginnen mit einer problemgeschichtlichen Skizze klassischer Fragestellungen der Erkenntnistheorie. Der Sache nach ist die Erkenntnistheorie ein sehr altes Gebiet der Philosophie. Ihre Themen sind bereits in der Platonischen Unterscheidung von Wissen und Meinen angesprochen. Der Disziplinentitel ist dagegen sehr viel jünger. Er hat sich erst seit den dreißiger Jahren des 19. Jahrhunderts herausgebildet.

2.1 Die Erkenntnistheorie als Teildisziplin der Philosophie

Die Erkenntnistheorie in ihrer gegenwärtigen Gestalt ist das Ergebnis einer Entwicklung innerhalb der neuzeitlichen Philosophie. Einflussreich war hier besonders die Tradition der Kantischen Vernunftkritik und deren Problematisierung eines philosophischen Erkenntnisanspruchs, der sich metaphysisch auf Dinge jenseits der Physik, insbesondere auf Gott, den Kosmos als ganzen sowie die Seele und deren Unsterblichkeit erstreckt. Diesen Erkenntnisanspruch galt es zu prüfen. Zurückgreifen konnte Kant dabei auf die Metaphysikkritik seiner empiristischen Vorgänger, vor allem auf diejenige David Humes. Diese selbstkritische Wende der Philosophie wurde im Deutschen Idealismus (Fichte, Schelling, Hegel) durch erneute Spekulation unterbrochen. Die Folge war eine polemische Herauslösung der Naturwissenschaften aus dem Verbund der Philosophischen Fakultät bis hin zu dem Anspruch, dass die Antworten auf philosophische Fragen, sofern diese überhaupt als sinnvoll angesehen wurden, in den Naturwissenschaften zu suchen seien. Als Reaktion auf die Entfremdung zwischen Philosophie und Wissenschaften erfolgte schließlich eine Rückbesinnung auf Kant, der in seiner *Kritik der reinen Vernunft* nicht nur den Spekulationen der Metaphysik, sondern auch den Anmaßungen einer rein wissenschaftlichen Weltauffassung die Grenzen aufgezeigt hatte. Die kritische Aufgabe, sozusagen nach beiden Seiten die Augen offen zu halten, dabei aber gleichzeitig vermittelnd tätig zu sein, wurde nun einer eigenen Disziplin, nämlich der Erkenntnistheorie zugewiesen.

Mit Blick auf traditionelle Einteilungen der Philosophie lässt sich sagen, dass der Erkenntnistheorie ihre Themen aus der *Logik* als Lehre vom richtigen Denken und aus der *Ontologie* als der Lehre vom Sein zugewachsen sind. Angelegt ist eine solche Entwicklung bereits bei Kant, insofern dieser die Logik rein formal und nicht als eine inhaltliche Denklehre versteht. Gleichzeitig hat Kant im Rahmen seiner Transzendentalphilosophie in Ablehnung der Auffassung, dass wir die Dinge erkennen, wie sie an sich sind, die Kategorien des Seins durch Kategorien des Denkens ersetzt. Diese Ersetzung kommt in der Sache einem Übergang von der Ontologie zur Erkenntnistheorie gleich. Die endgültige Etablierung der Erkenntnistheorie als eigene Disziplin erfolgte denn auch im Anschluss an Kant durch Vertreter des Neukantianismus. Begünstigt wurde die Entwicklung durch die empiristische Tradition, deren Vertreter Locke, Berkeley und Hume schon vor Kant das menschliche Erkenntnisvermögen zum Gegenstand eigener Schriften gemacht hatten.

Die empiristische Tradition wurde im 19. Jahrhundert vor allem von solchen Philosophen fortgesetzt, die der Psychologie nahe standen und die Erkenntnistheorie mit der Begründung, dass das Erkennen eine psychische Tätigkeit sei, als psychologische Theorie auffassten. Verständlich wird die Verschränkung von psychologischen mit philosophischen Fragen vor dem Hintergrund, dass die Psychologie in dieser Zeit noch keine eigenständige empirische Wissenschaft war, sondern eine Teildisziplin der Philosophie ausmachte. Auf diese Weise kam es immer wieder zur Vermischung von psychologischen und logischen Gesichtspunkten. Abhilfe schuf hier die Unterscheidung zwischen der psychischen *Genese* und der logischen *Geltung* der Erkenntnis, der gemäß zwischen psychologischer und philosophischer Erkenntnistheorie zu unterscheiden ist. Dem Thema Geltung und Genese ist das Kapitel 3 gewidmet, in dem dann auch weitere Aspekte der Genese der Erkenntnis, insbesondere solche historischer, soziologischer und biologischer Art, zur Sprache kommen.

2.2 Die Erkenntnisrelation: Subjekt und Objekt der Erkenntnis

Erkenntnis wird üblicherweise als das inhaltliche Ergebnis einer Tätigkeit oder eines Aktes des Erkennens verstanden. Die Tätigkeit des Erkennens ist anders als Tätigkeiten wie Laufen und Schwimmen *relational*. Sie stellt sich als eine *Beziehung* zwischen einem Erkennenden und einem Erkannten dar: *Jemand* erkennt *etwas*. Der Erkennende heißt das *Subjekt der Erkenntnis* oder das *Erkenntnissubjekt*, das Erkannte heißt das *Objekt der Erkenntnis* oder das *Erkenntnisobjekt*. Nimmt man die Rede vom ‚Subjekt' und ‚Objekt' wörtlich, so ist hier bereits kritisch innezuhalten. ‚Subjekt' geht zurück auf lat. ‚subiectum', was ‚Unterworfenes' bedeutet. Unterworfen wäre das Subjekt dem ‚obiectum', das wörtlich genommen allerdings ‚Entgegengeworfenes' besagt. Anders als im Fall des aus der Grammatik bekannten Gegensatzpaares ‚Subjekt-Prädikat', bei dem das Prädikat etwas ‚über' das Subjekt aussagt und das Subjekt dem Prädikat insofern ‚unterworfen' ist, bleibt es sehr fraglich, ob das Verhältnis zwischen dem Erkenntnissubjekt und dem Erkenntnisobjekt ebenso zu denken ist. Dies würde ja heißen, dass das Subjekt sozusagen den Anwürfen des Objekts ausgesetzt, ja, ausgeliefert wäre. Erkennen wäre dann auf Seiten des Subjekts eine rein passive

Angelegenheit und gerade keine Tätigkeit. Erkenntnis bestünde lediglich in den Informationen, die von Objektseite auf das Subjekt gewissermaßen ‚einprasseln'. Ein solches Erkenntnismodell wurde zum Beispiel von dem Empiristen Locke vertreten. Danach ist der menschliche Geist zunächst „ein unbeschriebenes Blatt, ohne alle Schriftzeichen, frei von allen Ideen", das erst durch die Wahrnehmung mit Ideen beschrieben wird (Locke 1981, Bd. 1: 107 f.). Der Rationalist Leibniz (1961, Bd. 1: 99) hat diese Auffassung des Geistes in der Tradition der so genannten *tabula rasa* eine „Fiktion" genannt. Er charakterisiert sie durch den Grundsatz *Nihil est in intellectu, quod non prius fuerit in sensu* (Nichts ist im Verstand, was nicht vorher in den Sinnen war) und widerspricht diesem durch den einschränkenden Zusatz *nisi intellectus ipse* (mit Ausnahme des Verstandes selbst). (Leibniz 1961, Bd. 1: 101/103) Damit weist Leibniz pointiert darauf hin, dass das Erkenntnissubjekt auf das Erkenntnisobjekt in gewisser Weise voreingestellt sein muss und ihm daher auch eine aktive Rolle beim Erkennen zukommt. Eine zentrale Frage der Erkenntnistheorie ist, wie weit diese Prädisposition des Subjekts reicht, welchen Anteil das Subjekt an der Erkenntnis des Objekts hat. Zu bedenken ist, dass in einem bestimmten Sinne dem Erkennenden tatsächlich etwas ‚entgegen' geworfen wird, insofern das, was er zum Beispiel sieht, wenn er nicht die Augen verschließt, keineswegs seinem Willen untersteht. Wir haben es also mit einer *Gegen*-ständlichkeit und sogar *Wider*-ständigkeit zu tun, die aber keine *Ding*-lichkeit sein muss, an die wir bei der Rede von Gegenständen häufig denken (vgl. die Rede von Alltagsgegenständen als handhabbaren Dingen mittlerer Größe, wie Tassen, Töpfe und Tische). Objekte der Erkenntnis sind nicht nur sinnliche Dinge, sondern auch Abstrakta, und für diese gilt ebenfalls, dass wir über ihre Eigenschaften nicht frei verfügen.

Mit den Begriffen ‚Subjekt' und ‚Objekt' kommen auch die Begriffe der Subjektivität und der Objektivität ins Spiel. Es schließt sich die Frage an, ob der Grad der Objektivität der Erkenntnis davon abhängig ist, dass die Rolle des Subjekts klein gehalten wird. Dies würde heißen, dass objektive Erkenntnis nur dann besteht, wenn das Objekt die Vorgaben macht, also das Sagen hat, während andererseits die Erkenntnis bloß subjektiv verbleibt, wenn wesentliche inhaltliche Bestimmungen vom Subjekt getroffen werden. Hier ist zu betonen, dass Subjektivität im Sinne einer Aktivität des Subjekts von Subjektivität im Sinne einer Privatheit und der daraus folgenden Relativität der Erkenntnis zu unterscheiden ist. So begründet Kant die Objektivität von Raum- und Zeitbestimmungen gerade, indem er Raum und Zeit als Anschauungsformen des Erkenntnissubjekts bestimmt. Während Subjektivität wohl stets eine Subjektbezogenheit meint, die allerdings, wie wir gesehen haben, nicht auf bloß individuelle Subjektivität hinauslaufen muss, meint Objektivität nicht immer eine Objektbezogenheit. Wenn jemand die Objektivität der Arithmetik hervorhebt, so impliziert dies nicht unbedingt eine platonistische Deutung, wie sie etwa von Frege (1884) vertreten wurde, wonach Zahlen als Objekte, nämlich als abstrakte Gegenstände aufzufassen sind. Gemeint sein kann auch, dass die *Geltung* der arithmetischen Aussagen für alle Subjekte außer Frage steht oder doch stehen sollte. Diesem Verständnis nach ist der eher ontologisch-metaphysische Begriff der Objektivität durch den erkenntnistheoretischen Begriff der Intersubjektivität zu ersetzen oder Objektivität im Sinne von Intersubjektivität zu deuten. Sofern Intersubjektivität so zu verstehen ist, dass individuelle Subjektivitäten transzendiert werden, dürfte hier die Rede von einer Transsubjektivität angemessen sein – ohne dass dabei auf transzendente Objekte Bezug genommen werden müsste. Objektivität wird häufig auch im Sinne von Unparteilichkeit verstanden, zum Beispiel mit Bezug auf Reportagen und gerichtliche Urteile. Es versteht sich, dass eine unparteiliche Perspektive nicht bereits die objektive Geltung einer Sache garantiert.

Die Rede von Gegenständen und Objekten kennen wir auch in der harmlosen Form, dass man vom Objekt oder Gegenstand eines Vortrages spricht und damit einfach dessen Thema meint. In diesem Sinne ist der Begriff der Erkenntnis Gegenstand unserer gegenwärtigen Überlegungen. Der Gegenstand einer Rede ist dasjenige, worüber geredet wird; der Gegenstand der Auseinandersetzung ist dasjenige, worüber gestritten wird. Ein solches ontologisch neutrales Verständnis der Rede von Objekten und Gegenständen – wir können hinzufügen: von Sachen und Dingen – unterstreicht der sinnige Spruch: „What is a thing? Everything."

Die zwischen Erkenntnissubjekt und Erkenntnisobjekt bestehende Erkenntnisrelation lässt sich im Rahmen der philosophischen Erkenntnistheorie nicht einfach als eine empirische Relation zwischen empirischen Gegenständen in Raum und Zeit begreifen, wie zum Beispiel die Relation ‚x steht vor y'. So ist das Subjekt der Erkenntnis nicht mit dem empirischen, nämlich mit dem psychischen oder gar biologischen Subjekt zu identifizieren. Das Verhältnis von Subjekt und Objekt fällt nicht mit dem Verhältnis von Gehirn und physischen Gegenständen zusammen, wie es Thema empirischer Wissenschaften, insbesondere der Neurowissenschaften ist. Was die nichtempirische Seite des Objekts anbelangt, so wird diese bereits an der Form der propositionalen Erkenntnis deutlich. Selbst dann, wenn die Aussage ‚p' in ‚A erkennt, dass p' eine Aussage über einen raumzeitlichen Gegenstand ist (wie zum Beispiel ‚Dieser Tisch ist braun'), ist ‚p' selbst nicht von dieser Art. Was wahr oder falsch ist, muss einen feststehenden Sinn haben und kann daher aus kategorialen Gründen kein Gebilde in Raum und/oder Zeit sein. Gegenteilige Auffassungen, nach denen ‚p' für raum-zeitlich gesprochene bzw. geschriebene Sätze (also für Schallwellen bzw. Druckerschwärze auf Papier) oder zeitlich dauernde psychische Gebilde steht, führen in der einen oder anderen Weise zu Schwierigkeiten.

Nach diesen Vorklärungen erfolgt nun die Entfaltung der erkenntnistheoretischen Grundthemen. Als problemgeschichtlicher Ausgangspunkt dienen uns Descartes' *Meditationen*, weil deren Unterscheidungen und Argumentationen die Diskussion bis heute maßgeblich geprägt haben (vgl. ausführlich Gabriel 2008), ohne dass freilich Descartes' eigene Antworten ungeteilte Zustimmung erfahren hätten. Vielmehr haben sich viele philosophische Positionen in Auseinandersetzung mit und im Widerspruch zu Descartes entwickelt.

2.3 Ursprung der Erkenntnis: Rationalismus und Empirismus

Ausgangspunkt der neuzeitlichen Erkenntnistheorie ist eine Selbstvergewisserung des Subjekts im Schatten des Zweifels. Descartes denkt als stellvertretendes Subjekt darüber nach, was er wirklich weiß. Im Rückgriff auf Motive und Argumentationsfiguren der antiken Skepsis bemüht sich dieses Subjekt um die Überführung bloßen Fürwahrhaltens in begründetes Wissen. Es unterwirft alle vorgeblichen Erkenntnisse dem Härtetest eines prinzipiellen methodischen Zweifels. Methodisch ist dieser Zweifel, weil er vorgebliches Wissen nicht wahllos in Frage stellt, sondern Gründe des Zweifels systematisch entwickelt. Zunächst wird die Verlässlichkeit sinnlicher Wahrnehmung in Zweifel gezogen, und zwar nacheinander die Wahrnehmung entfernter Gegenstände, die Wahrnehmung naher Gegenstände und die Wahrnehmung des eigenen Leibes. Mit dem Argument, dass wir kein sicheres Kennzeichen für die Unterscheidung von Wachen und Träumen zur Verfügung haben, wird schließlich die Existenz der materiellen Außenwelt mit der Konsequenz in Frage gestellt, dass das Leben ein Traum sein könnte.

Auf diese Weise wird die Gegenstandserkenntnis überhaupt und mit ihr die Physik als die Wirklichkeitswissenschaft größter Allgemeinheit problematisch. Als Erkenntnis, die unabhängig davon ist, ob die Welt wirklich existiert, verbleibt die mathematische Erkenntnis. ‚7+5=12' gilt unabhängig davon, ob ich wirkliche oder bloß geträumte Dinge zähle, und die Winkelsumme im Dreieck ist 180°, unabhängig davon, ob es wirkliche oder nur vorgestellte Dreiecksformen gibt.

Gründe zu zweifeln, sieht Descartes schon dann, wenn er keine Gründe findet, nicht zu zweifeln, wenn es nur den geringsten Anlass für einen *möglichen* Zweifel gibt. Lebenspraktisch gesehen ist dieser Zweifel sicher übertrieben. Dennoch ist er kein pathologischer, in die Verzweiflung führender Zweifel. Er dient als methodisches Mittel, die unterschiedlichen Erkenntnisquellen zu sondieren und diejenige herauszufinden, die unbezweifelbare Erkenntnis liefert. Diese Erkenntnis soll die Grundlage dafür abgeben, das Gebäude des Wissens neu und gesichert zu errichten. Die Frage, die es dabei zu beantworten gilt, ist die *Frage nach dem Ursprung der Erkenntnis*. Wie sehen die Antworten aus?

Bei Descartes selbst kommt in der methodischen Reihenfolge des schrittweisen Abbaus angeblichen Wissens – den Gründen des Zweifels entsprechend – eine hierarchische Stufung zum Ausdruck: das jeweils später Angezweifelte ist relativ gewisser als das früher Angezweifelte. Danach wird die sinnliche Wahrnehmung am geringsten bewertet, während die mathematische Erkenntnis als das letzte Bollwerk, das dem Zweifel soweit noch standhält, das höchste Ansehen genießt. Die Mathematik wird so zum Paradigma einer Erkenntnis aus reiner Vernunft und zum Leitbild einer Philosophie, die auf die Vernunft setzt und diese als die eigentliche Quelle der Erkenntnis bestimmt. Dementsprechend heißt diese Position *Rationalismus* (von lat. ratio = Vernunft). Die Position, die sich an der Wahrnehmung orientiert und in der Erfahrung die eigentliche Erkenntnisquelle sieht, heißt demgegenüber *Empirismus* (von gr. empeiria = Erfahrung). Üblicherweise wird in der Tradition zwischen einer *äußeren* (auf Gegenstände gerichteten) Wahrnehmung durch die fünf Sinne und einer *inneren* (auf Gefühle, Wünsche usw. gerichteten) Wahrnehmung unterschieden. Die fünf Sinne sind Sehen, Tasten, Hören, Riechen, Schmecken. Der Tastsinn ist dabei ein Doppelsinn, da er sowohl die Unterschiede zwischen ‚hart' und ‚weich' als auch zwischen ‚heiß' und ‚kalt' wahrnimmt. Diejenige Position, die innerhalb des Empirismus meint, die innere Wahrnehmung auf die äußere Wahrnehmung zurückführen zu können, heißt *Sensualismus* (von lat. sensus = Sinn).

Zu betonen ist, dass keine der genannten Positionen auf die jeweils favorisierte Erkenntnisquelle als einzige setzt. Auch die Rationalisten behaupten nicht, ohne sinnliche Wahrnehmung auskommen zu können, und die meisten Empiristen bestreiten nicht den apriorischen Charakter der mathematischen Erkenntnis, veranschlagen deren Erkenntniswert aber weniger hoch als die Rationalisten. Die Differenz kommt vor allem zum Tragen, wenn es um die Frage apriorischer Erkenntnis außerhalb der Mathematik geht (Kreimendahl 1994: 9 f.). Der klassische Gegensatz zwischen Rationalismus (Descartes, Leibniz, Wolff) und Empirismus (Locke, Berkeley, Hume) wird durch den Kritizismus Kants überwunden, der in seiner Deutung der Erfahrung (als Verbindung von sinnlicher Anschauung und logischem Begriff) Elemente beider Traditionen vereinigt. Hieran schließen die modernen Formen des *Logischen* Empirismus (Rudolf Carnap) und des *Kritischen* Rationalismus (Karl R. Popper) auf je unterschiedliche Weise an. Differenzen bestehen vor allem in der Beurteilung der Induktion und der damit verbundenen Frage, ob sich empirische Allaussagen verifizieren lassen oder lediglich einer möglichen Falsifikation, so Popper, ausgesetzt werden können.

2.4 Realität der Außenwelt: Realismus und Idealismus

Im weiteren Verlauf der Cartesischen Argumentation wird auch die mathematische Erkenntnis noch bezweifelt, allerdings eher hypothetisch. Descartes greift dazu auf die Konstruktion eines bösen Gottes (*genius malignus*) zurück, der mich selbst dann noch täuschen könnte, wenn ich – wie in der Mathematik – meiner Sache absolut sicher bin. Die argumentative Funktion dieser Konstruktion besteht darin, den Zweifel so weit zu treiben, bis er sich auflöst. Dies ist der Fall, wenn mein Zweifel selbstbezüglich meine eigene Existenz in Frage stellt. Wenn ich durchgehend *getäuscht* werde, so bin *ich* es doch, der getäuscht wird. Gerade der Umstand, dass mein Zweifel mich selbst in meiner eigenen Existenz zum *Objekt* des Zweifels macht, lässt mich als *Subjekt* dieses Zweifels existentiell triumphieren: Ich zweifle, also bin ich.

Der Weg, auf dem dieses Subjekt zu sich selbst findet, wirft neue Fragen auf. Er lässt sich als schrittweiser Rückzug des Subjekts aus der Außenwelt als Objekt beschreiben, wobei schließlich sogar die Existenz des eigenen Körpers in Frage gestellt wird. Zwar versucht Descartes im weiteren Verlauf seiner Überlegungen, die Außenwelt wieder zurückzugewinnen, deren Anerkennung bleibt aber problematisch angesichts der Standards, die durch die paradigmatisch gesetzte „klare und deutliche" Gewissheit der Selbsterkenntnis vorgegeben sind. Ungewissheit ist der Ursprung der *Frage nach der Realität der Außenwelt*.

Die Antworten auf diese Fragen sind *Realismus* und *Idealismus*. Der Realismus behauptet, dass es eine unabhängig vom erkennenden Subjekt bestehende Außenwelt gibt, der Idealismus bestreitet dies. Zum Verständnis der Positionen ist es wesentlich, zwischen *Da*sein im Sinne der Existenz und *So*sein im Sinne der Beschaffenheit der Außenwelt zu unterscheiden. Ein Realismus des Daseins impliziert nicht bereits, dass die Dinge der Außenwelt auch in ihrem Sosein als unabhängig vom erkennenden Subjekt anerkannt werden. Die Außenwelt mag uns anders erscheinen, als sie in Wirklichkeit beschaffen ist. Die Frage ist, ob die Eigenschaften, welche die Dinge für uns haben, den Dingen auch an sich zukommen oder ob es Eigenschaften gibt, die den Dingen nur insoweit zukommen, als sie von einem Subjekt wahrgenommen werden. Für diese Unterscheidung hat Locke die Termini „primäre" und „sekundäre Qualitäten" eingeführt. Die primären Qualitäten sind eigentlich Quantitäten, nämlich quantitative Bestimmungen der Dinge wie sie die mathematische Naturwissenschaft liefert. Ein Standardbeispiel sind die Farben. Deren primäre Qualitäten sind die messbaren Wellenlängen und deren sekundäre Qualitäten sind die wahrnehmbaren sinnlichen Eigenschaften.

Die Unterscheidung zwischen primären und sekundären Qualitäten liefert die Grundlage für die Position des ‚kritischen Realismus' in Absetzung vom

‚naiven Realismus'. Letzterer Ausdruck ist nicht abfällig gemeint. Um einen solchen Eindruck zu vermeiden, spricht man stattdessen auch von einer „natürlichen Weltauffassung". Für den naiven Realisten sind die Dinge so, wie sie uns erscheinen. Der grüne Baum, den wir vor uns sehen, ist danach objektiv sowohl ein Baum einer bestimmten Größe und Gestalt als auch grün. Für den kritischen Realisten ist er dagegen zwar objektiv ein Baum einer bestimmten Größe und Gestalt, aber nur subjektiv grün. Zu betonen ist, dass die angesprochene Subjektivität einer Eigenschaft nicht im Sinne einer bloß persönlichen Auffassung gemeint ist, sondern lediglich die Abhängigkeit des Soseins von erkennenden Subjekten besagt. Das Sosein kann dabei durchaus *inter*subjektiven Charakter haben. Anderen Betrachtern erscheint der Baum ja ebenfalls grün – sofern sie nicht farbenblind sind. Der naive Realismus erhält im Phänomenalismus, für den die Dinge die Phänomene selbst sind, eine Aufwertung. Prominentester Vertreter des Phänomenalismus ist der Physiker Ernst Mach. Der Phänomenalismus findet eine Stütze in Berkeleys gegen Locke gerichteter Kritik an der Unterscheidung zwischen primären und sekundären Qualitäten, worauf hier nicht näher eingegangen werden kann (vgl. dazu Gabriel 2008: 102-106).

Zu betonen ist, dass die Positionen des Idealismus und Realismus sowohl mit einem Empirismus als auch mit einem Rationalismus kombinierbar sind. So sind etwa der Rationalist Descartes und der Empirist Locke beide kritische Realisten. Sie sind Realisten des Daseins, aber nur in Grenzen Realisten des Soseins, indem sie nur den quantitativen Eigenschaften der Dinge zubilligen, Eigenschaften der Dinge selbst zu sein. Eine Kombination von Empirismus und Idealismus findet sich bei Berkeley, der dabei einen Idealismus des Daseins in Verbindung mit einem Realismus des Soseins vertritt, indem für ihn die wahrgenommenen Dinge die Dinge selbst sind (*esse est percipi*). Kants transzendentaler Idealismus ist wegen der Anerkennung des Dings an sich ein Realismus des Daseins, ansonsten aber ein konsequenter Idealismus des Soseins, indem sogar die Naturgesetze als Gesetze verstanden werden, die der Verstand (als Subjekt) der Natur (als Objekt) „vorschreibt". Die Rede vom Subjekt ist hier freilich nicht im Sinne empirischer Einzelsubjekte gemeint. Angesprochen ist vielmehr das Intersubjektivität garantierende Subjekt überhaupt (im Singular). Kant nennt es „das transzendentale Subjekt".

Es ist ein häufig wiederkehrendes Missverständnis, einem Idealisten zu unterstellen, er würde die Unterscheidung zwischen Sein und Schein aufheben. Dieser Vorwurf ist ungerechterweise häufig gegen Berkeley erhoben worden. Der Idealist erkennt die empirische Realität an und unterscheidet sehr wohl zwischen Wirklichkeit und Einbildung, zwischen Fakten und Fiktionen. Er sieht dieselben Gegenstände wie der Realist und bestätigt auch deren unabhängiges Bestehen in dem Sinne, dass es nicht möglich sei, diese Gegenstände durch bloß geistige Anstrengung in ihrem Sosein zu verändern oder gar in ihrem Dasein zum Verschwinden zu bringen. Allerdings deutet er die Seinsweise der Gegenstände anders als der Realist. Die empirische Unabhängigkeit der Gegenstände ist dem Realisten Anlass, diesen Gegenständen eine Existenz *außerhalb* des Erkenntnissubjekts zuzubilligen. Diesen Schritt von der Immanenz zur Transzendenz vollzieht der Idealist nicht mit. Sein philosophisches Motiv ist dabei gerade nicht die skeptische Leugnung der Realität, sondern eher der Versuch, die Spaltung der Welt in Innenwelt und Außenwelt zu vermeiden und die Trennung zwischen Subjekt und Objekt der Erkenntnis nicht unüberbrückbar werden zu lassen.

Die Bezeichnung ‚Idealismus' erklärt sich so, dass für dessen Vertreter die Dinge einzig aus Verbindungen von Ideen (von lat. ideae, engl. ideas) oder Vorstellungen erkennender Subjekte bestehen. Die Auffassung, dass sowohl die Dinge als auch alle anderen Subjekte einzig in *meiner* Vorstellung existieren, heißt *Solipsismus* (von lat. solus = allein und lat. ipse = selbst). Diese Position ist kaum ernsthaft vertreten worden, sondern dient meist nur der Charakterisierung absurder Konsequenzen bestimmter Theorien. So ist bereits Descartes vorgeworfen worden, dass sein radikaler methodischer Zweifel in den Solipsismus führe, weil er über die Selbstvergewisserung der eigenen Existenz letztlich nicht hinauskomme.

Von dem zuvor betrachteten *erkenntnistheoretischen* Idealismus, der häufig auch *subjektiver* Idealismus genannt wird, sind zwei weitere Formen des Idealismus gemäß anderer Verwendungen des Ausdrucks ‚Idee' zu unterscheiden. Es sind dies der *objektive* Idealismus, der Ideen nicht als Vorstellungen von Subjekten, nämlich als psychische *Ab*bilder der Dinge, sondern als die wahrhaft seienden *Ur*bilder der Dinge selbst im Sinne der Platonischen Ideenlehre versteht. Zu nennen ist ferner der *praktische* Idealismus mit seiner Forderung, das Leben nach bestimmten Ideen im Sinne von *Idealen* auszurichten. Allen genannten Idealismen gemeinsam ist, dass sie im Gegensatz zum theoretischen wie zum praktischen Materialismus stehen.

Für eine weitergehende Analyse des Realitätsproblems ist darüber nachzudenken, in welchem Verhältnis der Begriff der Realität zum Begriff der Wirklichkeit steht. Das Realitätsproblem wird auch als die Frage nach der wirklichen Wirklichkeit gefasst. Danach wären die Ausdrücke ‚Realität' und ‚Wirklichkeit' gleichbedeutend, und tatsächlich werden beide meist auch so verwendet. Dagegen spricht jedoch, dass ‚Realität' (lat. realitas) wort- und begriffsgeschichtlich auf lat. ‚res' und damit auf dt. ‚Ding' oder ‚Sache' zurückgeht, während ‚Wirklichkeit' (lat. actualitas) dagegen auf lat. ‚actus' und damit auf dt. ‚Tat' oder ‚Handlung' verweist. Es ist sicher ein großer kategorialer Unterschied, ob die Welt nach Maßgabe des Begriffs des Dings oder des Begriffs der Tat oder des Wirkens aufgefasst wird und demgemäß etwa als aus Tatsachen (als Verbindungen von

Gegenständen) oder aus Ereignissen (als Verbindungen von Ursachen und Wirkungen) bestehend bestimmt wird. Die erste Auffassung erscheint tendenziell statisch konservativ, während die zweite Auffassung sich eher dynamisch progressiv gibt. Für die eine ist der Wechsel der Erscheinungen lediglich eine Neukonfiguration ein und desselben ewig Bestehenden, für die andere gibt es nichts Bestehendes, sondern nur die permanente Veränderung. Dieser Gegensatz der Weltauffassungen nimmt bereits mit den Vorsokratikern Parmenides und Heraklit seinen Anfang und hält sich in der Geschichte der Philosophie in immer neuen Auflagen bis heute durch.

2.5 Beschaffenheit von Subjekt und Objekt: Dualismus und Monismus

Das Cartesische Subjekt findet durch reines Denken zu sich selbst nicht nur in der Gewissheit seiner Existenz (seines Daseins), sondern auch in der Gewissheit seiner Essenz (seines Soseins). Dieses Subjekt oder Ich ist seinem Wesen nach kein leibhaftiger Mensch, sondern ein unausgedehntes denkendes Ding (*res cogitans*), dem als Objekt die Welt als ausgedehntes Ding (*res extensa*) gegenübersteht. Damit ist die ontologische *Frage nach der Beschaffenheit von erkennendem Subjekt und Welt als erkanntem Objekt* angesprochen.

Bei Descartes werden Subjekt und Objekt als substantiell verschieden, als *Geist* und *Materie*, gefasst. Angesichts der sich hier auftuenden Kluft zwischen Subjekt und Objekt bleibt zu fragen, wie beide zueinander kommen können – nicht nur im Erkennen, sondern insbesondere im Handeln: Wie kann ein unausgedehnter Geist auf seinen ausgedehnten materiellen Körper einwirken, um ihn zum Handeln zu bewegen? Angesprochen ist hier das Leib-Seele-Problem. Problematisch an Descartes' Auffassung ist vor allem die Rede vom Geist als Ding, weniger die Rede vom unausgedehnten Geist. Die gegenwärtige Gehirnforschung macht es sich in ihrer Polemik gegen Descartes etwas zu einfach. Es ist, kategorial gesehen, ganz richtig, dem Geist oder dem Denken die räumliche Ausdehnung zu bestreiten. Ausgedehnt ist das Gehirn, nicht das Denken. Auch wenn das psychische Denken als materielle Basis des Gehirns bedarf, sind die kategorialen Eigenschaften des Gehirns doch nicht auf das Denken übertragbar. Das physische Gehirn existiert in Raum und Zeit, das psychische Denken vollzieht sich aber nicht im Raum, sondern nur in der Zeit. Im Raum existieren die entsprechenden chemischen Gehirnprozesse. Diese lassen sich lokalisieren, die Gedanken aber nicht. So könnte es der Fall sein, dass es im Gehirn weiter links ‚funkt', wenn man über das Leib-Seele-Problem nachdenkt, und weiter rechts, wenn man über das Realitätsproblem grübelt. Es wäre aber kategorialer Unsinn, daraus zu schließen,

2.5 Beschaffenheit von Subjekt und Objekt: Dualismus und Monismus

dass der Gedanke an das Leib-Seele-Problem links von dem Gedanken an das Realitätsproblem ‚sitzt'.

Als Alternativen zu Descartes' *Dualismus* der Substanzen bieten sich zwei Formen des *Monismus* an, wonach es nur *eine* Substanz gibt: der *Materialismus*, der besagt, dass alles Materie ist, und der *Spiritualismus* (von lat. spiritus = Geist), der besagt, dass alles Geist ist. Der Spiritualismus ist nicht mit esoterischem Spiritismus (Geistersehen, Tischerücken usw.) zu verwechseln. Vertreter des Spiritualismus sind so ernst zu nehmende Denker wie Leibniz und Berkeley. Mit der ontologischen Rede von Substanzen geht die Erkenntnistheorie zu metaphysischen Fragen über. Vieles, was hierzu geschrieben wird, hat eine sinnkritische kategoriale Prüfung unter dem Gesichtspunkt der Möglichkeiten und Grenzen menschlicher Erkenntnis noch vor sich. Es verwundert nicht, dass diese dritte erkenntnistheoretische Frage bereits der Metaphysikkritik Kants ausgesetzt gewesen ist. Auch die anderen beiden erkenntnistheoretischen Fragen, die Descartes der neuzeitlichen Philosophie hinterlassen hat, sind kein unumstrittenes Erbe. Die erste Frage ist wegen ihres ursprünglichen Motivs der Suche nach einer fundierenden Letztbegründung problematisch geworden. Gleichwohl ist sie als Frage nach der Natur der Erkenntnis im Ausgang von deren unterschiedlichen Ursprüngen oder Quellen unsere Hauptfrage. Der zweiten Frage ist wegen ihrer Verbindung mit der dritten Frage ihre metaphysische Vergangenheit noch anzumerken; denn die Frage nach der Realität der Außenwelt ist meistens als Frage nach der Realität einer *materiellen* Außenwelt verstanden worden. Es sind insbesondere solche metaphysischen Restbestände gewesen, die dazu geführt haben, das Realitätsproblem als ‚Scheinproblem' ohne kognitiven Gehalt einzustufen. Eine modifizierte, positivere Version dieser Auffassung wird in Abschnitt 10.5 entwickelt. Die dritte erkenntnistheoretische Frage geht in ihrem ontologischen Zuschnitt über die Erkenntnistheorie hinaus und wird deshalb im Folgenden nicht weiter behandelt.

3 Geltung und Genese der Erkenntnis

Die Unterscheidung zwischen Geltung und Genese hat ihren ursprünglichen Ort in der Diskussion um die Möglichkeit apriorischer Erkenntnis. Sie kommt zur Anwendung, wenn es heißt, dass apriorische Erkenntnis zwar genetisch nicht ohne Erfahrungen *gewonnen*, aber ohne Rekurs auf Erfahrung in ihrer Geltung *begründet* werden kann. Die Unterscheidung zwischen Geltung (sowie deren Gründen) und Genese (sowie deren Ursachen) hat darüber hinaus allgemeine Bedeutung für die Auseinandersetzung mit dem Psychologismus, Historismus und Soziologismus. Sie ist insbesondere grundlegend für die Kritik am Naturalismus (Wille 2012: 28-61), wie er gegenwärtig in evolutionsbiologischen und kognitionswissenschaftlichen Ansätzen in der Erkenntnistheorie, Ethik und Ästhetik vertreten wird. Im Folgenden werden in erster Linie Geltungsansprüche und die Bedingungen ihrer Einlösung untersucht. Im Ausgang von der im angelsächsischen Sprachraum üblichen Unterscheidung zwischen *context of justification* und *context of discovery* kommen des Weiteren aber auch Fragen der Genese, vor allem solche der Heuristik, in den Blick (Kapitel 7).

Für die Beantwortung der in Abschnitt 2.3 als zentral herausgestellten Frage nach dem Ursprung der Erkenntnis ist die Unterscheidung zwischen Geltung und Genese von entscheidender Bedeutung, und dies schon aus begrifflichen Gründen, da die Rede vom Ursprung eher einen genetischen Klang hat und im Sinne der Herkunft verstanden werden kann. Die philosophische Frage nach dem Ursprung ist aber geltungstheoretisch gemeint.

Gelten kann vieles und sehr Unterschiedliches – von der gültigen Währung, dem ‚Geld', bis zum geltenden Recht. Geltung kann vielem zukommen oder vieles besitzen. Über die ganze Bandbreite der Rede von ‚gelten' und ‚Geltung' informieren die etymologischen Wörterbücher, am ausführlichsten das *Deutsche Wörterbuch* von Jacob und Wilhelm Grimm. Den unterschiedlichen Bedeutungen dürfte gemeinsam sein, dass dasjenige, was gilt, einen gewissen Wert hat oder haben sollte und damit Anerkennung besitzt oder Anerkennung verdient. Im vorliegenden Zusammenhang ist der Erkenntniswert angesprochen. Auch wenn der ursprüngliche Ort der Unterscheidung zwischen Geltung und Genese der Erkenntnis die Frage nach der Möglichkeit erfahrungsunabhängiger, also apriorischer Erkenntnis ist, ist die Unterscheidung selbst für jede Art der Erkenntnis zu treffen. Zum besseren Verständnis dürfte es angebracht sein, auf die historische Genese dieser Unterscheidung, nämlich ihre Herkunft und Entwicklung einzugehen. Mit diesem Einstieg ist das Zugeständnis verbunden, dass Geltung und Genese zwar grundsätzlich zu unterscheiden sind, aber nicht unbedingt einander ausschließende Gegensätze bilden. Auch wenn es sich um Fragen systematischer Geltung handelt, hat man sich in historischer Perspektive zu vergewissern, dass die Antworten nicht unter dem Niveau der bisher erreichten Ergebnisse der Problemgeschichte bleiben.

3.1 Die Problemgeschichte

Die Unterscheidung zwischen Genese und Geltung geht terminologisch auf Hermann Lotze zurück. Sie wurde von Vertretern des südwestdeutschen Neukantianismus und Denkern, die dieser Tradition nahe stehen, ausgebildet (vgl. insbesondere Windelband 1915; Frege 1884, § 3), ist der Sache nach aber älter. Ansätze finden sich bereits bei Leibniz in seiner Auseinandersetzung mit Lockes Kritik an der Lehre von den angeborenen Ideen. Diese Lehre hat ihrerseits ihren Ursprung in dem Platonischen Gedanken, dass Erkennen ein Wiedererinnern an Ideen sei, welche die Seele bereits vor der Geburt geschaut habe. Der klassische Text dieser Lehre ist der Dialog *Menon*, in dem Sokrates vorführt, wie durch geschicktes Fragen im Sinne der Hebammenkunst (Mäeutik) aus einem unwissenden jungen Sklaven eine mathematische Erkenntnis ‚herausgeholt' wird. Im konkreten Fall geht es um den geometrischen Beweis, dass man zu einem vorgegebenen Quadrat ein Quadrat von doppeltem Flächeninhalt gewinnt, wenn man die Diagonale des Ausgangsquadrats als Seite nimmt.

Aus dem Gedanken der Wiedererinnerung ist in der erkenntnistheoretischen Tradition des Rationalismus, zum Beispiel bei Descartes, die Lehre von den angeborenen Ideen und den aus ihnen gebildeten Prinzipien entwickelt worden. Sie soll eine Erklärung dafür liefern, wie es möglich ist, Erkenntnisse aus reiner Vernunft unabhängig von sinnlicher Erfahrung zu gewinnen. Da Ideen in der erkenntnistheoretischen Tradition nicht mehr – wie bei Platon – die Urbilder der Dinge, sondern deren mentale Abbilder sind, haben wir es hier letztlich mit dem Versuch zu tun, apriorische Geltung durch deren psychologische Genese zu erklären. Es müsste dann durch Erfahrung zu begründen sein, dass es erfahrungsunabhängige Erkenntnis gibt. Locke nimmt die Lehre von den angeborenen Ideen und Prinzipien denn auch in dem Sinne wörtlich, dass diese, falls es sie geben würde, bereits bei der Geburt vorhanden und dabei psychisch präsent, nämlich bewusst sein müssten. Als Beispiele fungieren insbesondere Sätze der Logik, wie der Satz vom ausgeschlossenen Widerspruch, und Sätze der Mathematik. Gegen die Annahme angeborener Ideen und Prinzipien argumentiert Locke unter anderem mit dem Hinweis auf die Tatsache, dass Kinder von ihnen nichts wissen.

Leibniz hält Locke entgegen, es handele sich nicht um ein explizites, sondern um ein implizites Wissen. Dabei gesteht er zu, dass die bewusste Ausbildung dieses Wissens der sinnlichen Erfahrung als Anlass bedürfe, ohne dass dieses Wissen deshalb aber auf Erfahrung gegründet sei. Es müsse Prinzipien geben, so betont Leibniz (1961, Bd. 1: XIII, Hervorhebung G. G.), „deren *Beweis* [...] nicht vom Zeugnis der Sinne abhängt, obgleich man ohne Sinne niemals *darauf gekommen* wäre, an diese Wahrheiten zu denken". Hier ist die Unterscheidung zwischen Fragen der Geltung und Fragen der Genese der Sache nach deutlich ausgesprochen, und zwar gerade in Zuspitzung darauf, dass apriorische Geltungsansprüche mit dem Zugeständnis aposteriorischer Genese verträglich sind. Leibniz deutet die Lehre von den angeborenen Ideen bereits im Sinne apriorischer Geltung und Begründung um. In diesem Sinne erklärt dann Kant: „*Der Zeit nach* geht also keine Erkenntniß in uns vor der Erfahrung vorher, und mit dieser fängt alle an." Sofort ergänzt er: „Wenn aber gleich alle unsere Erkenntnis *mit* der Erfahrung anhebt, so entspringt sie darum doch nicht eben alle *aus* der Erfahrung." (KrV, B 1) Die Rede vom „entspringen" verweist auf die Frage nach der Erkenntnisquelle. Diese Metaphorik kann ihrerseits genetisch mit Blick auf die Herkunft einer Erkenntnis oder geltungstheoretisch mit Blick auf die Begründung einer Erkenntnis verstanden werden. Kant verzichtet auf die problematische Rede von den angeborenen Ideen und dementsprechend auf die Behauptung eines *genetischen* Apriori. Sein Anliegen beschränkt sich auf die Anerkennung des Geltungs- bzw. Begründungsapriori.

Kant folgend sind die Ausdrücke ‚a priori' und ‚apriorisch' sowie ‚a posteriori' und ‚aposteriorisch' nicht in einem zeitlichen Sinne als ‚vor' bzw. ‚nach' der Erfahrung zu verstehen. Es wird nicht behauptet, dass apriorische Erkenntnisse (oder Erkenntnisse a priori) *vor* aller Erfahrung in irgendeiner Weise bestehen oder gar in einer platonistischen Welt der Ideen vorhanden sind, sondern dass sie *unabhängig* von aller Erfahrung *gelten*, nämlich ohne Rekurs auf Erfahrung begründbar sind. Dementsprechend sind aposteriorische Erkenntnisse (oder Erkenntnisse a posteriori) solche, zu deren *Begründung* auf Erfahrung zurückgegangen werden muss.

Im Anschluss an Kant (KrV, B 10 ff.) wird ferner unterschieden zwischen *analytischen* Erkenntnissen, deren Begründung einzig durch Begriffsanalyse und formallogische Umformungen erfolgt, und *synthetischen* Erkenntnissen, zu deren Begründung diese Verfahren nicht ausreichen. Trotz einiger Bedenken, die insbesondere auf die Schwierigkeiten einer genauen Abgrenzung verweisen (Quine 1951), wird die Gegenüberstellung von analytischen und synthetischen Erkenntnissen weitgehend akzeptiert. Damit ist auch die Anerkennung von apriorischen Erkenntnissen (zumindest mit Blick auf ein vorgegebenes Begriffssystem) gegeben.

Die Anerkennung von synthetischen Erkenntnissen steht außer Frage. Alle Erfahrungserkenntnisse sind synthetisch. Eine zentrale und am meisten umstrittene Frage ist, ob es neben analytisch-apriorischen und synthetisch-aposteriorischen auch synthetisch-apriorische Erkenntnisse gibt. Die Kombination analytisch-aposteriorisch scheidet aus begriffsanalytischen Gründen aus. Während Kant (KrV, B 14 ff.) synthetisch-apriorische Erkenntnisse insbesondere in der Mathematik und sogar in den Naturwissenschaften (soweit es sich um die allgemeinsten Grundsätze der Erfahrung, wie zum Beispiel das Kausalgesetz, handelt) zur Anerkennung zu bringen sucht, sind ihm die meisten Erkenntnis- und Wissenschaftstheoretiker hierin nicht gefolgt und haben es bei der Einteilung von analytisch-apriorischen und synthetisch-aposteriorischen Erkenntnissen belassen. Kants Unterscheidungen übernommen haben im Wesentlichen die Vertreter des methodischen Konstruktivismus (Kamlah/Lorenzen 1967: 233). Die Kombinationsmöglichkeiten lassen sich in dem folgenden Schema darstellen:

	analytisch	synthetisch
apriorisch	ja	?
aposteriorisch	nein	ja

3.2 Das Begründungsapriori

Wie kann es, so werden philosophische Erkenntnistheoretiker häufig gefragt, überhaupt apriorische Erkenntnisse geben, Erkenntnisse, zu denen keine Erfahrung notwendig ist? Hier schleicht sich bereits eine Doppeldeutigkeit ein. Worauf erstreckt sich die Notwendigkeit, auf die Genese oder auf die Geltung? Genetisch betrachtet ist es freilich ausgeschlossen, dass es Erkenntnisse ohne Erfahrung gibt.

Betrachten wir als Beispiel eine arithmetische Gleichung. Es ist nicht möglich zu erkennen, dass die Summe von 7 und 5 gleich 12 ist, ohne an Klötzen, Fingern oder Strichen das Zählen gelernt zu haben. Ohne solche praktischen Erfahrungen hätten wir vielleicht niemals die Fähigkeit erlangt, rechnen zu können. Um das Zählen und Rechnen zu lernen, muss unsere sinnliche Wahrnehmung ausgebildet sein, ohne die wir zwischen den einzelnen Klötzen, Fingern und Strichen gar nicht unterscheiden könnten. Zuzugestehen ist also, wie Frege (1884: § 105, Anm. **) es so trefflich ausgedrückt hat, „dass wir ohne sinnliche Eindrücke dumm wie ein Brett wären und weder von Zahlen noch von sonst etwas wüssten". Richtigerweise fügt Frege aber sofort hinzu, „aber dieser psychologische Satz geht uns hier gar nichts an". Damit weist er mit Blick auf die Erkenntnistheorie seiner Zeit den Psychologismus zurück. Dieser meinte, logische Begründungen unter Rekurs auf psychologische Denkgesetze liefern und damit Geltungsfragen genetisch beantworten zu können. Frege spricht in diesem Zusammenhang von „der beständigen Gefahr der Vermischung zweier grundverschiedener Fragen". Um eine solche

Vermischung und deren Konsequenzen zu vermeiden, sind genetische Antworten auf Fragen nach der Geltung zurückzuweisen. Genauer gesagt: Ohne Erfahrungen gemacht zu haben, wären wir nicht in der Lage, arithmetische Gleichungen danach *beurteilen* zu können, ob sie gültig sind. Dies bedeutet aber nicht, dass die Gleichungen aus empirischen *Gründen* gültig sind (oder nicht gültig sind). Auf die Frage, *warum* sie gültig sind, wäre die Antwort jedenfalls unangemessen, dass wir dies durch Erfahrung gelernt haben. Auch wenn wir in Fällen wie der Addition von 7 und 5 das Ergebnis 12 tatsächlich *zunächst* als Kinder insofern durch Erfahrung gelernt haben, als wir das Zählen bis 7 und dann das Weiterzählen um 5 bis 12 *geübt* haben, liefert der Hinweis auf diese Tatsache keine Antwort auf die Frage nach der *Begründung*. Als Antwort auf die Begründungsfrage ist er kategorial fehl am Platz.

Zu behaupten, dass die Geltung unserer Gleichung durch Erfahrung *begründet* sei, würde bedeuten, dass 7+5=12 deshalb gelte, weil wir und andere bisher immer, wenn wir 7 und 5 Dinge zusammengezählt haben, 12 Dinge herausbekommen hätten. Immer? Nehmen wir an, wir hätten in einen Korb erst 7 Äpfel und dann noch einmal 5 Äpfel gelegt, würden danach die Äpfel wieder herausnehmen und feststellen, dass wir 11 Äpfel im Korb haben. Was wäre die angemessene Reaktion? Sicher nicht, die Geltung des Satzes ‚7+5=12' so einzuschränken, dass er zwar in den meisten, aber nicht in allen Fällen gelte. Unser Verdacht sollte vielmehr dahin gehen, dass uns ein Apfel irgendwie abhanden gekommen ist. In diesem Sinne *gilt* der Satz a priori, unabhängig von Erfahrung. Dieses Apriori darf aber nicht genetisch verstanden werden, es ist ein Begründungsapriori.

Gehen wir noch einen Schritt weiter und nehmen an, unsere Welt wäre so beschaffen, dass Äpfel immer mal verschwinden und bisweilen auch wiederkehren, so dass beim Äpfelzählen mal dies, mal das herauskäme. Müssten wir dann zugestehen, dass die Arithmetik von Tatsachen dieser Welt und damit von Erfahrung abhängig wäre? Keineswegs! Vielmehr hätten wir einzusehen, dass Äpfel nicht geeignet sind, gezählt zu werden. *Diese* Einsicht wäre allerdings durch Erfahrung gewonnen. Aus Erfahrung wissen wir auch, dass wir uns bisweilen verzählen. Dieser Umstand sollte uns aber nicht dazu verleiten, unseren Fehler den gezählten Gegenständen oder gar den Zahlen selbst anzulasten und es Pu dem Bären gleichzutun, der bekanntlich nur von „mäßigem Verstand" ist. Beim Zählen bzw. *Verzählen* seiner Honigtöpfe stellt dieser verwundert fest: „Wenn sie nur mal stillstehen könnten. Sie stellen sich um, wenn sie glauben, dass ich es nicht sehe. Vor einem Augenblick waren es zwölf, und jetzt sind es nur elf. Das ist doch geradezu seltsam [...]." (Benedictus 2009: 13 f.; im Text ist von elf und zehn Töpfen die Rede) Wenn man die Dinge so sieht, wohlgemerkt: mit „mäßigem Verstand", dann wird einem die Arithmetik zu einer empirischen Disziplin.

Nun gibt es tatsächlich Gegenstände, die in anderer Weise Schwierigkeiten bereiten, wenn wir Zahlaussagen über sie machen, zum Beispiel über Tropfen einer Flüssigkeit. Wenn wir etwa zwei mal zehn Tropfen einer Medizin abzählen, so verschwindet zwar keiner von ihnen, aber das anschauliche Ergebnis beläuft sich nicht auf zwanzig wohl unterschiedene Tropfen, sondern auf Einen, allerdings großen Tropfen, in dem die abgezählten Tropfen ineinander verschwimmend aufgegangen sind. Dies ist der Grund, warum für Flüssigkeiten keine zu zählenden Stückzahlen, sondern zu messende Volumina eingeführt sind. Für unser Beispiel heißt dies, dass die zweimal zehn Tropfen eine Flüssigkeitsmenge das (ungefähr) Zwanzigfache des Volumens eines einzigen Tropfens ergeben. Zu unterscheiden ist daher zwischen Sortenbegriffen (Sortalen) für zählbare Gegenstände auf der einen und Massenbegriffen für zu messende Volumina, Gewichte usw. auf der anderen Seite. Bei den Zahlen selbst wird dementsprechend zwischen Anzahlen und Maßzahlen unterschieden. Mit der Angabe einer Anzahl antwortet man auf die Frage ‚wie viele?' und mit der Angabe einer Maßzahl antwortet man auf Fragen ‚wie groß?', ‚wie schwer?' usw. Der Zusammenhang ergibt sich dadurch, dass das Messen als Zählen der jeweiligen Einheit verstanden werden kann. So werden Volumina und Gewichte insofern gezählt, als man zum Beispiel von einer bestimmten *Anzahl* von Litern (einer Flüssigkeit) oder von Kilogramm (eines Metalls) spricht.

3.3 Begründungs- und Entdeckungszusammenhang

Was zuvor mit Blick auf die apriorische Erkenntnis ausgeführt wurde, lässt sich verallgemeinern. Stets sind die genetischen Voraussetzungen der Gewinnung einer Erkenntnis von den Gründen ihrer Geltung zu unterscheiden. Die psychologistische Vermischung von Geltung und Genese hat zur Folge, wie Frege deutlich macht, dass die kategoriale Unterscheidung zwischen „den Gründen, die eine Überzeugung rechtfertigen, und den Ursachen, die sie wirklich hervorbringen" wegfällt. Als Konsequenz ergibt sich, dass eine „eigentliche Rechtfertigung" dann nicht mehr möglich ist:

> [A]n ihre Stelle wird die Erzählung treten, wie die Überzeugung gewonnen wurde, aus der zu entnehmen ist, dass alles seine psychologischen Ursachen gehabt hat. Das kann bei einem Aberglauben ebenso wie bei einer wissenschaftlichen Erkenntnis geschehen. (Frege 1969: 159)

Den Unterschied macht aus, dass dem Aberglauben die Gründe für seine Rechtfertigung fehlen. Eine notwendige Voraussetzung, zwischen Aberglauben und wissenschaftlicher Erkenntnis einen Unterschied machen zu können, ist daher die Anerkennung der Unterscheidung zwischen *Gründen* des „Wahrseins" und *Ursachen* des „Fürwahrhaltens" (Frege 1893: XVf.). Diese Unterscheidung ist grundlegend für jede philosophische Erkenntnistheorie. Gründe begründen die Geltung einer Überzeugung und Ursachen erklären die Genese einer Überzeugung.

Frege geht es in seiner Argumentation gegen den Psychologismus darum, den Anspruch auf apriorische Geltung der Logik und der Arithmetik gegenüber empirischen Denklehren zu sichern. Wie wir an den Ausführungen von Leibniz und Kant gesehen haben, bilden solche Themen auch den ursprünglichen Kontext der Diskussion zum Verhältnis von Geltung und Genese. Das Verständnis des Apriori als Begründungsapriori sichert die Möglichkeit apriorischer Geltung ungeachtet empirischer Genese. Die Unterscheidung zwischen Geltung und Genese trifft aber ebenfalls auf empirische, also aposteriorisch geltende Aussagen zu. Daher kommt sie auch in der Erkenntnis- und Wissenschaftstheorie der *empirischen* Wissenschaften zum Tragen. Dies trifft auf Vertreter des Logischen Empirismus (Carnap, Reichenbach) wie des Kritischen Rationalismus (Popper) zu, wobei beide Seiten das synthetische Apriori ablehnen. Ungeachtet dieser Differenz zu Kant, sind die kantianischen Wurzeln sowohl des Logischen Empirismus als auch des Kritischen Rationalismus erkennbar. Carnap (1928a: § 54) betont für sein „Konstitutionssystem", dass dieses den „logischen Aufbau der Welt" und nicht den „wirklichen Erkenntnisprozeß" darstellen solle. Popper (1982: 6) bezieht sich explizit auf Kant, wenn er sagt:

> An der Frage, wie es vor sich geht, daß jemandem etwas Neues einfällt […], hat wohl die empirische Psychologie Interesse, nicht aber die Erkenntnislogik. Diese interessiert sich nicht für *Tatsachenfragen* (Kant: „quid facti"), sondern nur für *Geltungsfragen* („quid iuris") – das heißt für Fragen von der Art: ob und wie ein Satz begründet werden kann […].

Wenn Popper hier das Interesse an Tatsachenfragen zurückweist, so gilt dies natürlich nur für die von ihm so genannte „Erkenntnislogik", nämlich die Wissenschaftstheorie; denn wenn es sich um Fragen der Begründung von Sätzen empirischer Art (Tatsachenaussagen) handelt, so sind diese ja gerade im Rückgang auf Tatsachen zu beantworten. Was die Erkenntnislogik nicht interessiert, sind die Tatsachen des psychischen Ablaufs von Erkenntnisprozessen. Bezogen auf die gegenwärtige Diskussion entfallen damit auch sämtliche empirische Untersuchungen der Hirnforschung als irrelevant, *sofern* es um Fragen der *Begründung* von Erkenntnissen geht. Selbstverständlich ist damit keine Geringschätzung dieser Forschungen impliziert. Ganz im Gegenteil möchten manche von deren Ergebnissen für die Menschen von größerer Bedeutung sein als Fragen der Begründbarkeit bestimmter Aussagen. Von größerer Bedeutung deshalb, weil die Erforschung des Gehirns und seiner Funktionen möglicherweise Diagnosen und Therapien zu bestimmten unfall- oder altersbedingten Ausfallerscheinungen zu entwickeln hilft.

In die gleiche Richtung wie Popper zielt Reichenbach (1938: §1) mit seiner Gegenüberstellung von Entdeckungszusammenhang (*context of discovery*) und Begründungszusammenhang (*context of justification*). Auch er betont, dass es die Erkenntnistheorie einzig mit der Begründung von Erkenntnis zu tun habe und die Untersuchung der wirklichen Denkprozesse („the processes of thinking in their actual occurrence") der Psychologie überlassen bleibe (Reichenbach 1938: 5 ff.). Obwohl Reichenbachs Unterscheidung im angelsächsischen Sprachraum das Erbe der Unterscheidung zwischen Genese und Geltung angetreten hat, sind die Verhältnisse begrifflich nicht ganz deckungsgleich. Terminologisch kommt in dem Ausdruck ‚discovery' ein positives Moment des Entdeckens zur Sprache. Ihm wird man in der genetischen Perspektive dadurch gerecht, dass man die Genese echter und kreativer Erkenntnis in den Blick nimmt. Die Genese wirklicher Denkprozesse betrifft aber auch unfruchtbares und fehlerhaftes Denken. Dies ist ja gerade der Grund, warum aus der Analyse des wirklichen Denkens keine Normen für das richtige Denken gewonnen werden können. Den Prozess des Entdeckens hat auch Popper im Blick, wenn er in der zitierten Äußerung der Psychologie explizit die Aufgabe zuweist, eine Antwort auf die Frage zu finden, wie einem „etwas Neues einfällt". Eine solche Ortsverlagerung – hinaus aus der Logik, hinein in die Psychologie – ist mit Blick auf die logische Tradition keineswegs selbstverständlich (vgl. van Zantwijk 2009). Geht die Gegenüberstellung von Begründung und Entdeckung doch zurück auf die ältere Unterscheidung zwischen synthetischer und analytischer Methode, die insbesondere von Descartes ausgearbeitet worden ist. Diesen Methoden entsprechend unterschied die Tradition noch ganz selbstverständlich zwischen einer Logik der Beurteilung (*ars iudicandi*) und einer Logik des Findens (*ars inveniendi*). Popper stellt sich mit seiner Äußerung ganz auf die Seite der ersteren. Er folgt hier der Auffassung Kants, für den die Logik einzig der Beurteilung und Prüfung der Vernunfttätigkeit beim Schließen dient, diese aber „keine allgemeine Erfindungskunst und kein Organon der Wahrheit" biete, mit deren Hilfe neue Wahrheiten gefunden werden könnten (AA, Bd. 9: 20). Insofern ist der Titel von Poppers Werk *Logik der Forschung* etwas irreführend, denn darin geht es gerade nicht um eine Logik der *Forschung*, sondern um eine Logik der *Beurteilung* von Forschungsergebnissen mit Hilfe der Methode der Falsifikation. Poppers Auffassung bedeutet in der Konsequenz, dass die Heuristik der Erkenntnis, die etwa in den Logik-Lehrbüchern des 19. Jahrhunderts in umfangreichen „Methodenlehren" abgehandelt wurde, kein Gebiet der philosophischen Erkenntnistheorie, sondern ein Teilgebiet der Psychologie ist.

Poppers Auffassung ist sicher zu einseitig. In der Heuristik geht es weniger um „Tatsachenfragen", wie es *faktisch* „vor sich geht, daß jemandem etwas Neues einfällt". Vielmehr interessiert, ob es *normative* Regeln oder zumindest Gesichtspunkte gibt, die es beim Entdecken zu beachten gilt. Sicherlich ist die Heuristik der Erkenntnis *auch* ein Thema der Psychologie, sofern diese uns Auskunft über die empirischen Bedingungen kreativen Denkens und Problemlösens gibt. Die Philosophie kann ihrerseits aber mit einer Analyse der Verfahren und Leistungen unterschiedlicher Erkenntnisvermögen wie Intuition, Phantasie, Witz, Scharfsinn, Verstand und Vernunft sowie mit einer Verhältnisbestimmung von bestimmender und reflektierender Urteilskraft zumindest einen wichtigen Beitrag zur Frage der Möglichkeiten und Grenzen einer Heuristik liefern. Hier ist somit durchaus eine fruchtbare Kooperation zwischen kognitiver Psychologie und philosophischer Erkenntnis- und Wissenschaftstheorie möglich. Heranzuziehen ist auch die Geschichte der Wissenschaften, sofern diese erkenntnistheoretisch und nicht bloß institutionengeschichtlich oder soziologisch ausgerichtet bleibt. Eine Wissenschaftsgeschichte, welche die Genese der Erkenntnisgewinnung in den Blick nimmt, kann zwar keine Geltungsfragen entscheiden, sie kann aber durch eine narrative Vergegenwärtigung und methodologische Analyse von Beispielen die Bedingungen kreativen Denkens freilegen und zu einer exemplarischen Schulung des heuristischen Vermögens der reflektierenden Urteilskraft beitragen. In diesem Sinne betont etwa Mach (1917: Vf.), „daß die *Übung im Forschen*, sofern sie überhaupt erworben werden kann, viel mehr gefördert wird durch einzelne *lebendige Beispiele*, als durch abgeblaßte *abstrakte Formeln*, welche doch wieder nur durch Beispiele konkreten, verständlichen Inhalt gewinnen". Die Suche nach einer *Logik* der Kreativität, die es erlauben würde, Neues nach bestimmten Regeln zu finden oder hervorzubringen, dürfte freilich, wie auch Mach mit seiner Zurückweisung „abstrakter Formeln" zu verstehen gibt, verfehlt sein. Ist doch, wie Kant deutlich gemacht hat, nicht einmal das Subsumieren der bestimmenden Urteilskraft in ihrem absteigenden Übergang vom Allgemeinen zum Besonderen auf Regeln zu bringen. Um wie viel mehr gilt dies für den aufsteigenden Übergang vom Besonderen zum Allgemeinen der reflektierenden Urteilskraft. Diese Thematik wird in Kapitel 7 weitergeführt.

3.4 Verwechselung von Geltung und Genese

Zur Unterscheidung zwischen der Erklärung der Genese und der Prüfung der Geltung im wissenschaftlichen Bereich gibt es Entsprechungen in anderen Bereichen, obwohl die Rede von ‚Geltung' hier nicht immer angemessen zu sein scheint, weil Geltung meistens propositional verstanden wird. So ist für die Kunst-

und Literaturtheorie die Gegenüberstellung von Produktions- und Werkästhetik anzuführen. Während die Produktionsästhetik die Entstehung von Werken untersucht, beschreibt die Werkästhetik deren Aufbau und die durch diesen Aufbau erbrachten Erkenntnisleistungen. Die Wirkungsästhetik ist mit ihrer Betonung ästhetischer Erfahrung auf Seiten des Rezipienten der Gefahr des Psychologismus ausgesetzt. Dies gilt in noch viel stärkerem Maße für neuere Ansätze kognitionswissenschaftlicher Literaturtheorien, die das Interesse an literarischer Vergegenwärtigung einem Nachahmungsbedürfnis des Menschen zuschreiben und das Faktum dieses Bedürfnisses durch „angeborene Spiegelneuronen" zu erklären versuchen. Gegen eine solche Erklärung ist an sich gar nichts einzuwenden. Macht sie doch verständlich, warum das Thema ‚Mimesis' seit den Zeiten Platons und Aristoteles' in der Kunst- und Literaturtheorie diskutiert wird. Allerdings hilft sie bei der Analyse und der Beurteilung der Erkenntnisleistung von Literatur nicht weiter. Für diese braucht man über Spiegelneuronen gar nichts zu wissen. Der Forderung, dass eine wissenschaftliche Theorie der Interpretation „die Erkenntnis der Entwicklungspsychologie, Evolutionstheorie und der Kognitionswissenschaften voraussetzen" müsse (Lauer 2007: 157), liegt daher eine Variante der Verwechselung von Genese und Geltung zu Grunde. Aufschlussreich ist bereits die Verwechselung im Titel „Über den Grund des Wohlgefallens an der Nachahmung". Hier müsste „Ursache" statt „Grund" stehen.

Ferner möchte sich der Ursprung unseres Bemühens um Schönheit evolutionsbiologisch aus dem Streben nach einem Vorteil bei der Werbung um mögliche Sexualpartner erklären lassen (Menninghaus 2003), eine solche Erklärung trägt aber nichts zur ästhetischen Bewertung von Kunstwerken bei. Mit Kant ist daran zu erinnern, dass das ästhetisch Schöne im Unterschied zum „Reizenden" gerade dadurch bestimmt ist, dass wir ihm in der Einstellung eines *„interesselosen* Wohlgefallens" begegnen. Erotik ist dagegen darauf angelegt, zu reizen und dadurch in besonderer Weise ein *interessiertes* Wohlgefallen zu wecken.

Die Warnung vor der *Verwechselung* zwischen Geltung und Genese besagt keineswegs, dass Fragen nach der Genese illegitim sind. Ganz im Gegenteil gibt es zahlreiche Disziplinen, deren Gegenstandsbereiche psychische, historische, soziale, biologische, kosmologische oder andere Genesen sind. In ihnen geht es gerade darum, Behauptungen über faktische Genesen durch genetische Erklärungen zu begründen. Nun haben wiederum Thesen zu bestimmten Genesen ihre eigene Genese. Auch bei ihnen ist zwischen Geltung und Genese der Erkenntnis zu unterscheiden. So darf der Geltungsanspruch einer genetischen These nicht dadurch unterlaufen werden, dass man lediglich deren Genese gegen sie wendet. Nehmen wir an, eine Untersuchung über den Klimawandel sei zu dem Ergebnis gekommen, dass dessen Ursachen natürlicher Art seien. Dann stelle sich heraus, dass die entsprechende Studie von einem Wirtschaftszweig in Auftrag gegeben worden ist, der ein Interesse an diesem Forschungsergebnis hat. In diesem Fall wird vermutlich der Verdacht aufkommen, das Ergebnis sei genetisch betrachtet interessenabhängig zustande gekommen. Ein solcher Verdacht reicht aber nicht aus, um die Geltung der Studie ohne nähere Prüfung abzulehnen.

Die Kritik an der genetischen Perspektive gilt also keineswegs genetischen Untersuchungen als solchen, sondern lediglich den Einstellungen des Naturalismus, Historismus und Soziologismus, nämlich Geltungsansprüche nicht zu begründen, sondern deren Genese durch natürliche, historische oder soziale Fakten zu erklären. Dabei sind zwei Formen des Naturalismus, Historismus oder Soziologismus zu unterscheiden: (1) Geltungsfragen werden durch die Angabe von Genesen beantwortet oder (2) Geltungsfragen werden unter Zurückweisung des Wahrheitsbegriffs als letztlich unbeantwortbar abgelehnt und durch die Angabe von Genesen ersetzt. Nun können Genesen, wie Frege es ausgedrückt hat, als „Erzählungen" daherkommen, indem sie berichten, wie es zu bestimmten Überzeugungen, Ereignissen oder Handlungen gekommen ist. Sie können aber auch mit einem wissenschaftlichen Erklärungsanspruch auftreten. So könnte ein Gehirnforscher, der die apriorische Begründbarkeit logischer Gesetze bestreitet, gleichwohl kausal zu erklären versuchen, warum die Menschen dem Satz vom ausgeschlossenen Widerspruch im Allgemeinen zustimmen. Dabei könnte ihm ein Vertreter der evolutionären Erkenntnistheorie zu Hilfe kommen und geltend machen, dass permanente Verstöße gegen diesen Satz das Überleben eines Stammes gefährden würden, weil deren Mitglieder sich nicht verlässlich lebenserhaltend informieren könnten. Hier treten Erklärungen an die Stelle von Begründungen. Die evolutionäre Erkenntnistheorie steht von Anfang an in dem Verdacht, transzendentale Begründungen durch empirische Erklärungen ersetzen zu wollen. So macht bereits Konrad Lorenz (1941/42), der Stammvater der evolutionären Erkenntnistheorie, aus dem Kantischen Geltungsapriori ein stammesgeschichtliches Aposteriori. Zur Kritik der evolutionären Erkenntnistheorie siehe Wolters (1991) und zur weiteren Diskussion Lütterfelds (1987).

Die Unterscheidung zwischen Geltung und Genese betrifft nicht nur *Aussagen*, sondern auch sprachliche, rechtliche, moralische und andere *Regeln* und *Normen*. Sie ist also nicht nur für den theoretischen, sondern auch für den praktischen Bereich grundlegend. Normative Geltung ist nicht mit faktischer Geltung von Normen gleichzusetzen. Eine Rechtsnorm (ein Gesetz) kann geltendes Recht sein, ohne normativen Ansprüchen zu genügen, nämlich gerechtfertigt zu sein. Die faktische Geltung einer Norm mag sich aus historischen und sozialen Gegebenheiten genetisch erklären lassen, eine solche Erklärung kann aber niemals die Rechtfertigung der normativen Geltung dieser Norm ersetzen. Eine genetische Erklärung kann gleichwohl das Bemühen um Rechtfertigung quasi unterlaufen, indem sie deren eigentliche Motive aufdeckt und ‚entlarvt'. In dieser

Weise verfährt insbesondere Ideologiekritik, indem sie ihrer normativen Kritik an bestimmten Geltungsansprüchen eine Genese unterlegt, die erklären soll, wie es zu solchen Verblendungen kommen konnte. So verstehen sich insbesondere bestimmte Formen der Religionskritik, indem sie zu zeigen versuchen, dass der religiöse Glaube dadurch entstanden sei, dass die Menschen ihre Sehnsüchte nach einer vollkommenen Welt – angesichts der Probleme in der bestehenden Welt – in eine bessere jenseitige Welt projiziert haben. Die marxistische Auffassung, dass Religion „Opium des Volkes" sei, verbindet ihre genetische Erklärung mit einer Kritik an der Institution der Kirche. Diese halte, indem sie die Hoffnung auf ein Jenseits erwecke, das die irdischen Ungerechtigkeiten ausgleiche, die Menschen davon ab, ihr Diesseits menschenwürdig zu gestalten.

Einer der einflussreichsten Vertreter ideologiekritischer Genealogie – auf psychologischer Grundlage – ist Friedrich Nietzsche. Als exemplarisch ist hier seine Auseinandersetzung mit Kants normativer Sollensethik anzuführen. Grundlegend für diese Ethik ist die Wirklichkeit der Willensfreiheit: Ohne Willensfreiheit keine Moralität, das heißt, wenn es keine Willensfreiheit gibt, so gibt es auch keine Moralität. Die Willensfreiheit ist für Kant demnach notwendige Bedingung (*conditio sine qua non*) für Moralität. Aus der Tatsache des moralischen Gesetzes „in mir", die Kant durch die Instanz des Gewissens verbürgt sieht, kann er nach *Modus tollens* auf die Existenz der Willensfreiheit schließen: Wenn es keine Willensfreiheit gibt, so gibt es keine Moralität. Nun gibt es aber Moralität. Also gibt es auch Willensfreiheit. Setzen wir ‚p' für die Aussage ‚Es gibt Willensfreiheit' und ‚q' für die Aussage ‚Es gibt Moralität', so stellt sich der Schluss formal wie folgt dar: $[(\neg p \rightarrow \neg q) \wedge q] \Rightarrow p$.

Kants Begründung der Willensfreiheit auf der Grundlage der Instanz des Gewissens stellt Nietzsche (1973b: 195) in Frage, indem er zu bedenken gibt, die „Sprache des Gewissens" sei nichts anderes als was uns „als *recht* von Kindheit an bezeichnet worden ist". Mit anderen Worten, Nietzsche versucht der Kantischen Sollensethik die Grundlage zu entziehen, indem er das Gewissen gewissermaßen als Ausgeburt eines anerzogenen Über-Ichs im Freud'schen Sinne zu entlarven versucht, so dass aus der Befolgung von dessen Stimme gerade nicht auf Willensfreiheit, sondern auf dessen Gegenteil zu schließen wäre. Es ist charakteristisch für Nietzsches genealogisches Verfahren, dass er nicht eigentlich Begründungen liefert, sondern auf Insinuierungen setzt. Dies bedeutet natürlich nicht, dass seine Bedenken nicht zu bedenken wären, es sollte aber klar sein, dass Verdächtigungen keine Argumente ersetzen können. Im Sinne der Unterscheidung zwischen Geltung und Genese ist daran zu erinnern: Selbst wenn Nietzsche damit Recht hätte, dass das Gewissen, genetisch gesehen, ein Produkt der Erziehung ist, so folgt daraus nicht, dass dessen Einsprüche keine Geltung haben. Zudem ist die genealogische Perspektive in Gefahr, zu einer Attitüde der Überlegenheit zu führen. Positionen werden nicht argumentativ widerlegt, sondern von ‚höherer' genealogischer Warte aus belächelt oder gar lächerlich gemacht. Solchen ‚Hochmut' findet man nicht nur bei Nietzscheanern, sondern auch in kruden Formen der Psychoanalyse und des Marxismus. Erinnert sei an manche Diskussionen der sechziger und siebziger Jahre des vergangenen Jahrhunderts, in denen Argumente nicht als Argumente gewürdigt wurden, sondern mit dem Hinweis auf ein ‚falsches Bewusstsein' von vornherein abgewiesen oder dem Vorwurf bloßer ‚Rationalisierung' ausgesetzt wurden. Dieser Vorwurf läuft auf eine genetische Erklärung einer Begründung oder nachträglichen Rechtfertigung hinaus, die man für eine Scheinargumentation hält und deren eigentliches Motiv man meint aufdecken zu können.

Es mag allerdings Grenzen des argumentativen Diskurses geben. Eine besonders extreme Form einer genetischen Reduktion moralischer Geltungsansprüche ist die These des radikalen Egoismus, wie er etwa unter Berufung auf Max Stirners Schrift *Der Einzige und sein Eigentum* vertreten wird. Diese These besagt, dass der Rücksichtslose und die Hilfsbereite im Grunde nur das tun würden, was in ihrem Eigeninteresse liegt, was sie *selbst* glücklich mache. Hilfsbereitschaft wäre danach nur eine masochistische Form des menschlichen Glücksverlangens, der pathologische Altruismus eines aus den Fugen geratenen egoistischen Gens. Auch solche und ähnliche Thesen haben eher den Charakter von Unterstellungen, obwohl sie mitunter mit Geltungsanspruch daherkommen. Sie sind aber auch kaum zu widerlegen. Um ihnen zu begegnen, dürfte es daher angemessener sein, sich gar nicht erst auf eine Geltungsprüfung einzulassen, sondern den Pathologieverdacht umzudrehen und die vorgebrachten Argumente nicht mehr als Argumente, sondern eher als Symptome einer ‚Krankheit' zu werten. Dies bedeutet freilich, den anderen im argumentativen Sinne nicht ernst zu nehmen, indem man nicht mehr nach den Gründen, sondern nach den psychischen und sozialen Ursachen seiner Position fragt, um ihn gegebenenfalls zu veranlassen, diese aufzugeben. Eine solche Einstellung empfiehlt sich in noch stärkerem Maße gegenüber verzerrten Wahrnehmungen bis hin zu Formen des politischen Extremismus. Wo der rationale Diskurs der Gründe an sein Ende kommt, hilft nur noch eine Genealogie als kausale Erklärung, wie es dazu kommen konnte, um auf solcher Grundlage therapeutische Programme zu entwickeln. An dieser Stelle ist gegen pauschale Genealogen in der Tradition von Nietzsche, Freud oder Marx einzuwenden, dass auch Genealogien genealogischen Erklärungen unterworfen werden können. Warum sollten nur im Rücken geltungsorientierter und nicht auch im Rücken genealogisch gesonnener Subjekte Fixierungen am Werke sein, über die sich die Subjekte selbst nicht im Klaren sind?

Die vorausgegangenen Überlegungen haben deutlich gemacht, dass die Unterscheidung zwischen Geltung und Genese nicht nur für die theoretische

Erkenntnis von grundlegender Bedeutung ist, sondern vor allem auch in der Ethik ihren Platz hat. Parallel zur evolutionären Erkenntnistheorie hat sich denn auch eine evolutionäre Ethik entwickelt. Wie im Falle der entsprechenden Erkenntnistheorie geht es dabei weniger darum, die normativen Vorstellungen genealogisch zu entlarven. Vielmehr sollen sie evolutionsbiologisch bestätigt werden. Analog zum Umgang mit dem Apriori wird nun etwa altruistisches Handeln nicht normativ begründet, sondern stammesgeschichtlich erklärt. Ob solche Erklärungen empirisch plausibel sind, bleibt zu diskutieren, ersetzen können sie eine Begründung jedenfalls nicht. Eine solche Ersetzung würde auf den so genannten naturalistischen Fehlschluss hinauslaufen, aus dem Sein ein Sollen abzuleiten (Gräfrath 1997). Zudem ist zu bedenken, dass altruistisches Verhalten *innerhalb* eines Stammes diesem vielleicht einen evolutionären Vorsprung gegenüber anderen Stämmen sichert, eine Einbeziehung *anderer* Stämme in das Hilfsprogramm diesen Vorsprung aber vielleicht gerade wieder zunichtemachen möchte. Mit anderen Worten, es ist nicht zu sehen, wie der Übergang von einer partikularistischen zu einer universalistischen Ethik evolutionsbiologisch erklärbar sein soll. Evolutionsbiologisch findet eher der ‚Wille zur Macht' seine Bestätigung.

Beanspruchen nicht nur Aussagen, sondern auch Normen Geltung, so haben umgekehrt Aussagen indirekt eine normative Bedeutung. Eindeutig trifft dies auf Gesetze der Logik zu. Gegen den Satz vom ausgeschlossenen Widerspruch darf das Denken nicht verstoßen. Aber auch an Tatsachenaussagen, die gelten, hat man sich in dem Sinne zu halten, dass man sein Denken und Verhalten nach ihnen richtet. Naturgesetze haben zwar nicht den normativen Status von moralischen oder juristischen Gesetzen, ihnen die Anerkennung zu verweigern, hat aber zur Folge, an den Tatsachen zu scheitern. Die indirekte Normativität von logischen Gesetzen und Naturgesetzen entspricht insofern nicht dem Verpflichtungscharakter expliziter Normen, schon gar nicht der Form des kategorischen Imperativs, sie führt aber immerhin zu Klugheitsregeln der Form hypothetischer Imperative: ‚Wenn du nicht scheitern willst, so beachte diese Gesetze!' Theoretische Geltung bedingt also Normativität, theoretische Geltungsansprüche haben aber auch selbst normativen Bedingungen zu genügen. Dieser Zusammenhang lässt sich an den Bedingungen erläutern, denen Behauptungen, in denen theoretische Geltungsansprüche als propositionale Wissensansprüche erhoben werden, unterworfen sind. Es sind daher die definierenden Merkmale des Begriffs des theoretischen Wissens mit den Gelungenheitsbedingungen für Behauptungen in Beziehung zu setzen.

3.5 Theoretisches Wissen

Theoretisches Wissen wird meist im Sinne eines Wissens, *dass p* verstanden, wobei ‚p' für eine beliebige Aussage oder Proposition steht. Theoretisches Wissen gilt demnach als propositionales Wissen. Wir werden noch sehen, dass es neben propositionalem auch nicht-propositionales theoretisches Wissen gibt. Dazu zählen unter anderem das Unterscheidungswissen und das so genannte phänomenale Wissen-wie-es-ist. Vom theoretischen Wissen-wie ist das praktische Wissen-wie im Sinne eines Könnens, *wie* etwas zu machen ist, wie man zum Beispiel einen Salto schlägt, zu unterscheiden. Das praktische Wissen-wie wird uns im Folgenden kaum beschäftigen. Ein gewisses praktisches Moment kann man allerdings auch im Unterscheidungswissen sehen, insofern dieses ja auf der Fähigkeit beruht, zwischen Dingen unterscheiden zu *können*. Wie weit auch von einem praktischen *propositionalen* Wissen im Sinne etwa eines moralischen Wissens die Rede sein kann, hängt davon ab, ob man moralischen Normen Wahrheit zubilligt. Rein sprachlich lässt sich bei Normen aller Art die propositionale Form erzwingen, indem man jeweils zu der Formulierung übergeht, dass es wahr sei, dass man die-und-die Norm befolgen sollte.

Die klassische, auf Platon (*Theaitetos* 201b-c und *Menon* 98a) zurückgehende Definition des propositionalen Wissens bestimmt dieses durch das Definiens *begründeter wahrer Glaube (justified true belief)*. Diese Definition ist in der neueren Diskussion in Frage gestellt worden. Den Anstoß zur Verunsicherung gab ein Beitrag von Edmund L. Gettier (1963), der Beispiele präsentierte, die zeigen sollten, dass sich die Definition als nicht adäquat erweise, weil die im Definiens angegebenen Bedingungen nicht hinreichend seien. Die Beispiele besagen, dass es epistemische Situationen gibt, in denen diese Bedingungen erfüllt sind, ohne dass man sinnvoll von Wissen sprechen könne. Dies liegt daran, so die spätere Diagnose von Interpreten, dass die Bedingungen zufällig erfüllt sind. Die Möglichkeit der beschriebenen Situationen kann nicht bestritten werden, gemessen an Standardfällen von Wissen erweisen sie sich aber doch als recht konstruiert. Insofern sollte man sie nicht überbewerten, sondern sie als Sonderfälle einstufen und mit Blick auf Standardfälle an der klassischen Definition festhalten. Auf eine Erörterung des Umgangs mit den Gettier-Beispielen und weiteren Nachfolgebeispielen wird hier unter Verweis auf die einschlägige Literatur verzichtet. Vgl. insbesondere Ernst/Marani (2013), Brendel (2013: Kapitel 3), Grundmann (2008: Kapitel 3.2), Ernst (2002: 17-26).

Der propositionale Wissensbegriff stellt ein zentrales Thema der Erkenntnistheorie dar. Daher soll er nun genauer expliziert werden, und zwar unter Zugrundelegung der klassischen Definition. Eine weitergehende Frage, die es zu verfolgen gilt, ist die nach der Notwendigkeit einer Erweiterung des Erkenntnisbegriffs über den Begriff des theoretischen propositionalen Wissens hinaus. Die Antwort hängt davon ab, ob Erkenntnis auf Wissen und Wissen auf propositionales Wissen reduzierbar ist, wie dies zum Beispiel Grundmann (2008: 86) und Brendel (2013: 19 f.) zu meinen scheinen. Sie ist aber unabhängig davon, ob man dem klassischen propositionalen Wissensbegriff folgt oder auf Grund der Gettier-Beispiele abweichende Bestimmungen vornimmt.

Das Definiens des klassischen propositionalen Wissensbegriffs weist drei Bedingungen oder Merkmale auf, wobei ‚begründet' und ‚wahr' näher bestimmen, was zum Glauben hinzukommen muss, um von ‚Wissen' sprechen zu können. Der Glaube wird dabei ganz im Sinne des Volksmundes, der sagt: „Glauben heißt nicht wissen", als *bloßer* Glaube verstanden, als sozusagen defizienter Modus des Wissens. Dem Glauben fehlt danach etwas zum Wissen. Zu *glauben* heißt, etwas *für wahr* zu *halten* oder zu *meinen*, ohne es zu wissen. Glauben wird somit nicht näher vom Meinen unterschieden. Mit Kant (AA, Bd. 9: 66 ff.) könnte man allerdings darauf verweisen, dass beide zwar darin übereinstimmen, dass es für sie keine *objektiv* zureichenden Gründe gibt, Glauben aber im Gegensatz zum bloßen Meinen durch *subjektiv* zureichende Gründe ausgezeichnet ist. Glaube verlangt danach zusätzlich ein Moment des Vertrauens oder der Gewissheit, ein Moment, das insbesondere für den religiösen Glauben als unverzichtbar angesehen wird. In diesem Sinne spricht man dann von Glaubensgewissheit. Während eine Aussage wie ‚Ich meine, dass die deutsche Bundesliga die beste Fußballliga der Welt ist' zumindest in sprachlicher Hinsicht keinen Anstoß erregen dürfte, würde es ziemlich ausgefallen klingen, wenn jemand seinen christlichen Glauben in Sätzen wie ‚Ich meine, dass Jesus Gottes Sohn und der Erlöser ist' bekennen würde. Ein Glaubensbekenntnis ist keine Meinungsbekundung. Eine weitergehende Frage ist, welche Rolle *epistemische* Glaubensgewissheit für bestimmte Erkenntnisse spielt. So wird von Wittgenstein (1970) in Umkehrung der üblichen Hierarchie und unter teilweiser Anlehnung an Hume nicht das Wissen, sondern der Glaube – unter Betonung des Moments der Gewissheit – zur Grundlage menschlicher Weltorientierung erhoben.

Die angesprochene Differenz zwischen Glauben und Meinen ist einzig auf Seiten des Subjekts zu verorten, objektiv gesehen besteht zwischen beiden kein Unterschied. Der *objektive* Unterschied zwischen Glauben (oder Meinen) auf der einen und Wissen auf der anderen Seite kommt in der folgenden Asymmetrie zum Tragen: Wenn ich von jemandem behaupte, dass er etwas glaubt, so verbürge ich mich selbst nicht für die Wahrheit des Geglaubten. Durch Betonung, Gesichtsausdruck oder Formulierungen wie ‚Er glaubt *tatsächlich*, dass ...' kann ich sogar zum Ausdruck bringen, dass ich mich distanziere, nämlich den Glauben nicht teile. Wenn ich aber von jemandem behaupte, dass er etwas weiß, so erkenne ich damit an, dass der Inhalt seines Glaubens wahr ist. Andernfalls könnte ich ihm kein Wissen zusprechen. Damit aus Glauben Wissen wird, genügt es allerdings nicht, dass das, was für wahr gehalten wird, tatsächlich wahr ist. Richtiges Raten ist kein Wissen. Erst dann, wenn der Glaube an die Wahrheit auch *begründet* ist, sprechen wir von ‚echtem' Wissen. Der Glaube verlangt, um begründet zu sein, nicht unbedingt eine Begründung im Sinne der Angabe von Gründen, er kann auch ohne explizite Gründe berechtigt oder gerechtfertigt sein. Wenn ich eine Bahnauskunft zur Abfahrtszeit eines Zuges einhole, dann tue ich normalerweise gut daran, diese Auskunft zu akzeptieren, nämlich zu glauben, dass der Zug zu der genannten Zeit abfährt, ohne eine Begründung zu verlangen. Das Ersuchen um eine Begründung wäre hier fehl am Platz. Stellen wir uns vor, jemand würde die Auskunft mit den Worten kommentieren: „Ist das auch wahr? Sie können mir viel sagen!" Ein Insistieren würde allenfalls zu der – vermutlich unwilligen – Äußerung Anlass geben, dass es so im Fahrplan stehe und man doch selbst nachschauen solle, wenn man es nicht glaube. Eine Auskunft fraglos zu akzeptieren, bedeutet natürlich nicht, dass ein Irrtum ausgeschlossen ist – die Auskunftsperson könnte sich verlesen haben. In diesem Falle wäre der Glaube zwar berechtigt, aber kein Wissen, weil sein Inhalt nicht wahr ist.

Ungeachtet der Irrtumsmöglichkeit gibt es also gute Gründe, nicht für alle Aussagen Gründe zu verlangen. Dies gilt vor allem in alltäglichen Situationen. Wissen ist hier von Glauben dadurch unterschieden, dass es (meist unausgesprochene) gute Gründe gibt, nicht zu zweifeln. Für das meiste Alltagswissen gilt, dass wir es nicht selbst überprüft, sondern als gesichert übernommen haben. In den Wissenschaften ist die Situation eine andere. Hier verlangen wir häufig auch dann Begründungen und sogar Beweise, wenn wir keine Zweifel an der Wahrheit haben, wie zum Beispiel im Falle solcher Aussagen wie ‚7 + 5 = 12'. Verwiesen sei hier auf die axiomatische Darstellung in der Mathematik, wie man sie bereits seit der Antike für die Geometrie (Euklid) kennt. Hierbei geht es darum, nachzuweisen, dass sich sämtliche Wahrheiten eines bestimmten Gebietes aus einer möglichst kleinen Anzahl von Grundwahrheiten (Axiomen) beweisen lassen. Ein Beispiel ist das Peano'sche Axiomensystem für die Arithmetik.

Das wissenschaftstheoretische Bemühen um axiomatische Darstellungen erwächst aus dem erkenntnistheoretischen Interesse, über die Natur der Geltung der Aussagen der entsprechenden Wissenschaften entscheiden zu können. Geht man davon aus, dass sich die jeweiligen Beweise rein logisch führen lassen, so lässt sich einzig auf Grund der erkenntnistheoretischen Natur der Axiome der erkenntnistheoretische Status einer Wissenschaft bestimmen. Dabei werden ausgehend von den als wahr anerkannten Aussagen der untersuchten Wissenschaft nach regressiver Methode die Axiome, Grundgesetze oder Naturgesetze ermittelt, aus denen sich die Aussagen dieser Wissenschaft durch logisches Schließen beweisen lassen. In Abhängigkeit von der jeweiligen logischen Beweisbarkeit der Aussagen ergeben sich folgende Zuschreibungen:

(a) Eine Wissenschaft ist eine *analytische* Wissenschaft genau dann, wenn alle Beweise auf logische Grundgesetze und Definitionen zurückführbar sind.
(b) Eine Wissenschaft ist eine *synthetische* Wissenschaft genau dann, wenn unter ihren Grundgesetzen mindestens ein synthetisches ist.
(c) Eine Wissenschaft ist eine *apriorische* Wissenschaft genau dann, wenn alle ihre Grundgesetze apriorisch sind.
(d) Eine Wissenschaft ist eine *aposteriorische* Wissenschaft genau dann, wenn unter ihren Grundgesetzen mindestens ein aposteriorisches ist.
(e) Eine Wissenschaft ist eine *synthetisch-apriorische* Wissenschaft genau dann, wenn alle ihre Grundgesetze apriorisch sind, und unter diesen Grundgesetzen mindestens ein synthetisches ist.

Es versteht sich, dass jede aposteriorische Wissenschaft auch analytische und damit apriorische Aussagen enthält. Wenn es in einer Wissenschaft sowohl aposteriorische als auch apriorische Bereiche gibt, so unterscheidet man auch innerhalb dieser Wissenschaft zwischen einem empirischen und einem nicht-empirischen Teil.

Die Idee zu einer solchen erkenntnistheoretischen Einteilung der Wissenschaften nach der Geltung ihrer Axiome geht auf Frege (1884: § 3) zurück. Freges Anliegen war es, im Rahmen seines Logizismusprogramms zu zeigen, dass die Arithmetik eine rein analytische Wissenschaft sei. Nach Entdeckung der Russell'schen Antinomie hat er dieses Programm aufgegeben, sieht aber weiterhin für die Mathematik vor, dass nicht-logische Schlussweisen, wie die vollständige Induktion (der Schluss von n auf n+1), in Axiome umgewandelt werden. Dies ist im Peano'schen Axiomensystem auch der Fall. So bleibt der erkenntnistheoretische Status der Arithmetik durch die erkenntnistheoretische Natur der Axiome bestimmt (Frege 1969: 219 f.).

Indem nicht schon ein wahrer Glaube (eine wahre Meinung) als Wissen verstanden wird, sondern erst ein *begründeter* wahrer Glaube, wird der Übergang von einem ‚Wissen, *dass* p' zu einem ‚Wissen, *warum* p' gefordert. Da die Frage nach dem ‚Warum' naturgemäß kein Ende findet, wie einen dies nicht erst Philosophen, sondern schon kleine Kinder lehren können, hat das Bemühen um Wissen in der Geschichte der Philosophie immer wieder zur Frage nach letzten, nicht weiter hintergehbaren Gründen des Wissens und damit nach einer *Letztbegründung* geführt, mitunter sogar zu dem Versuch, auf ein einziges Prinzip zurückzugehen. So in Teilen des Deutschen Idealismus bei Fichte und Schelling. Auch wenn Warum-Fragen nicht immer durch Rückgang auf Axiome oder erste Prinzipien beantwortet werden können, ein wirkliches Wissen verlangt ein Wissen um die Gründe. In diesem Sinne ist es nachvollziehbar, dass in der Erkenntnistheorie meistens das Ideal des Wissens vorherrscht. Als wichtige Ausnahme wurde Wittgenstein bereits erwähnt.

Wissen mag privat gewonnen worden sein, in einsamem Nachdenken und Forschen, um anerkannt zu werden, muss es sich – im Unterschied zu einer bloßen Meinung – gegenüber konkurrierenden Geltungsansprüchen in einer Öffentlichkeit durchsetzen, sich behaupten. Erkenntnis verlangt, dass sie für andere prinzipiell (wenn auch nicht immer faktisch) nachvollziehbar ist. Dabei kann es durchaus vorkommen, dass der Einzelne gegenüber der Öffentlichkeit Recht hat. Kaum eine neue Erkenntnis ist von Anfang an allgemein anerkannt worden. Dies gilt auch und gerade in den Wissenschaften. Der Öffentlichkeit entspricht hier die wissenschaftliche Gemeinschaft, die stets ‚konservativ' ist. Neue Erkenntnisse haben sich insofern gegen Vorurteile zu behaupten. Dies zu bedauern, wäre aber ganz verfehlt. Vorurteile sind das Ergebnis früherer Erfahrungen, die einen gegenüber Neuerungen skeptisch machen, und die Skepsis ist die Mutter aller Erkenntnis. Man erinnert sich nur an diejenigen Erkenntnisse, die es schwer hatten sich durchzusetzen, und nicht an den Unsinn, den die öffentliche Meinung oder die wissenschaftliche Gemeinschaft von vornherein eliminiert hat. Nur dadurch, dass sich neue Thesen der Kritik stellen, können sie in anerkannte Erkenntnisse überführt werden. Zur Erkenntnis gehört also der Anspruch auf intersubjektive Geltung. Dieser ist freilich nicht mit *faktischer* allgemeiner Zustimmung zu verwechseln. Die Allgemeinheit kann sich irren und der Einzelne Recht behalten. Daher gibt es die Unzeitgemäßen. Der Anerkennung einer idealen Öffentlichkeit, die nicht mit einer faktischen Öffentlichkeit zusammenfällt, als *regulative* Instanz kann man sich aber nicht verweigern. Unzeitgemäß kann man nur für Zeiten sein, eine prinzipielle Unzeitgemäßheit für alle Zeiten lässt sich aus kategorialen Gründen nicht reklamieren. Um sich zu behaupten, haben sich Wissensansprüche einer Prüfung nach bestimmten Regeln auszusetzen, und diese Regeln können, mit Wittgenstein zu sprechen, keine privaten Regeln sein. Die Anerkennung einer Öffentlichkeit als regulative Instanz schlägt sich demgemäß in der Anerkennung öffentlicher Regeln der Prüfung und Begründung von Geltungsansprüchen nieder.

3.6 Behauptungen

Als Form theoretischer Geltungsansprüche wurde bereits die Behauptung benannt. Es ist daher der Begriff der Behauptung zu bestimmen und in Beziehung zum Begriff des Wissens zu setzen. Was sind Behauptungen, und auf was lassen wir uns als Behauptende ein, wenn wir Behauptungen aufstellen? Behauptungen sind Sprechakte, die mit Hilfe mündlicher oder schriftlicher Äußerungen von Behauptungssätzen vollzogen werden. Die Besonderheit dieser Sprechakte besteht im Unterschied zu den Sprechakten des Fragens, Aufforderns, Befehlens usw. darin, dass mit ihnen ein Geltungsanspruch als Anspruch auf Wahrheit verbunden ist. Allerdings wird dieser Anspruch nicht nur von Behauptungen, sondern auch von Feststellungen, Aussagen, Berichten usw. erhoben. Behauptungen sind also nicht nur von solchen Sprechakten zu unterscheiden, für die die Wahrheitsfrage gar nicht in Betracht kommt, sondern auch von solchen Sprechakten, für die die Wahrheitsfrage zwar in Betracht kommt, aber in anderer, schwächerer Weise. Behauptungen lassen sich von den übrigen wahrheitsfähigen Sprechakten durch die Angabe bestimmter Bedingungen, die sie erfüllen müssen, unterscheiden. Genauer gesagt sind diese Bedingungen von den Sprechern zu erfüllen, welche Behauptungen aufstellen.

Von dem Sprecher einer Behauptung erwarten wir, dass er selbst glaubt, dass seine Behauptung wahr ist. Würde jemand behaupten ‚Konstanz liegt am Bodensee', aber im gleichen oder in einem anderen Zusammenhang hinzufügen ‚Ich glaube nicht, dass Konstanz am Bodensee liegt', so würde uns dies merkwürdig vorkommen. Im harmlosesten Fall würden wir vermuten, dass der Sprecher sich einen Scherz erlaubt. Stellen wir uns etwa die Situation vor, dass jemand auf die Frage ‚Wann fährt der Interregio von Konstanz in Richtung Offenburg?' antwortet ‚Der Interregio fährt um 10.06 Uhr; aber ich glaube es nicht'. Das wäre ein witziger Kommentar zur gegenwärtigen Situation der Deutschen Bahn im Sinne von: So steht es zwar im Fahrplan; aber der Zug kommt sicher wieder zu spät. Gar nicht zum Lachen wäre uns zumute, wenn uns jemand etwas vormachen, uns hinters Licht führen wollte. Letzteres würden wir vor allem dann vermuten, wenn der Sprecher nicht ausdrücklich formuliert, dass er seine Behauptung nicht glaubt, sondern, wenn wir aus irgendwelchen Gründen diesen Verdacht hegen. Ein solcher Verdacht ist bekanntlich sehr schwer zu erhärten. Tatsache ist aber, dass wir die Behauptungen unserer Mitmenschen zumindest insgeheim danach beurteilen, ob sie von den Sprechern geglaubt werden. Insbesondere wenn Interessen privater oder politischer Art auf dem Spiele stehen, besteht die Gefahr, dass Behauptungen bloß taktisch und nicht *aufrichtig* vorgebracht werden. Wir reagieren dann mit Kommentaren wie ‚Der glaubt ja selbst nicht, was er sagt' und bringen damit zum Ausdruck, dass uns ein solches Verhalten irgendwie widersprüchlich erscheint. Man spricht hier von einem *pragmatischen* Widerspruch, im Unterschied zu einem *logischen* Widerspruch. Ein logischer Widerspruch bestünde dann, wenn jemand zunächst behaupten würde ‚Konstanz liegt am Bodensee' und später ‚Konstanz liegt *nicht* am Bodensee'.

Von dem Sprecher einer Behauptung erwarten wir ferner, dass er seine Behauptung auf Verlangen verteidigt. Dies ist eine Mindestanforderung. Häufig, insbesondere in wissenschaftlichen Zusammenhängen, erwarten wir, dass der Sprecher von sich aus seine Behauptung verteidigt, indem er sie begründet. Eine Behauptung aber, deren Wahrheit als bereits bekannt unterstellt werden darf oder deren Wahrheit erwartbar nicht in Zweifel gezogen wird, bedarf einstweilen keiner Sicherung durch Argumente. So wird man im Normalfall die Behauptung ‚Alle Menschen sind sterblich' nicht begründen müssen. Dies hätte erst auf einen Einwand hin zu geschehen, und da ein Einwand als Angriff zu verstehen ist, der der Begründung vorausgeht, ist die Begründung selbst eine Verteidigung. Ein Einwand ist ein berechtigter Zweifel. Mit einer bloßen Zustimmungsverweigerung ist es also nicht getan. Würde jemand seine Behauptung trotz eines berechtigten Verlangens nicht verteidigen, müssten wir annehmen, dass er sie nicht *ernsthaft* aufgestellt hat. Dabei kommt es nicht darauf an, ob er seine Behauptung so verteidigen kann, dass sie schließlich als wahr anerkannt wird (Irrtum ist immer möglich), sondern dass er die Verteidigung nicht ablehnt. Die Erfüllung dieser Bedingung ist eine Sache des guten Willens; auf diesen Willen aber ist jeder Behauptende zu verpflichten, wenn sein Behaupten ernst genommen werden soll. Das bedeutet, dass ein Sprecher mit einer Behauptung die Verteidigungspflicht für seine Behauptung zu übernehmen hat.

Noch in einer anderen Hinsicht ist das Behaupten und sind Behauptungen ernst zu nehmen. Von dem Sprecher einer Behauptung erwarten wir, dass er die aus seiner Behauptung folgenden Behauptungen übernimmt. Er darf den korrekten Folgerungen aus seiner Behauptung nicht ausweichen, er muss *konsequent* sein. Diese Forderung ergibt sich aus der Verteidigungspflicht hinsichtlich der Ausgangsbehauptung und aus der Notwendigkeit, die Gesetze der Logik zu befolgen. Sie besagt nicht, dass der Sprecher alle Konsequenzen seiner Behauptung überblicken muss. Das wäre eine uneinlösbare Forderung. Vielmehr sind bei Vorlage korrekter logischer Ableitung konkreter Konsequenzen diese auf Verlangen zu übernehmen. Sollte der Sprecher nicht in der Lage sein, die Ableitung nachzuvollziehen, wird man ihm zumindest nicht zubilligen können, dass er in vollem Umfang weiß, was er behauptet. Die Weigerung, Folgerungen aus seiner eigenen Behauptung zu übernehmen, kommt nach den Regeln der Logik der Zurücknahme der Ausgangsbehauptung gleich. Das logische Verfahren, jemanden dazu zu bringen, seine Behauptung zurückzunehmen, ist die *reductio ad absurdum*. Hier gibt es die Möglichkeit, aus der Ausgangsbehauptung (a) einen Widerspruch in sich, (b) einen Widerspruch zur Ausgangsbehauptung, (c) etwas Falsches oder (d) etwas Unannehmbares logisch abzuleiten. In allen diesen Fällen gilt: Mit der Folge ist auch die Bedingung aufgehoben. Zu schließen ist dabei jeweils nach dem *Modus tollens*: Wenn p, so q; nun aber nicht q. Also nicht p. Das Verfahren der *reductio ad absurdum* wird bereits von dem Sokrates der Platonischen Dialoge praktiziert.

Dreierlei erwarten wir demnach von dem Sprecher einer Behauptung: Er muss *aufrichtig, ernsthaft* und *konsequent* Wahrheitsanspruch erheben. Diese Forderungen zeichnen Behauptungen gegenüber anderen Sprechakten mit Wahrheitsanspruch aus. Es soll nicht bestritten werden, dass der Ausdruck ‚Behauptung' auch anders verwendet wird. Insofern ist die hier vorgelegte Analyse ihrerseits nicht als Behauptung über den faktischen Sprachgebrauch zu verstehen, sondern als Explikation mit dem Anspruch, dass es angemessen (adäquat) ist, Behauptungen durch die genannten drei Forderungen auszuzeichnen. Die Explikation geschieht also nicht willkürlich. Es sind für Argumentationszusammenhänge Kriterien notwendig, nach denen Sprechakte, die mit Wahrheitsanspruch vorgetragen werden, beurteilt werden können, und es wird eine Bezeichnung gerade für diejenigen Sprechakte benötigt, die den genannten drei Forderungen genügen müssen. Dafür aber eignet sich am besten der Ausdruck ‚Behauptung', weil – dem allgemeinen Sprachgefühl folgend – Behauptungen wohl den härtesten Bedingungen von allen Wahrheit beanspruchenden Sprechakten zu genügen haben. Im Sinne dieses Verständnisses beansprucht ein Sprecher mit einer Behauptung nicht nur, dass das, was er sagt, wahr ist, sondern auch, dass er weiß, dass es wahr ist. Sagt man von einer Äußerung, dass sie eine ‚bloße Behauptung' sei, so gibt man dadurch zu verstehen, dass ein solches Wissen fehlt.

Unabhängig davon, welche schwächeren Formen von Sprechakten mit Wahrheitsanspruch es gibt, benötigen wir neben dem Sprechakt der Behauptung die Aussage als propositionalen Inhalt der Behauptung. Dies zeigt die folgende (auf Frege zurückgehende) Überlegung): Wenn ich etwa die bedingte Behauptung ‚Wenn p, so q' aufstelle, so behaupte ich weder ‚p' noch ‚q' für sich genommen, sondern ich behaupte, dass, *wenn* ‚p' wahr ist, *dann* auch ‚q' wahr ist. Da ‚p' und ‚q' wahr oder falsch, aber keine Behauptungen sind, benötigen wir eine wahrheitswertfähige propositionale Einheit, die keine Behauptung ist. Frege nennt sie ‚Gedanke', wir sprechen von ‚Aussage'.

Die vorausgegangene Explikation des Begriffs der Behauptung entspricht der Explikation des Begriffs des theoretischen propositionalen Wissens als *begründeter wahrer Glaube* und erhält dadurch zusätzliche Bestätigung. Die Entsprechungen zwischen den beiden Explikationen von ‚Wissen' und ‚Behauptung' ergeben sich wie folgt: Das Merkmal des Begründetseins entspricht der Ernsthaftigkeitsbedingung, nämlich der Verpflichtung, seine Behauptung auf Verlangen zu begründen. Das Merkmal der Wahrheit entspricht der Konsequenzbedingung: Lassen sich die logischen Konsequenzen aus einer Behauptung nicht übernehmen, so ist damit der Wahrheitsanspruch dieser Behauptung aufgehoben. Das Merkmal des Glaubens entspricht der Aufrichtigkeitsbedingung, nämlich selbst zu glauben, was man behauptet. Demgemäß sind Behauptungen *Wissen* beanspruchende Sprechakte. Wahrheit beanspruchende Sprechakte, die schwächeren

Anforderungen genügen als sie für Behauptungen gelten, erheben insofern keine Wissensansprüche.

Halten wir fest: Theoretische Wissensansprüche sind Geltungsansprüche, die sprachlich in Behauptungen vollzogen werden. Den Begriffen des theoretischen Wissens und der Behauptung ist dabei der Bezug auf den Begriff der Wahrheit inhärent: Es geht um das Wissen der Wahrheit und die Behauptung der Wahrheit sowie dementsprechend um die Wahrheit dessen, was man glaubt, und um die Begründung der Wahrheit. Hier stellt sich naturgemäß die Frage, ob angesichts der unterschiedlichen Wahrheitstheorien Rückwirkungen auf das Verständnis der Begriffe der Wahrheit und der theoretischen Geltung zu bedenken sind.

3.7 Wahrheitstheorien

Als hauptsächliche Wahrheitstheorien sind zu nennen die Korrespondenztheorie, die Konsenstheorie, die Kohärenztheorie und die Redundanztheorie. Die *Korrespondenztheorie* der Wahrheit definiert Wahrheit als Übereinstimmung einer Aussage mit der Realität. Eine Aussage ist danach genau dann wahr, wenn der Sachverhalt, den sie aussagt, besteht. Die Korrespondenztheorie wird häufig als zirkulär kritisiert: Die Feststellung der Erfüllung des Definiens laufe auf die Feststellung hinaus, dass es *wahr* sei, dass die Übereinstimmung bzw. der beschriebene Sachverhalt besteht. Die *Konsenstheorie* (auch Diskurstheorie) der Wahrheit vermeidet diese Zirkularität, indem sie auf die Möglichkeit eines Vergleichs mit der Realität verzichtet und die Wahrheit einer Aussage dadurch bestimmt sein lässt, dass über sie in einem rationalen Diskurs ein Konsens erzielt wird. Dieser Konsens ist nicht als faktischer Konsens zu verstehen, da auch rationale Wesen Irrtümern unterliegen. Sinnvoll ist das Kriterium des Konsenses nur, wenn der rationale Diskurs regulativ verstanden und seine faktische Realisierung fortwährend an idealen Bedingungen gemessen wird. Indem Wahrheit diskursintern bestimmt wird, fallen in der Konsenstheorie ‚wahr' und ‚begründet' zusammen, so dass in der Definition des Wissensbegriffs das Merkmal ‚wahr' nicht mehr unabhängig vom Merkmal ‚begründet' aufzuführen ist, sondern gestrichen werden müsste. An der Reduktion von Wahrheit auf ein diskursabhängiges Begründetsein wird die Schwierigkeit der Konsenstheorie erkennbar. Selbst ein unter idealen Bedingungen geführter Begründungsdiskurs kann zu falschen Ergebnissen und damit zu Nicht-Wissen führen. Daher müssen aus begrifflichen (kategorialen) Gründen ‚wahr' und ‚begründet' geschieden bleiben. Die *Kohärenztheorie* der Wahrheit bestimmt Wahrheit nicht als Übereinstimmung von Aussagen mit der Realität, sondern als Übereinstimmung von Aussagen untereinander. Im Sinne der holistischen These, dass die Wahrheit das Ganze sei, werden nicht einzelne Aussagen, sondern zu ganzen Theorien verbundene Aussagensysteme als wahr oder falsch beurteilt. Die *Redundanztheorie* der Wahrheit bietet keine eigene Bestimmung des Wahrheitsbegriffs, sondern besagt, dass auf das Wahrheitsprädikat verzichtet werden könne, weil es überflüssig (redundant) sei. Statt von einer Aussage zu sagen, dass sie wahr sei, genüge es, die Aussage zu behaupten. Der Zusatz „… ist wahr' drückt danach lediglich eine Bestätigung oder rhetorische Beteuerung aus, die zudem beliebig iteriert werden kann, ohne dass dadurch die Wahrheit stärker verbürgt würde. In der Tat, die Anerkennung der Wahrheit kommt ohne die Verwendung des Wahrheitsprädikates aus. Sie äußert sich bereits in der „behauptenden Kraft" (Frege 1918: 62f.), mit der eine Proposition in einer Behauptung ausgesprochen wird. Insofern ist das Wahrheitsprädikat tatsächlich redundant. Dies bedeutet allerdings nicht, dass der Wahrheitsbegriff selbst überflüssig ist. Redundant ist nicht die Wahrheit, sondern lediglich die Verwendung des *Wortes* ‚wahr'.

Vergleicht man die ersten drei Wahrheitstheorien miteinander (die vierte ist, wie wir gesehen haben, ein Sonderfall), so stellen sich diese letztlich in unterschiedlicher Weise als Übereinstimmungstheorien heraus. In der Korrespondenztheorie handelt es sich um eine Übereinstimmung zwischen einer Aussage und der Realität, in der Konsenstheorie um eine Übereinstimmung zwischen erkennenden Subjekten der Diskursgemeinschaft und in der Kohärenztheorie um eine Übereinstimmung zwischen den Aussagen einer Theorie. Eine Definition des Wahrheitsbegriffs liefern letztlich alle drei Theorien nicht. Dies liegt daran, dass der Wahrheitsbegriff so grundlegend ist, dass für ihn, wie bereits Frege vermutet, eine Definition im Sinne einer Zerlegung in Merkmale gar nicht möglich ist, so dass man sich mit kategorialen Erläuterungen zum Umgang mit dem Wahrheitsbegriff begnügen muss. So gesehen sind denn auch die verschiedenen Übereinstimmungstheorien nicht wirklich Wahrheitstheorien, sondern eher Wahrheits*feststellungs*theorien, indem sie angeben, wie man bei der Feststellung von Wahrheit vorzugehen hat. In dieser Hinsicht schließen sie sich nicht aus, sondern liefern einander ergänzende Hinweise. Um festzustellen, ob eine Aussage wie ‚Auf dem Flur steht ein Pferd' wahr ist, wird man prüfen, ob sie mit der Realität korrespondiert, nämlich nachschauen, ob auf dem Flur tatsächlich ein Pferd steht. Ferner sollte es einen stutzig machen, wenn man dort zwar selbst ein Pferd sieht, die Mitglieder der Diskursgemeinschaft es aber nicht sehen, sich also kein Konsens herstellen lässt. Schließlich darf die Wahrheit der Aussage ‚Auf dem Flur steht ein Pferd' nicht singulär behandelt werden, sondern sie muss mit dem System der bereits als wahr anerkannten Aussagen kohärent, nämlich verträglich sein.

Da der Wahrheitsbegriff einheitlich im Sinne der propositionalen Wahrheit gefasst wurde, gibt es keine Veranlassung, verschiedene Arten von Wahrheiten zu unterscheiden. Es ist zwar durchaus üblich, die Begriffe ‚analytisch', ‚synthetisch', ‚apriorisch', ‚aposteriorisch' sowie deren mögliche Kombinationen nicht nur zur Charakterisierung von Erkenntnissen, Urteilen und Aussagen zu verwenden, sondern auch auf die Rede von Wahrheiten zu übertragen, indem man von ‚analytischen Wahrheiten' usw. spricht. Dies bedeutet aber nicht, dass hier unterschiedliche Wahrheitsbegriffe zum Tragen kommen. Vielmehr sind zum Beispiel analytische Wahrheiten schlicht Aussagen, die aus analytischen *Gründen* wahr sind. Die Bestimmungen ‚analytisch', ‚synthetisch' usw. charakterisieren also nicht unterschiedliche Arten der Wahrheit, sondern unterschiedliche Arten der *Begründung* von Wahrheit und dementsprechend, wie wir gesehen haben, auch unterschiedliche Arten von Wissenschaften gemäß den Begründungen ihrer Aussagen. Es ist also nicht der Wahrheits-, sondern der Begründungsbegriff, der einer Differenzierung bedarf. Entsprechendes gilt für den Geltungsbegriff. Es ist nichts dagegen einzuwenden, von apriorischer Geltung usw. zu sprechen; aber auch hier ist die Art der *Begründung* der Geltung gemeint.

3.8 Erkenntnisfreiheit und Willensfreiheit

Die praktisch-philosophische Dimension der Unterscheidung zwischen Geltung und Genese wurde bereits bei der Erörterung ideologiekritischer Genealogien deutlich, unter anderem in der Skizzierung von Nietzsches Kritik an Kants Begriff der Willensfreiheit. Diese Thematik ergänzend dürfte ein kritischer Blick auf die Verneinung der Willensfreiheit, wie sie neuerlich von Seiten der neurobiologischen Hirnforschung vorgetragen wird, angebracht sein. Die Debatte liefert nämlich einen weiteren Beleg dafür, wie wichtig es ist, Geltung und Genese und damit Gründe und Ursachen auseinander zu halten.

*Willens*freiheit ist nicht dasselbe wie *Handlungs*freiheit. Handlungsfreiheit ist die Freiheit, tun zu können, was man *will*. Auch wenn ich in meinem Handeln frei bin, indem ich weder psychischen noch physischen Zwängen unterliege, könnte gleichwohl mein Wille selbst unfrei oder, wie man in diesem Zusammenhang zu sagen pflegt, determiniert sein, das eine und nicht das andere zu *wollen*. Dies wäre dann der Fall, wenn meine Willensentscheidungen kausal gemäß naturgesetzlicher Notwendigkeit zustande kommen. Das Zugeständnis von Handlungsfreiheit und die Leugnung von Willensfreiheit sind demnach miteinander verträglich. Für die Beurteilung einer Tat im Sinne strafrechtlicher Verantwortlichkeit wird von Juristen mitunter die Willensfreiheit in Anspruch genommen (vgl. Ebert 2013). Dabei dürfte aber bereits die Feststellung der Handlungsfreiheit genügen, weil diese für die Zurechenbarkeit einer Tat ausschlaggebend ist. Die

Entscheidung der philosophischen Frage der Willensfreiheit kann für die Jurisprudenz demnach offen bleiben.

Die neurobiologischen Leugner der Willensfreiheit behaupten: „Verschaltungen legen uns fest: Wir sollten aufhören von Freiheit zu reden." So der aussagekräftige Titel eines Beitrags von Wolf Singer in der *Frankfurter Allgemeinen Zeitung* vom 8. Januar 2004. Der so genannte freie Wille des Menschen sei eine Illusion, da selbst unser Denken durch neuronale Zustände determiniert werde. Die vorgebrachten Thesen sowie Argumente und auch Gegenargumente sind nicht neu. Sie wurden im Prinzip bereits von Physiologen und Philosophen im 19. Jahrhundert durchgespielt. Diese Diskussion ist lediglich auf eine andere Ebene verschoben worden, indem man versucht, die Thesen durch neue empirische Ergebnisse der Hirnforschung zu untermauern. Es bestätigt sich einmal mehr, wie wichtig es sein kann, bei systematischen philosophischen Fragen auch deren problemgeschichtliche Genese zu berücksichtigen. Natürlich kann es nicht Sache der Philosophie sein, die hoffentlich soliden empirischen Erkenntnisse der Einzelwissenschaften in Frage zu stellen. Die Philosophie ist aber aufgerufen, wenn es um kategoriale Fragen und Unterscheidungen geht.

Vorab sei gesagt, dass es der Anerkennung eines freien Willens keinen Abbruch tut, wenn es menschliche Handlungen gibt, die neuronal vordeterminiert sind, obwohl wir selbst meinen, dass wir sie frei ausgeführt haben. Für einfache Beispiele, wie etwas das Heben eines Arms, scheint dies experimentell nachweisbar zu sein. Es wäre eher verwunderlich, wenn es nicht so wäre. Natürlich entscheiden wir gar nicht in allen Situationen, indem wir uns die Handlungsalternativen bewusst machen. Vielmehr folgen wir in den meisten Fällen bestimmten Handlungs- und Verhaltensschemata instinktiv, geradezu blind, oder – positiv gesagt – intuitiv, ohne dass der Wille jeweils einen uns selbst bewussten Befehl erteilen würde. Glücklicherweise ist dies so; denn wir kämen im wahrsten Sinne des Wortes immer zu spät, wenn wir vor jeder Handlungsentscheidung erst eine, wie Mathematiker zu sagen pflegen, vollständige Fallunterscheidung treffen würden. Dennoch nehmen wir auch solche ‚automatischen' Handlungen als frei ausgeführt wahr. Es überrascht aber nicht, dass die Ausführung neuronal vorbereitet ist, *bevor* sie selbst realisiert wird, so dass jemand, der einen beobachtenden Zugang zu diesem neuronalen Prozess hat, vorhersagen kann, was wir tun, bevor wir selber erkennen, was wir getan haben. Es stellt kein Problem für die Verteidiger der Willensfreiheit dar, wenn einige unserer Handlungen determiniert sind und daher eher als Verhaltensweisen oder Verhaltungen zu bestimmen wären. Problematisch wird die Sache erst dann, wenn behauptet wird, dass wir nicht nur teilweise, sondern durchgehend determiniert sind. Problematisch ist der Übergang von der partikularen Aussage ‚Einige Handlungen sind determiniert' zu der generellen Aussage ‚Alle Handlungen sind determiniert'.

Das nun folgende Argument gegen einen solchen neurobiologischen Determinismus läuft auf eine *reductio ad absurdum*, nämlich auf den Nachweis einer Widersprüchlichkeit hinaus. Die Pointe des Arguments, auch nur eine Variante von Argumenten des 19. Jahrhunderts, besteht darin, die Konsequenzen des neurobiologischen Determinismus auf die These dieses Determinismus selbst anzuwenden: Wenn die neuronale Determiniertheit durchgehend besteht, so gilt sie nicht nur für unsere Entscheidungen zwischen *Handlungs*alternativen, sondern auch für unsere Entscheidungen zwischen *Erkenntnis*alternativen. Dann ist nicht nur die Wahl einer Handlung, sondern auch die Zustimmung zu einer Behauptung und deren argumentativer Begründung determiniert. Dann ist nicht nur die Freiheit unseres Willens, sondern auch die Freiheit unseres Denkens dahin. Zum problemgeschichtlichen Hintergrund sei angemerkt, dass sich die Auffassung, Denken als mentales Handeln zu bestimmen, bereits bei Descartes (1986: 145, 151) findet. Dem Sprechakt der Behauptung entspricht bei ihm der Akt der Zustimmung im Urteil. Das Urteilen ist danach eine willentliche Wahrheitsanerkennung, und Irrtum kommt dementsprechend dadurch zustande, dass der Wille zur Wahrheit unzulässigerweise weiter reicht als die Erkenntnis durch den Verstand es erlaubt.

Wir können davon ausgehen, dass auch Gehirnwissenschaftler ihre Argumente nicht als Gehirn*wäsche* verstehen wollen. Ein schlagendes Argument versteht sich nicht als biochemische Keule, und ein zwingendes Argument ist nicht von der Art, als würde jemand beim Nacken gefasst und in die Knie gezwungen werden, sondern es ist ein Argument, das überzeugt, bei dem einem die Gegenargumente ausgehen. Für die Wahrheit einer Behauptung zu argumentieren, setzt der Idee nach voraus, dass der andere die Wahrheit einsehen, das heißt, aus freien Stücken anerkennen kann. Seine Zustimmung sollte auf der logischen Kraft des Arguments – der vorgebrachten *Gründe* – und nicht auf der physiologischen Kraft neuronaler Netze – der wirkenden *Ursachen* – beruhen. Es ist genau diese kategoriale Unterscheidung zwischen Gründen und Ursachen, die der gehirnphysiologische Determinismus nicht bedenkt. Eine Bedingung der Möglichkeit, eine Einsicht als Erkenntnis ausgeben zu können, besteht darin, dass der Akt der Zustimmung als Anerkennung von Wahrheit gerade *nicht* determiniert ist.

Wenn die Anerkennung einer Aussage als wahr gehirnphysiologisch determiniert wäre, dann würden wir selbst gar nicht über die Wahrheit nach Gründen entscheiden, sondern es würde über uns hinweg entschieden, unsere Entscheidung wäre kausal verursacht. Dieses Ergebnis würde dann aber auch für die Determinismusbehauptung der Hirnforscher gelten. So wie ich determiniert wäre, ihre Behauptung als falsch zu verwerfen, wären sie selbst determiniert, sie als wahr anzuerkennen. Ein wirklicher Austausch von Argumenten mit dem Ziel, den anderen von der Wahrheit seiner Auffassung zu überzeugen, könnte demnach gar nicht stattfinden. Der Determinismus – zu Ende gedacht – hebt den Wahrheitsbegriff und damit auch seinen eigenen Wahrheits- und Geltungsanspruch auf. Er begeht einen so genannten performativen Widerspruch und führt sich damit selbst *ad absurdum*. Ob die vorgelegte *reductio ad absurdum* des Geltungsanspruchs des neurobiologischen Determinismus auch ein transzendentales Argument für die Anerkennung der Willensfreiheit zu liefern vermag, kann hier unentschieden bleiben. Sie demonstriert aber einmal mehr die Unverzichtbarkeit der Unterscheidung zwischen den Gründen der Geltung und den Ursachen der Genese. Selbst wenn diese Unterscheidung sich für die Verteidigung der Willensfreiheit als nicht hinreichend erweisen sollte (vgl. Keil 2013: 98), bleibt sie für diese doch notwendig, auch dann, wenn man die Willensfreiheit mit weiteren guten Argumenten gegen deterministische Schlüsse der Hirnforschung zu verteidigen sucht (Keil 2013: Kapitel 6).

4 Unterscheidungswissen

Die im vorigen Kapitel entwickelte Verbindung zwischen theoretischen Wissensansprüchen und deren Artikulation in Form von Behauptungen scheint es nahe zu legen, den Begriff der Erkenntnis mit dem Begriff des propositionalen Wissens gleichzusetzen und dementsprechend an den Begriff der Wahrheit zu binden. Nach dieser Auffassung wäre jede Erkenntnis propositional. Gegen eine solche Engführung wird im Folgenden für eine Erweiterung des Erkenntnisbegriffs um nicht-propositionale Erkenntnisformen argumentiert. In diesem Kapitel geht es um die Verteidigung des vorpropositionalen Erkenntniswerts von Definitionen und Unterscheidungen. Zum Verhältnis von Definitionen und Unterscheidungen ist anzumerken, dass Definitionen stets Unterscheidungen treffen, indem sie eine Grenzziehung vornehmen, die einen Innenbereich von einem Außenbereich trennt. Am deutlichsten wird eine solche Trennung in Definitionen durch die Angabe von Oberbegriff (*genus proximum*) und unterscheidendem Merkmal (*differentia specifica*) vollzogen. Umgekehrt laufen aber nicht alle Unterscheidungen auf Definitionen des jeweils Unterschiedenen hinaus. Häufig haben wir uns mit Erläuterungen zu begnügen. Dies ist insbesondere bei Grundunterscheidungen der Fall, zu deren Erläuterung auch auf Metaphern zurückgegriffen werden muss.

4.1 Definitionen

Die Einführung von Unterscheidungen durch Definitionen stellt die vorpropositionalen Weichen für propositionale Geltungsansprüche, für ein Sich-behaupten durch Behauptungen. Vorgeführt wird dies bereits in den Dialogen Platons, die vorwiegend aus Unterscheidungsdiskursen nach dem Verfahren der begriffsanalytischen Dihairesis bestehen. Die kognitive Bedeutung von Unterscheidungen wird weitestgehend unterschätzt. Dies zeigt sich in der wissenschaftstheoretischen Behandlung von Definitionen. Wird diesen doch meist lediglich die Funktion zugewiesen, den Gebrauch der in Aussagen verwendeten Termini zu erläutern oder festzulegen. Richtig ist, dass Definitionen selbst nichts behaupten. Als sprachliche Gebilde sind sie nur grammatisch, nicht aber logisch-semantisch als Aussagen zu behandeln. Demgemäß haben Definitionen keinen Wahrheitswert. Häufig wird diese Auffassung zur Willkürlichkeitsthese verschärft, der These nämlich, dass Definitionen willkürliche Festsetzungen des Gebrauchs von Zeichen sind oder doch sein sollten. Die Willkürlichkeitsthese, die ihre Vorläufer in Hobbes und Pascal hat, wird insbesondere in der modernen, an axiomatischen formalen Systemen orientierten Wissenschaftstheorie vertreten. Dabei geht es darum, den Erkenntniswert von Definitionen geradezu auszuschließen, um sicherzustellen, dass durch sie keine Inhalte erschlichen werden, die in den Grundbegriffen und Axiomen der Theorie nicht enthalten sind. Um eine solche ‚Kreativität' von Definitionen zu verhindern, wird deren Eliminierbarkeit gefordert. Diese Forderung besagt, dass jedes in einer Theorie durch Definition eingeführte neue Zeichen (das Definiendum) in allen Sätzen dieser Theorie durch die Zeichenverbindung, für die es eingeführt worden ist (das Definiens), ersetzbar sein muss. Definitionen dienen danach lediglich der Abkürzung, ohne selbst einen Erkenntniswert zu haben. Genauer betrachtet erweist sich die Willkürlichkeitsthese als verfehlt. Sie gilt nicht einmal für formale Sprachen, geschweige denn außerhalb formaler Sprachen. Gewiss kommt es *auch* vor, dass ein willkürlich gewähltes Zeichen als Abkürzung für ein komplexeres Zeichen eingeführt wird. Derlei findet sich insbesondere in technischen Bereichen. So ist eine Bezeichnung wie ‚DIN A4' als Kürzel für ein festgelegtes Papierformat eine praktisch sinnvolle, aber inhaltlich willkürliche Bezeichnung des Deutschen Instituts für Normung. Hier haben wir es aber keineswegs mit einem Normalfall einer Definition zu tun.

Betrachten wir als Beispiel den Kalkül der klassischen Aussagenlogik. Die Möglichkeit, Junktoren mit Hilfe des Negators durch andere Junktoren definieren zu können, stellt eine tiefe logische Einsicht dar, und die entsprechenden Definitionen sind allenfalls insofern willkürliche Festsetzungen, als die Wahl der *Symbole* willkürlich, nämlich konventionell ist. Für die jeweiligen Gleichsetzungen der Bedeutungen gilt dies aber nicht. So ist die Wahl des Zeichens für die Subjunktion (‚$\rightarrow$') als symbolische Darstellung der aussagenlogischen Verbindung ‚wenn ..., so ...', des Zeichens für die Adjunktion (‚$\vee$') als Darstellung des einschließenden ‚oder' und des Zeichens für die Verneinung (‚$\neg$') willkürlich. In den Darstellungen der Aussagenlogik werden auch andere Symbole verwendet, zum Beispiel von Russell für die Subjunktion das so genannte Hufeisen (*horseshoe*) und für die Verneinung die Tilde. Historisch (und damit genetisch) lassen sich für die jeweilige Wahl der Symbole häufig Motive finden, die aber keine zwingenden Gründe darstellen. So ist die Wahl der stilisierten Form des Buchstabens ‚v' als Zeichen für die Adjunktion dadurch motiviert, dass es sich um den Anfangsbuchstaben des lateinischen Wortes ‚vel' handelt, dessen Bedeutung dem nicht ausschließenden ‚oder' entspricht (im Unterschied zum ‚aut ... aut ...', das für das ausschließende ‚entweder ... oder ...' steht). Trotz solcher Verwendungsmotive bleibt die Zeichenwahl inhaltlich willkürlich. Die Definition der Subjunktion mit Hilfe der Adjunktion und Verneinung ($p \rightarrow q =_{Df} \neg p \vee q$) ist aber keineswegs eine bloß willkürliche Festsetzung. Sie beansprucht vielmehr, zumindest eine Bestimmung der extensionalen Bedeutung des ‚wenn ..., so ...' zu geben, und hat daher – anders als eine willkürliche Festsetzung – Adäquatheitskriterien zu erfüllen. Willkürlich sind solche Definitionen nur, solange wir künstlich so tun, als ob wir es mit bloßen Zeichen in formalen Sprachen zu tun haben. Sobald wir diesen Zeichen eine Bedeutung zuordnen (und ohne eine solche Zuordnung sind die formalen Sprachen ohne Relevanz), kann von einer Willkürlichkeit der Definitionen nicht mehr die Rede sein. Tatsächlich ist es ja auch keineswegs so, dass formale Sprachen willkürlich aufgebaut werden, vielmehr wird bei deren Darstellung immer schon nach möglichen Interpretationen ‚geschielt'. Anders gesagt: Eine Loslösung der Syntax von der Semantik ist allenfalls arbeitsteilig, aber nicht prinzipiell möglich.

Aussagen zur methodologischen Rolle von Definitionen verbleiben in der logischen Literatur nur allzu häufig zwiespältig, wobei der Anerkennung eines Erkenntniswertes ausgewichen wird. Einen guten Beleg hierfür liefern Russells Ausführungen in den *Principia Mathematica*. Einerseits heißt es dort, Definitionen seien „strictly speaking, mere typographical conveniences" und „theoretically superfluous", andererseits wird zugestanden, dass sie oft wichtigere Informationen vermitteln als die Sätze (*propositions*), in denen sie verwendet werden. Dies gelte insbesondere dann, wenn das Definiendum ein Alltagsbegriff (*common idea*) sei (Whitehead/Russell 1927: 11 f.).

Verräterisch ist in diesem Zusammenhang bereits die definitionstheoretische Terminologie. So heißt der abkürzende Ausdruck ‚Definiendum' und der abgekürzte Ausdruck ‚Definiens'. Dabei besagt ‚Definiendum' aber ‚das zu Definierende' und ‚Definiens' ‚das Definierende'. Dieser Sprachgebrauch entspricht dem tatsächlichen Vorgehen beim Aufstellen von Definitionen, indem das zu Definierende definiert wird, das Definiendum also *vorgegebener* Ausgangspunkt der Definition ist. Meistens wird nämlich gar nicht ein neues Zeichen abkürzend für eine bereits bekannte Zeichenverbindung eingeführt, sondern es wird eher umgekehrt die Bedeutung eines bereits bekannten Zeichens bestimmt, um es in der so bestimmten Weise zu verwenden. Das tatsächliche Vorgehen wird mitunter dadurch kaschiert, dass das Definiendum auch ‚Definitum' genannt wird. Man unterscheidet hier auch zwischen synthetischen (aufbauenden) und analytischen (zerlegenden) Definitionen. Beschrieben wird so die Art der Definitionsbildung, ob vom Definiens zum Definiendum oder umgekehrt vom Definiendum zum Definiens übergegangen wird. Dieser Sprachgebrauch entspricht daher nicht der Unterscheidung zwischen analytischen und synthetischen Urteilen oder Aussagen. Allerdings können spracheninvariante analytische Definitionen als begriffliche Äquivalenzregeln verstanden und dementsprechend in bisubjunktive analytische Urteile umgewandelt werden.

Das hier zugrunde gelegte Verständnis von ‚Definition' nimmt, wie meistens üblich, eine Beschränkung auf normative Definitionen vor und schließt damit die so genannten lexikalischen Definitionen von der Betrachtung aus. Der Grund ist, dass lexikalische Definitionen sprechakttheoretisch gesehen Behauptungen sind. Sie behaupten, dass ein bestimmter Ausdruck in einer bestimmten Sprache in einer bestimmten Bedeutung verwendet wird. Ein Beispiel: „‚Broiler' ist ein in Ostdeutschland gebräuchlicher Ausdruck für Brathähnchen." Lexikalische Definitionen finden sich naturgemäß vor allem in Wörterbüchern. Wenn sie im Folgenden keine Berücksichtigung finden, so nicht wegen mangelnder Relevanz, sondern schlicht deshalb, weil ihr Erkenntniswert unstrittig ist. Als Behauptungen über faktische Wortgebräuche sind sie aus empirischen (synthetisch-aposteriorischen) Gründen wahr oder falsch und haben daher einen propositionalen Erkenntniswert. Unser jetziges Interesse gilt aber der nicht-propositionalen Erkenntnis und insbesondere der Frage, ob Definitionen eine solche vermitteln.

Handelt es sich bei lexikalischen Definitionen um empirische *Feststellungen* über faktische Sprachgebräuche, so sind eigentliche Definitionen *Festsetzungen* von Wortgebräuchen, allerdings unter Berücksichtigung bestehender und vergangener Wortgebräuche und Unterscheidungen. Daher können lexikalische Definitionen den Ausgangspunkt für festsetzende Definitionen abgeben. So wäre es zu wünschen, dass die bekannte lexikalische Definition „Das Wort ‚Philosoph' bedeutet seinem griechischen Ursprung nach ‚Freund der Weisheit'" (vgl. Platons *Phaidros* 278c4-e3) der akademischen Philosophie Anlass zum Überdenken ihres Selbstverständnisses geben würde. Eigentliche Definitionen nehmen insofern eine Mittelstellung zwischen faktischen Feststellungen und willentlichen Festsetzungen von Zeichen- oder Wortverwendungen ein.

Eine definitorische Festsetzung ist normalerweise nicht bloß als Festlegung eines privaten Sprachgebrauchs gemeint, sondern sie wird anderen Sprechern mit mehr oder weniger großem Nachdruck vorgeschlagen, nahegelegt, zugemutet oder gar vorgeschrieben. Definitionen treten also in unterschiedlichen illokutionären Rollen und damit als unterschiedliche Sprechakte auf. Die Möglichkeiten reichen von Selbstverpflichtungen eines Sprechers (oder Autors), einen Ausdruck stets im genannten Sinne zu verwenden, über Wortgebrauchsvorschläge für andere bis zu normativen Festsetzungen mit dem Anspruch auf Verbindlichkeit für alle. Wie es im Bereich der Wahrheit beanspruchenden Sprechakte außer der Behauptung, die am strengsten Wahrheit beansprucht, auch Sprechakte mit schwächerem Wahrheitsanspruch gibt, so gilt Vergleichbares auch für Sprechakte der Sprachregelung, nämlich hinsichtlich der Stärke der Normativität. Im Spiel ist dabei stets ein willentliches Moment, da in der Regel nicht alle Bedeutungsnuancen Berücksichtigung finden, sondern einige mit Blick auf den jeweiligen konkreten Zweck eliminiert und andere hervorgehoben werden.

Definitionen verändern einen bestehenden Wortgebrauch, indem sie ihn zurechtrücken, und greifen damit in bestehende Unterscheidungen ein. Dies erklärt auch den häufig zu Unrecht verurteilten so genannten ‚Streit um Worte'. In vielen Fällen geht es hier eben nicht bloß um Worte, sondern um die in der

Sprache vollzogene begriffliche Gliederung der Welt. Ich behaupte mich und meine Sicht der Dinge, indem ich meinen Sprachgebrauch durchsetze. Je stärker der normative Charakter von Definitionen ist, umso mehr gilt es daher zu prüfen, ob sie nicht als *persuasive Definitionen* zur Manipulation missbraucht werden und zum Beispiel der politischen Sprachregelung dienen, wie dies aus Diktaturen bekannt ist. Bei Sprachreglungen mit Gebots- oder Verbotscharakter ist Fundamentalismusverdacht anzumelden. Wegen der Gefahren des Missbrauchs aber jede Sprachnormierung ablehnen zu wollen, wäre unsinnig. Der normative Charakter von Definitionen ist wohl in der Rechtsprechung am stärksten. Hier sind Definitionen verbindlich, obwohl sie veränderbar sind.

Was zuvor an einer formalen Sprache verdeutlicht wurde, gilt erst recht in nicht-formalen Sprachen. Relevante Definitionen sind nicht bloß sprachliche Abkürzungen, sondern rekonstruktive Eingriffe in den Sprachgebrauch, die eine Neustrukturierung bestehender Inhalte vornehmen. Die Neustrukturierung erfolgt bereits in der Zusammenstellung des Definiens, in der Begriffs*bildung*, nämlich in der Auswahl und Zusammenstellung von Merkmalen im Definiens; denn dadurch wird eine bestimmte Begriffsbildung gegenüber anderen Möglichkeiten ausgezeichnet und als relevant hervorgehoben. So offenbaren die beiden gegensätzlichen Definientia für den Begriff des Menschen, die rationalistische Bestimmung „vernunftbegabtes Lebewesen" und die biologistische Bestimmung „ungefiederter Zweibeiner", sehr unterschiedliche Menschenbilder.

4.2 Begriffsbildungen als Explikationen

Begriffsbildungen vollziehen Unterscheidungen, und Unterscheidungen werden getroffen. Das Treffen von Unterscheidungen besteht letztlich in einer Verbindung von Feststellungen und Festsetzungen, indem bestehende Unterscheidungen zunächst anhand des Sprachgebrauchs ermittelt, dann auf ihre Adäquatheit überprüft und schließlich durch die Festlegung eines neuen Sprachgebrauchs modifiziert werden. Das einzuschlagende Verfahren besteht darin, implizite Regeln explizit zu machen und deren Inhalt so zu rekonstruieren und gegebenenfalls abzuändern, dass das Ergebnis für den weiteren Ausbau der Erkenntnisse fruchtbar gemacht werden kann. An der Ausbildung des Unterscheidungswissens sind auch die so genannten *Hinweisdefinitionen* beteiligt. Sie bestimmen Begriffe durch Zeigen auf Gegenstände, die unter den zu definierenden Begriff fallen. Wichtiger noch sind *exemplarische Bestimmungen*, die nicht nur durch die Angabe (Zeigen oder Nennung) von Beispielen, sondern auch von Gegenbeispielen erfolgen (Kamlah/Lorenzen 1967: 29). Darauf aufbauend ergeben sich dann Begriffsregeln, welche die Beziehungen zwischen einzelnen Begriffen bestimmen, als da etwa sind Über- bzw. Unterordnung, Verträglichkeit und Unverträglichkeit sowie im Fall der Unverträglichkeit konträre, polarkonträre oder kontradiktorische Gegensätzlichkeit. Eine ausführliche Darstellung von Begriffsverhältnissen findet sich bei Bolzano (1837: §§ 91-108). In allen Fällen kann man von einer rationalen Rekonstruktion oder *Explikation* begrifflicher Unterscheidungen sprechen. Die Bedeutung der Explikationen für die Wissenschaften hat besonders Carnap hervorgehoben. Erläutert sei das Verfahren am Beispiel der Explikation des Begriffs ‚Fisch'.

Der umgangssprachlichen Rede von ‚Walfischen' liegt die begriffliche Regel zu Grunde, Wale zu den Fischen zu zählen. Dieses Verständnis geht seinerseits auf die begriffliche Äquivalenz zwischen den Ausdrücken ‚Fisch' und ‚Wasserlebewesen' zurück, eine Äquivalenz, die von der wissenschaftlichen Biologie nicht übernommen wird, weil deren Klassifikationen nicht der lebensweltlichen Unterscheidung zwischen den Lebensräumen (Wasser – Land) folgen. Biologisch gesehen gehören die Wale zu den Säugetieren, und Säugetiere werden gerade von Fischen unterschieden. Demgemäß zählt die Biologie die Wale nicht zu den Fischen. Die biologische Explikation des Begriffs ‚Fisch' weicht also vom alltagssprachlichen Verständnis ab. Man sollte dieses Ergebnis allerdings nicht so wiedergeben, wie häufig zu hören ist, dass die umgangssprachliche Rede von Walfischen *falsch* sei. Sie ist vielmehr aus Sicht der wissenschaftlichen Biologie *inadäquat*. Jedenfalls ist die Rede von Walfischen nicht ‚an sich' falsch, sondern nur unter der Voraussetzung, dass die biologische Unterscheidung anerkannt wird. Erst auf Grund der getroffenen Unterscheidung und in Abhängigkeit von dieser ist es falsch, Wale als ‚Fische' zu bezeichnen. Dabei ist die eigentliche Erkenntnisleistung durch die Begriffsexplikation erbracht worden. Die Aussage selbst, dass Wale keine Fische sind, ist dann lediglich aus analytischen Gründen wahr. Wahrheit und Falschheit bleiben für die Beurteilung von Aussagen und Behauptungen reserviert, begriffliche Regeln und die in ihnen niedergelegten Unterscheidungen sind demgegenüber nach Adäquatheit und Inadäquatheit zu beurteilen.

Das Walfisch-Beispiel belegt, dass es Gründe geben kann, faktisch bestehende Begriffsregeln abzuändern oder zu verwerfen. Eine solche Korrektur stellt einen normativen Eingriff dar, der vorhandene Unterscheidungen verändert. Es versteht sich, dass solche Veränderungen nicht willkürlich vorgenommen werden dürfen, sondern dass bei der Einführung neuer Unterscheidungen die faktisch bestehenden Begriffsregeln so weit zu berücksichtigen sind, wie diese adäquat erscheinen.

Begriffsbestimmungen setzen fest, dass ein Begriff in einer bestimmten Weise gebraucht werden *sollte*. Festgesetzt werden nicht Normen des Handelns moralischer oder rechtlicher Art, sondern Normen der Begriffsverwendung. Der

Ausdruck ‚sollte' ist dabei zurückhaltender als der Ausdruck ‚soll'. Der normative Charakter von Begriffsbestimmungen ist nicht kategorischer, sondern hypothetischer, nämlich zweckrationaler Art. Wie das Walfisch-Beispiel zeigt, erfolgt die Veränderung der Begrifflichkeit nicht prinzipiell, sondern in Abhängigkeit von einem bestimmten Zweck, nämlich im Beispiel mit Blick auf den Aufbau eines stringenten wissenschaftlichen Klassifikationssystems. Es kann daher auch kein Verbot geben, umgangssprachlich weiterhin den Ausdruck ‚Walfisch' zu verwenden.

Der Erkenntniswert von Explikationen wird vielfach nicht erkannt, weil man die Bedeutung des Unterscheidungswissens verkennt. Diese Fehleinschätzung hat ihre Wurzeln in der Auffassung, die Funktion von Definitionen darauf zu reduzieren, lediglich kürzere Zeichen für längere Ausdrücke zum Zwecke der besseren Handhabung einzuführen. Eine solche Auffassung führt zwangsläufig dazu, Definitionen den Erkenntniswert abzusprechen. Im Anschluss an die traditionelle Terminologie könnte man sie ‚nominalistisch' nennen. Diese nominalistische Auffassung, nach der Definitionen Nominaldefinitionen (Definitionen von Namen) zu sein haben, wurde hier nicht durch eine realistische Auffassung ersetzt, der zufolge Definitionen Realdefinitionen (Definitionen von Sachen) sein sollten. Zu Grunde gelegt wurde vielmehr ein konzeptualistischer Ansatz, demzufolge Definitionen letztlich *Begriffe* bestimmen. Begriffe werden dabei als die spracheninvarianten Bedeutungen von Begriffsausdrücken verstanden. Vermieden wird damit sowohl die psychologistische Deutung, nach der Begriffe psychische (mentale) Gebilde sind, als auch die objektivistische Deutung, nach der Begriffe den Status von Platonischen Ideen haben.

Nun vollziehen sich Begriffsbildungen nicht nur in expliziten Definitionen, sondern gerade auch ‚schleichend' in stillschweigenden Neuverständnissen. Definitionen sind lediglich der Ort, an dem der Wille zur begrifflichen Neustrukturierung am erkennbarsten dingfest gemacht werden kann. Gerade die grundlegenden, unser Weltbild bestimmenden Einsichten manifestieren sich in Unterscheidungen, und diese geben den kategorialen Rahmen für unsere propositionalen Geltungsansprüche ab. Ein angemessenes Verständnis der epistemischen Rolle von Unterscheidungen bleibt verstellt, wenn man diesen lediglich eine vorbereitende Funktion für die ‚eigentliche', nämlich behauptende (apophantische) Wissensbildung zuweist. Genauer betrachtet ist das Verhältnis zwischen Behauptungen und Definitionen häufig gerade umgekehrt zu sehen. Behauptungen sind wahr oder falsch *in Abhängigkeit von* zuvor getroffenen definitorischen Festlegungen und Unterscheidungen. Vgl. auch Hampe (2014: 154). Die Behauptung, dass Wale keine Fische sind, ist eben nicht an sich, sondern gemäß der biologischen Explikation des Begriffs ‚Fisch' wahr.

Relevante Definitionen sind rekonstruktive Explikationen mit hermeneutischem Anspruch. Sie stehen insofern in der Tradition *nominaler* Wesensdefinitionen. Als solche beantworten sie nicht (wie Realdefinitionen) Fragen der Art, was die *Sache* A ihrem Wesen nach sei, sondern Fragen der Art, wie der *Ausdruck* ‚A' mit Blick auf eine zu treffende Unterscheidung angemessen verwendet werden *sollte*. Deutlich wird hier noch einmal die Normativität von Definitionen und der durch sie getroffenen Unterscheidungen, erkennbar auch an Formulierungen wie ‚*zu unterscheiden ist* zwischen P und Q'.

Den Begriff der normativen Geltung haben wir für moralische und juristische Normen in Anspruch genommen (Abschnitt 3.4). Hervorgehoben wurde, dass damit nicht die faktische Geltung, sondern die Begründbarkeit von deren Verbindlichkeit gemeint ist. Auch sprachliche Unterscheidungen können faktisch gelten, was in lexikalischen Definitionen als Behauptungen über den faktischen Sprachgebrauch festgehalten wird. Eigenartigerweise scheint es allerdings nicht ganz sprachgemäß zu sein, bei Sprachnormen – in Analogie zu anderen Normen – von einer normativen Geltung zu sprechen. Ob es hierfür tiefere Gründe gibt oder ob eine solche Redeweise lediglich ungewohnt ist, ist schwer zu sagen. Wenn die normative Geltung von Normen allerdings so verstanden wird, dass diese anerkannt werden *sollten*, so könnte man zumindest Sprachnormen, die unverzichtbare Unterscheidungen zum Ausdruck bringen, eine normative Geltung zubilligen.

4.3 Kategoriale Unterscheidungen in der Philosophie

Wie sehr grundlegende Unterscheidungen den kategorialen Rahmen für propositionale Erkenntnisansprüche bestimmen, belegen insbesondere philosophische Untersuchungen. Mitunter verdeutlichen bereits die Titel, zum Beispiel von Freges *Funktion und Begriff* (Frege 1891), *Über Sinn und Bedeutung* (Frege 1892a) und *Über Begriff und Gegenstand* (Frege 1892b), dass es im Wesentlichen darum geht, kategoriale Unterscheidungen plausibel zu machen. So ist es auch zu verstehen, wenn Kant (KrV, B 758 f.) zu Recht betont, „daß in der Philosophie [anders als in der Mathematik] die Definition, als abgemessene Deutlichkeit, das Werk eher schließen, als anfangen müsse". Grundlegendes Wissen besteht nicht nur im Wissen um propositionale Grundgesetze, sondern auch im Wissen um vorpropositionale Grundunterscheidungen. Hätte Humpty Dumpty, die eiförmige Figur aus Lewis Carrolls *Through the Looking-Glass*, als Vertreter der definitionstheoretischen Willkürlichkeitsthese tatsächlich die Macht über die Bedeutung der Wörter, wie er meint (Carroll 1970: 269), dann hätte er Macht über die begriffliche Gliederung der Welt und damit auch Macht über das propositionale Wissen. Man behauptet sich nicht erst durch Behauptungen. Wer die Definitionshoheit besitzt oder wessen begriffliche Unterscheidungen sich behaupten, bestimmt auch mit, was sich als wahr behaupten lässt.

Dieses Ergebnis gibt Anlass, selbstbezüglich die methodischen Aufgaben der Philosophie, die es weder mit formalen Ableitungen noch mit empirischen Prüfungen zu tun hat, in den Blick zu nehmen. Definitionen haben in der Philosophie eine herausragende Stellung, insofern sie häufig das Ergebnis einer Untersuchung sichern. Jedenfalls gilt dies für solche Definitionen, die nicht bloß terminologische Festsetzungen, sondern Explikationen von begrifflichen Unterscheidungen bieten. Philosophisches Wissen besteht geradezu in begrifflichem Unterscheidungswissen. Allerdings geht es dabei nicht um solche Begriffe wie den Begriff ‚Fisch', an dem das Verfahren der Explikation zuvor expliziert wurde, sondern um *kategoriale*, unsere Weltauffassung bestimmende Begriffe. Zu ihnen gehören zum Beispiel Begriffe, mit deren Bestimmung oder Erläuterung wir uns bereits befasst haben: ‚Wissen' und ‚Behauptung' sowie die Unterscheidungen zwischen ‚Geltung' und ‚Genese' und zwischen ‚Grund' und ‚Ursache'. Letztlich besteht unsere gesamte Untersuchung in einer Explikation des Begriffs der Erkenntnis.

Indem Philosophie mit der Explikation kategorialer Unterscheidungen befasst ist, ist sie weniger durch wohl bestimmte inhaltliche Bereiche als vielmehr durch ihre Tätigkeit ausgezeichnet. Die Bestimmungen grundlegender Begriffe, die in der Philosophie am Ende stehen, können ihrerseits die Grundlage entsprechender Einzelwissenschaften bilden und stehen in diesen daher am Anfang. Man denke etwa an Freges Arbeiten zu den Grundlagen der Arithmetik und Geometrie. Grundlagenfragen sind Philosophie und Einzelwissenschaften gemeinsam. Hier treffen beide zusammen und mitunter auch im Streit aufeinander. Während die Einzelwissenschaften die Grundbegriffe ihrer je eigenen Disziplin behandeln, ist der Philosophie eine solche Beschränkung fremd. Philosophen sind, wie es manchmal ironisch, aber durchaus treffend heißt, „Spezialisten fürs Allgemeine" (Odo Marquard) – und dieses fächerübergreifend im inter- und transdisziplinären Sinne.

Das Allgemeine hat für die Philosophie nach der hier entwickelten Auffassung in erster Linie die Form kategorialer Begriffe. Begründungen erstrecken sich weniger auf die Wahrheit von Behauptungen als vielmehr auf die Adäquatheit von Unterscheidungen. Man sollte daher den apophantischen Charakter der Philosophie nicht überbetonen. Auch da, wo sich deren Erkenntnisanspruch in Form von behauptenden Äußerungen über propositionale Inhalte artikuliert, liegen häufig bei genauerer Betrachtung Festlegungen von Unterscheidungen vor. Trotz der Verwendung von Behauptungssätzen hat man es nicht mit Sprechakten des Behauptens, sondern des Normierens zu tun. Zwar lassen sich auch Definitionen künstlich als Behauptungen darstellen, nämlich als Behauptungen, dass die entsprechenden Definitionen adäquat sind. Ein solcher Schritt auf eine gewissermaßen höhere Stufe der Apophantik ist bei allen Normen durchführbar. Dies ändert aber nichts daran, dass sich die Begründung der Geltung der Normen selbst nicht auf deren Wahrheit, sondern auf deren Angemessenheit erstreckt. So sind denn auch Wesens*aussagen* meistens verkappte Wesens*definitionen*, die ihrerseits normative Unterscheidungen darstellen. Bereits in den Sokratischen Was-ist-Fragen der Platonischen Dialoge geht es letztlich nicht um Fragen des Seins, was zum Beispiel Wissen *ist*, sondern um Fragen des Sollens, wie die fraglichen Begriffe, zum Beispiel der Begriff des Wissens, angemessen bestimmt werden *sollte*. Verstünde man Wesensdefinitionen im Aristotelischen Sinne als Behauptungen über das Wesen einer Sache, dann wären sie in der Tat als wahr oder falsch zu beurteilen. Eine solche Auffassung unterstellt aber eine vorgegebene objektive Gliederung der Welt, die es zu erfassen gilt, und verkennt damit den Anteil der Sprache und der durch sie getroffenen Unterscheidungen an der Konstitution der Welt.

Begriffliche Unterscheidungen stellen sich dar als nicht-, nämlich *vor*propositionale Erkenntnisse, die unsere propositionalen Erkenntnisse vorprägen, und zwar in einer solchen auf- und eindringlichen Weise, dass uns dies selbst häufig gar nicht bewusst ist. Wie wir die Welt sehen, ist durch unsere Begriffsbildungen bestimmt. Wenn der philosophische Diskurs weniger in der Begründung und Kritik von Behauptungen als vielmehr in der Begründung und Kritik von kategorialen Unterscheidungen besteht, so ist der hier zu veranschlagende Begründungsbegriff zu überdenken.

Um sich zu behaupten, kommt es sicher darauf an, für seine Behauptungen überzeugende Argumente zu liefern. Eine entscheidende Voraussetzung für diese Überzeugungsarbeit ist aber, dass die grundlegenden Unterscheidungen, welche die Sicht der Dinge festlegen, Zustimmung erfahren. Nun kann diese Zustimmung aber nicht zwingend andemonstriert, sondern lediglich ansinnend plausibel gemacht werden. Daher kann die Begründung oder Zurückweisung von Unterscheidungen – der Nachweis ihrer Adäquatheit oder Inadäquatheit – keinen *be*weisenden, sondern einzig einen *auf*weisenden, nämlich appellativ verdeutlichenden Charakter haben. Letztlich bewegen wir uns hier nicht im Bereich logischer, sondern rhetorischer Argumentation. Daher wird man in der Philosophie über die Form des diskursiven Arguments hinausgehen und auch auf andere Darstellungsformen zurückgreifen dürfen oder gar müssen. Vgl. dazu Kapitel 10.

Es versteht sich, dass auch im Falle von Unterscheidungen zwischen der argumentativen Begründung ihrer normativen Geltung und der historischen Erklärung ihrer faktischen Genese zu unterscheiden ist. Die historische Genese der Begriffsbildungen kann deren Begründung nicht ersetzen, sie kann diese aber historisch-hermeneutisch verlässlich unterfüttern und so verhindern, dass man hinter den Stand des bereits vorhandenen Unterscheidungswissens zurückfällt. Gerade für das philosophische Wissen als Unterscheidungswissen ist es besonders wichtig, die in der historischen Entwicklung ausgebildeten Unterscheidungen zur Kenntnis zu nehmen, kritisch zu würdigen und systematisch zu nutzen. Diese Rolle kommt einer problemgeschichtlich verfahrenden Begriffsgeschichte zu, wie sie etwa das *Historische Wörterbuch der Philosophie* bietet. Zu den unterschiedlichen Aspekten der Begriffsgeschichte siehe Teichert (2008) und Hühn (2009).

Die Begriffsgeschichte liefert nicht nur Material für eine Klärung und gegebenenfalls rekonstruktive Neubestimmung von Begriffen, sondern auch Belege dafür, dass philosophische Einsichten fast immer darauf hinauslaufen, die Dinge im Lichte neuer kategorialer Unterscheidungen neu zu sehen oder sehen zu lassen, also eine neue grundlegende Sichtweise zu gewinnen. Die Einsicht in eine Unterscheidung kann – wie in der Gestaltwahrnehmung – die gesamte Sichtweise ‚umkippen' lassen. Dies gilt nicht nur für die Philosophie, die es permanent mit kategorialen Erläuterungen zu tun hat, sondern bis in die Grundlagen der Naturwissenschaften hinein. So vermutet Thomas S. Kuhn (1976: 210), dass alle wissenschaftlichen Revolutionen ihren Niederschlag in einem neuen Verständnis alter Termini gefunden haben. Die so genannten Paradigmenwechsel, an denen Kuhn die Entstehung des Neuen festmacht, gehen danach stets mit Veränderungen im Bereich der grundlegenden begrifflichen Unterscheidungen einher. So belegt auch die Geschichte der Naturwissenschaften den Erkenntniswert und die kreative Leistung begrifflicher Unterscheidungen. Die philosophische Unterscheidungsarbeit darf sich daher nicht auf die Philosophie im engeren Sinne beschränken, sondern hat auch die Grundlagen anderer Disziplinen und Wissenschaften mit einzubeziehen – auch eingedenk der Tatsache, dass viele Einzelwissenschaften aus der Philosophie hervorgegangen sind. Damit erwächst der Philosophie die Aufgabe, nicht nur *inter*disziplinär unterschiedliche Fächer miteinander in Verbindung zu bringen, sondern auch *trans*disziplinär ein Überschreiten der Fächergrenzen anzustreben.

4.4 Der Erkenntniswert von Metaphern

Unterscheidungswissen ist nicht allein begrifflicher Art, es manifestiert sich gerade auch und besonders in Metaphern. Nun galten Metaphern – sowie ganz allgemein bildliche Sprache – in der Geschichte der Philosophie und der Wissenschaften häufig geradezu als Feinde genauer Unterscheidungen und Erkenntnisse. Besonders negativ hat Locke (1981, Bd. 2: 144) die Verwendung bildlicher Ausdrücke als „vollkommenen Betrug" bezeichnet. Lockes Position geht auf einen antirhetorischen Affekt zurück, der seinerseits Ausdruck des beständigen Widerstreits zwischen Logik und Erkenntnistheorie auf der einen und Rhetorik und Poetik auf der anderen Seite ist. Im Gegenzug ist von rhetorischer Seite geltend gemacht worden, dass Begriffe letztlich nichts anderes als tote Metaphern seien, so dass die Zurückweisung des Erkenntniswerts von Metaphern auf die Begriffe und deren Unterscheidungen zurückfällt. Mit einer solchen Volte sehen wir uns insbesondere durch die von Nietzsche initiierte Dekonstruktion begrifflicher Erkenntnis konfrontiert (Nietzsche 1973c; de Man 1983). Von ihr wäre gerade auch die Philosophie betroffen. Schon Kant hat mit Blick auf solche kategorialen Begriffe wie ‚Grund' und ‚Substanz' deren metaphorischen Ursprung im Sinne einer veranschaulichenden Analogie herausgestellt (AA, Bd. 5: 352 f.). Am besten begegnet man der dekonstruktiven Erkenntniskritik dadurch, dass man auf eine strikte Unterscheidung zwischen Begriffen und Metaphern verzichtet und den Erkenntniswert der Metaphern positiv hervorhebt. Dann entfallen auch die fatalen erkenntniskritischen Konsequenzen aus dem bekanntem Diktum Nietzsches (1973c: 314), begriffliche „Wahrheit" sei nichts als ein „bewegliches Heer von Metaphern".

An dieser Stelle dürfte es angebracht sein, einige Worte über die unterschiedlichen Rollen von Metaphern zu verlieren. Der Umstand, dass Metaphern nicht nur in der Poesie, sondern auch in der Philosophie und selbst in den so genannten exakten Naturwissenschaften eine wichtige Rolle spielen, besagt noch lange nicht, dass sie auch dieselbe Funktion haben. Ohne eine strenge Grenzziehung vornehmen zu wollen, lässt sich doch feststellen, dass der wissenschaftliche Gebrauch und der poetische Gebrauch in entgegengesetzte Richtungen tendieren. Von ‚treffender' Metaphorik sprechen wir zwar in beiden Fällen, in der Poesie geht es aber um *prägnant* treffende Vergegenwärtigungen und in den Wissenschaften um *präzis* treffende kategoriale Unterscheidungen. Die poetische Metapher *bereichert* eine Darstellung, die kategoriale Metapher *ermöglicht* eine Unterscheidung. Poetische Metaphern sind Väter des Überflusses, sie setzen Konnotationen frei; kategoriale Metaphern greifen auf Konnotationen zurück, weil die Begriffe fehlen. Sie sind Kinder des Mangels und werden aus Ausdrucksnot geboren. Als Beispiel sei hier das aus der Chemie übernommene Metaphernpaar „gesättigt – ungesättigt" angeführt, das Frege dazu dient, die Unterscheidung zwischen den logisch einfachen und daher nicht definierbaren kategorialen Begriffen des Gegenstandes und der Funktion zu erläutern und die logische Struktur der prädikativen Aussage als Sättigung eines ungesättigten Begriffs durch einen abgeschlossenen Gegenstand zu bestimmen. Um sich über einfache Begriffe zu verständigen, so räumt Frege ein, sei es nur möglich, „auf das hinzudeuten, was gemeint ist" (Frege 1891: 18; vgl. Frege 1904: 665), und dazu müsse man häufig auf „bildliche Ausdrücke" zurückgreifen (Frege 1892b: 205). Da die Metaphern hier nicht bloß der Veranschaulichung einer bestehenden Begrifflichkeit dienen, sondern an die Stelle fehlender Begrifflichkeit treten, handelt sich um „absolute Metaphern" im Sinne Hans Blumenbergs (1999: 11), um solche Metaphern nämlich, deren Bedeutungsinhalt durch Begriffe nicht eingeholt werden kann und die daher Anlass geben, „das Verhältnis von Phantasie und Logos neu zu durchdenken".

Blumenberg beschreibt die kognitive Funktion der Metapher als „Erfassung von Zusammenhängen" (1979: 77) und bestimmt sie damit als Leistung des analogischen Erkenntnisvermögens, eines Vermögens, das wir (in Kapitel 7) als Geist im Sinne des Witzes kennen lernen werden. Eingeräumt wird zu Recht, dass selbst eine absolute Metapher „durch eine andere ersetzt bzw. vertreten oder durch eine genauere korrigiert werden kann" (Blumenberg 1999: 12f.). Obwohl Metaphorik als solche unhintergehbar bleibt, so gilt dies doch nicht für konkrete Metaphern. Sofern uns bestimmte Bilder oder Metaphern – mit Wittgenstein zu sprechen – auch „gefangen" halten mögen, wir sind ihnen doch nicht rettungslos ausgeliefert.

Wenn Blumenberg (1999: 23) betont, absolute Metaphern ließen sich nicht „verifizieren", so ist darauf zu verweisen, dass dies auch auf begriffliche Unterscheidungen zutrifft. Verifizieren lassen sich nur Aussagen und Behauptungen, also propositionale Gebilde, Metaphern und Begriffe sind aber nicht-, nämlich vorpropositionale Gebilde. Die Frage nach Wahrheit oder Falschheit kann also bei *beiden* gar nicht aufkommen. Gleichwohl kann die Bildung von Metaphern wie diejenige von Begriffen angemessen oder unangemessen sein. Ein genauerer Blick in die Geschichte der Philosophie und der Wissenschaften zeigt zudem, dass ein wesentlicher Teil der Auseinandersetzungen darin besteht, um begriffliche Unterscheidungen zu streiten oder eine Metapher gegen eine andere oder auch einen Begriff gegen eine Metapher oder eine Metapher gegen einen Begriff auszuspielen. Was zuvor von der Begriffsgeschichte gesagt wurde, dass sie unser Unterscheidungswissen hermeneutisch zu unterstützen habe, ist auf die Metapherngeschichte zu übertragen. In diesem Sinne kommt der Metapherngeschichte als Fortsetzung der Begriffsgeschichte eine *explikative* Aufgabe zu. Allerdings muss sie sich dazu – wie die Begriffsgeschichte – der Problemgeschichte öffnen.

5 Nicht-propositionale Erkenntnis

Wie wir am Beispiel des Unterscheidungswissens gesehen haben, ist bereits in den Wissenschaften, die in besonderer Weise auf den Erwerb von propositionalem Wissen ausgerichtet sind, nicht-propositionale Erkenntnis in Form von vor-propositionaler Erkenntnis am Werk. Zu erwägen ist, ob man statt von nicht-propositionaler eher von nicht-apophantischer Erkenntnis sprechen sollte. Explizite Definitionen wie ‚Mensch $=_{Df}$ vernunftbegabtes Lebewesen' sind ihrer sprachlichen Form nach Gleichungen. Daher kann man ihnen auch – einem mündlichen Einwand von Carl F. Gethmann folgend – einen propositionalen Inhalt zubilligen, der allerdings nicht behauptet, sondern festgesetzt wird. Folgt man dieser Auffassung, so bleibt es gleichwohl dabei, dass Definitionen nicht wahr oder falsch sind und ihnen dennoch ein Erkenntniswert zukommen kann, sofern sie nämlich adäquat sind. Als entscheidende Konsequenz ergibt sich auch hier, den Erkenntnisbegriff nicht einzig an den Wahrheitsbegriff zu binden.

Definitionen einen propositionalen Inhalt zuzugestehen, entspricht dem Vorgehen, dass sie, nachdem sie akzeptiert worden sind, in Argumentationen als Behauptungen herangezogen werden können. Diesen Übergang betont schon Frege für das logische Schließen. In seiner *Begriffsschrift* verwendet er auch in der Darstellung von Definitionen den so genannten Inhaltsstrich ‚—', der einen propositionalen Inhalt anzeigt. Definitionen und Urteile unterscheidet er als Sprechakte, indem er unterschiedliche Zeichen für die verschiedenen illokutionären Rollen verwendet. Urteile bzw. Behauptungen werden durch das Zeichen ‚|—' als Verbindung des Urteilsstrichs ‚|' mit dem Inhaltsstrich und Definitionen durch das Zeichen ‚||—' als Verbindung eines Doppelstrichs mit dem Inhaltsstrich kenntlich gemacht (Frege 1879: 55 f.; vgl. Frege 1893: 44 f.). Werden Definitionen in Schlüssen herangezogen, so wird – unter Beibehaltung des propositionalen Inhalts – lediglich die Illokution verändert, indem der Urteilsstrich an die Stelle des definitorischen Doppelstrichs vor den propositionalen Inhaltsstrich tritt.

Anders als bei expliziten Definitionen sind bei exemplarischen Einführungen durch Beispiele und Gegenbeispiele nicht so ohne weiteres propositionale Inhalte zu verbuchen. Allerdings kann auch die Angabe eines Gegenstandes als Beispiel für einen einzuführenden Begriff nachfolgend als elementare Subsumtion dieses Gegenstandes unter den Begriff apophantisch herangezogen werden. Letztlich handelt es sich aber um eine Schulung der Urteilskraft im Sinne eines *theoretischen* Könnens, nämlich Gegenstände und Begriffe *wechselseitig* einander zuordnen zu können. Das angestrebte Unterscheidungswissen besteht in einer Kombination der Fähigkeit, zu Gegenständen passende Begriffe ausfindig zu machen, also angemessene Begriffsbildungen vorzunehmen, mit der Fähigkeit, Gegenstände unter die jeweils gebildeten Begriffe zu bringen. Anders gesagt: Es geht um ein Wechselspiel zwischen reflektierender Urteilskraft (in ihrem Aufstieg von besonderen Gegenständen zu allgemeinen Begriffen) und subsumierender Urteilskraft (in ihrem Abstieg von allgemeinen Begriffen zu besonderen Gegenständen). Theoretischer Art ist das Unterscheidenkönnen, weil es sich in kognitiven und nicht in körperlichen Handlungen vollzieht.

Vom theoretischen Können wurde das praktische Können als Wissen, wie man etwas macht, bereits unterschieden. Handwerkliches Können und ähnliche Formen praktischen Wissens – vom Skifahren-Können bis zum Kochen-Können – sind nicht unser Thema. Außer dem Unterscheidungswissen gibt es noch weitere Arten des theoretischen Könnens. Ein bereits behandelter Fall ist die Fähigkeit, Behauptungen durch Argumente begründen zu können. Denken wir ferner an Beweise in der Mathematik und der Logik oder an Experimente in den Naturwissenschaften. Einen Beweis oder ein Experiment verstehend nachzuvollziehen ist etwas anderes als dergleichen selbst ausführen zu können. Ein wirkliches Wissen verlangt hier zusätzlich ein operatives Können.

Gegen die Bindung des Erkenntnisbegriffs an den propositionalen Wahrheitsbegriff und für die Anerkennung nicht-propositionaler Erkenntnisformen sind nun weitere Beispiele beizubringen. Der Wahrheitsbegriff selbst wird durch eine solche Erweiterung nicht in Frage gestellt, sondern lediglich in seinem Anwendungsbereich eingeschränkt. Das weitere Vorgehen ist dadurch bestimmt, dass genau das zuvor erörterte Unterscheiden bei der Unterscheidung unterschiedlicher Erkenntnisformen zur Anwendung kommt, und dies auf der für philosophische Erörterungen charakteristischen kategorialen Metastufe; denn der Erkenntnisbegriff ist keiner der Begriffe, wie wir sie im täglichen Leben (‚Tisch', ‚Stuhl') oder in den Wissenschaften (‚Säugetier', ‚H_2O') etwa zur Klassifikation von Objekten verwenden, sondern ein kategorialer Begriff.

5.1 Erkenntnis durch Bekanntschaft

Da Erkennen relational aufzufassen ist, indem jemand als Subjekt etwas als Objekt erkennt, wird die Frage, ob es nicht-propositionale Erkenntnisse gibt, auch so zu verstehen sein, ob es nicht-propositionale Erkenntnisobjekte gibt. Auf den ersten Blick scheint dies selbstverständlich zu sein, weil wir nicht nur die Wahrheit von propositionalen Inhalten, wie das Bestehen von Sachverhalten, erkennen können, sondern auch einzelne Gegenstände wie Tische und Stühle. Außer der Form ‚A erkennt, dass p' ist also auch die Form ‚A erkennt a' anzuerkennen, wobei ‚A' für das Erkenntnissubjekt und ‚a' für einzelne Gegenstände – unter Einschluss von Personen – als Erkenntnisobjekte steht. Das ‚etwas' in ‚jemand erkennt etwas' ist also kategorial doppeldeutig: Sachverhalte und Gegenstände sind unterschiedliche Kategorien. Was heißt es aber, einen Gegenstand zu erkennen?

Eine Aussage wie diejenige, dass ich den Täter erkannt habe, dürfte so zu verstehen sein, dass ich erkannt habe, dass a der Täter ist, wobei die Person a durch einen Namen (wie ‚Herr Meier') benannt oder durch eine Personenbeschreibung (wie ‚der kleine Mann mit blonden Haaren') charakterisiert ist. Hier wird das Erkennen als ein Wiedererkennen oder Identifizieren verstanden. Eine Erkenntnis *über* den Täter liegt allerdings bereits vor, wenn ich mindestens eine Eigenschaft des Täters erkannt habe. Wenn ich jedoch nicht in der Lage bin, eine solche anzugeben, mag ich den Täter zwar gesehen haben, erkannt habe ich aber nichts. Gegenstandserkenntnis, sofern sie Erkenntnis *des* Gegenstandes oder *über* einen Gegenstand ist, hat die Form ‚dieser Gegenstand ist a' (im Sinne von ‚dieser Gegenstand ist identisch mit a') oder ‚dieser Gegenstand ist (ein) P' (wobei ‚P' für Prädikate wie ‚klein' und ‚Mann' steht). Beide Erkenntnisformen sind demnach auf propositionale Erkenntnis zurückführbar. So nimmt es nicht Wunder, dass die Auffassung, auch Gegenstandserkenntnis sei propositional, weit verbreitet ist. Übersehen wird dabei, dass es außer einer Erkenntnis durch propositionale *Beschreibung* von Gegenständen auch eine Erkenntnis durch nicht-propositionale *Bekanntschaft* mit Gegenständen gibt. Im Englischen unterscheidet man zwischen *knowledge by description* und *knowledge by acquaintance* (Russell 1976). Diese Begrifflichkeit geht zurück auf die lateinische Unterscheidung zwischen *cognitio circa rem* und *cognitio rei*. In beiden Fällen handelt es sich um ein *theoretisches* Wissen.

Das Erkennen durch Bekanntschaft ist am besten als ein Kennen zu bestimmen. Während die Beschreibung auf Begriffe abstellt, kommt die Bekanntschaft durch Anschauung zustande. Hieraus ergibt sich die Relevanz von Phantombildern und von Gegenüberstellungen bei der Identifikation von Personen. So bleibt eine noch so detaillierte begriffliche Personenbeschreibung hinter der anschaulichen Vergegenwärtigung oder gar unmittelbaren Gegenwart einer Person zurück. Eine Identifikation ist auch ohne jede Beschreibung möglich.

5.2 Phänomenales Wissen

Es besteht eine kategoriale Differenz zwischen Begriff und Anschauung, die Kant in seiner Lehre von den „zwei Stämme[n] der menschlichen Erkenntniß", nämlich „*Sinnlichkeit* und *Verstand*", expliziert hat (KrV, B 29). Hieraus ergeben sich weit reichende erkenntnistheoretische und ästhetische Konsequenzen. Die Zusammenhänge werden hier zunächst nur angedeutet, im Weiteren (siehe Abschnitt 8.3) aber mit besonderem Blick auf den Erkenntniswert der Bilder ausführlich expliziert. Eine Landschaft zu sehen, ist etwas anderes, als sie sich beschreiben zu lassen. Dabei kann es sogar vorkommen, dass ich mehr sehe als ich sagen kann, sei es, dass mir die Begriffe fehlen, sei es, dass ich das, was ich sehe, in Begriffen nicht auszuschöpfen vermag. Hier gilt der Satz *individuum est ineffabile*. Einen Gegenstand oder eine Person a zu kennen, ist daher nicht auf die propositionale Erkenntnis reduzierbar, dass a die Eigenschaften P_1, P_2, ..., P_n hat. Die anschauliche ‚Fülle' der Gegenstandserkenntnis ist sozusagen komplexer oder reicher als alles, was ich begrifflich über den Gegenstand auszusagen vermag. Zum Ausdruck kommt diese Differenz in Bekenntnissen wie „Ich kann es Dir nicht wirklich beschreiben, Du musst es einfach sehen". Elementare Beispiele für solche Situationen liefert das so genannte *phänomenale* Wissen, das sich neben dem vorpropositionalen Unterscheidungswissen als ein weiterer Kandidat für nicht-propositionales Wissen erweist (Schildknecht 2002). Während das Unterscheidungswissen den Umgang mit *Begriffen* und auch mit Metaphern betrifft, bezieht sich das phänomenale Wissen auf *Anschauungen*, und zwar im wörtlichen Sinne. Wenn dagegen Metaphern ‚anschaulich' genannt werden, so ist diese Rede ihrerseits metaphorisch, nämlich eine Übertragung aus dem Bereich des Optischen in den Bereich des Sprachlichen.

Statt der gebräuchlichen adjektivischen Form, die das Missverständnis hervorrufen könnte, als handele es sich bei phänomenalem Wissen um ein besonders herausragendes Wissen (vgl. die Rede von einem phänomenalen Gedächtnis), dürfte es eigentlich sachgemäßer sein, von einem Phänomen-Wissen zu sprechen. Darin käme deutlicher zum Ausdruck, dass eine Bestimmung des Gegenstandsbereichs dieses Wissens gemeint ist. Der Gegenstandsbereich des phänomenalen Wissens erstreckt sich auf die so genannten *Qualia*. Diese entsprechen den sekundären Qualitäten der traditionellen Erkenntnistheorie. Standardbeispiele sind wiederum Farbwahrnehmungen. Die physikalische Bestimmung einer Farbe gemäß ihrer Wellenlänge vorzunehmen, ist etwas anderes als diese Farbe selbst wahrzunehmen. Im Fall etwa der Farbe Rot besteht phänomenales Wissen in dem Wissen, *wie es ist*, eine Rotwahrnehmung zu haben. Ein solches Wissen-*wie* ist spezifisch ‚mehr' als das Wissen, *dass* etwas rot ist. Ein Farbenblinder kann letzteres Wissen erwerben, ersteres aber nicht. Diese Differenz ist nicht nur erkenntnistheoretisch, sondern auch ästhetisch relevant. So wird in den monochromen Gemälden moderner Künstler, wie Barnett Newman und Yves Klein, das kontemplative Moment der Farbwahrnehmung ästhetisch bis zum Erlebnis der Erhabenheit gesteigert.

Im weiteren Verlauf unserer Untersuchung werden – insbesondere in der Analyse des Erkenntniswerts von Kunst und Literatur – auch Befindlichkeiten und Situationen als Gegenstände eines Wissens-wie-es-ist in die Betrachtung einbezogen. Fragen wir aber zunächst mit Blick auf Farbwahrnehmungen, ob sich das entsprechende Wissen-wie-es-ist auf propositionales Wissen reduzieren lässt. Eine solche Reduzierbarkeit behaupten etwa Grundmann (2008: 76) und Brendel (2013: 19 f.). Nach Brendel lässt sich ein Wissen, wie es ist, eine Rotwahrnehmung zu haben, als propositionales „Wissen, *dass* eine Rotwahrnehmung sich so und so anfühlt" charakterisieren. Bestritten wird, „dass phänomenales Erleben sich der Form propositionalen Wissens vollständig entzieht". Dem ist zwar zuzustimmen, was aber nicht bedeutet, dass phänomenales Wissen auf propositionales Wissen *reduzierbar* ist, nämlich darin restlos aufgeht. Wir können selbstverständlich etwas darüber aussagen, wie es ist, eine Rotwahrnehmung zu haben, und dementsprechend beanspruchen, ein propositionales Wissen über Rotwahrnehmungen zu besitzen. So ließe sich zum Beispiel behaupten, dass eine Rotwahrnehmung sich ‚erfrischender' anfühlt als eine Blauwahrnehmung. Was auch immer in dieser Form über eine Rotwahrnehmung aussagbar ist, das qualitative Wie dieser Wahrnehmung wird nicht erschöpfend erfasst. Die Gesamtheit des möglichen propositionalen Wissens darüber, wie es ist, eine Rotwahrnehmung zu haben, kann das qualitative Erlebnis der Wahrnehmung nicht einholen oder gar ersetzen.

Der Gedanke der begrifflichen Unausschöpfbarkeit des Individuums besagt, dass ein Gegenstand durch noch so viele Kennzeichnungen in seinem Sosein nicht vollständig beschrieben werden kann. Frege hat diese Einsicht auf den Punkt gebracht, indem er betont, dass die Bedeutung eines Eigennamens, nämlich der bedeutete Gegenstand, durch die Angabe eines zugehörigen Sinns „immer nur einseitig beleuchtet" wird und wir zu einer „allseitigen Erkenntnis der Bedeutung" niemals gelangen (Frege 1892: 27); denn dazu müssten wir sämtliche „Gegebenheitsweisen" eines Gegenstandes kennen. Diese Feststellung trifft nicht nur auf anschauliche, sondern auch auf abstrakte Gegenstände (zum Beispiel Zahlen) zu. Im Falle von Anschauungen kommt zusätzlich die angesprochene kategoriale Differenz zwischen Anschauung und Begriff zum Tragen.

Was zuvor am Beispiel der Farbwahrnehmung erläutert wurde, lässt sich verallgemeinern: Propositionales Wissen ist begriffliches Wissen. Die verallgemeinernde Begriffsbildung abstrahiert von Aspekten der konkreten Anschauung. Die konkrete Anschauung einer roten Rose wird durch die Aussage ‚Dies ist eine rote Rose' unter den Begriff ‚rote Rose' subsumiert und erfährt dadurch eine Reduktion. Der Übergang von der nicht-propositionalen anschaulichen *Präsentation* zur propositionalen begrifflichen *Prädikation* ist zwangsläufig mit einem Verlust an Anschauung verbunden, weil die Prädikation sich auf einen bestimmten Begriff festlegt, der immer ein-seitig ist, nämlich nur *eine* Seite des Angeschauten aussagt. Es gilt der Satz *omnis determinatio est negatio*. Das Angeschaute wird also in Begriffen immer nur unvollständig erfasst. Hinzu kommt, dass die kategoriale Verschiedenheit von Anschauung und Begriff es unmöglich macht,

Anschauungen in Begriffe zu übersetzen und Anschauungen in ihrer phänomenalen Anschaulichkeit in Begriffen wiederzugeben. Die Konsequenzen, die sich hieraus für das Verstehen von und das Sprechen über Kunst ergeben, werden in Kapitel 8 erörtert.

Das Verhältnis von Anschauung und Begriff ist ein zentrales und immer wiederkehrendes Thema der Erkenntnistheorie, wobei es auch darum geht, wem von beiden der Vorrang einzuräumen sei. Nach Kant sind Begriffe und Anschauungen jedoch wechselseitig aufeinander angewiesen: Bleiben Begriffe ohne Anschauungen „leer", nämlich ohne Inhalt, so sind Anschauungen ohne Begriffe „blind" (KrV, B 75). Anschauen alleine käme danach sozusagen einem stierenden Blick gleich, der gar nichts sieht. Für Kant bringt überdies erst das Urteil, in dem von dem anschaulich Gegebenen etwas in Begriffen ausgesagt wird, Erkenntnis zustande – jedenfalls soweit es sich um menschliche Erkenntnis handelt. Insofern gehört Kant zu den Vertretern des Propositionalismus. Neukantianer wie Heinrich Rickert (1934: 150) sind ihm hierin gefolgt. Das Unterscheidungswissen, das sich ja gerade auf Begriffsverhältnisse erstreckt, ist dagegen ein Beleg dafür, dass begriffliche und propositionale Erkenntnis nicht zusammenfallen. Dies bedeutet dann auch umgekehrt, dass nicht-propositionale Erkenntnis nicht mit nicht-begrifflicher Erkenntnis, nämlich – gemäß üblicher Auffassung – mit Anschauung oder Intuition gleichzusetzen ist. Man kann also die Möglichkeit begriffsloser Anschauung bestreiten, ohne damit Erkenntnis auf propositionale Erkenntnis einzuschränken.

Der Umstand, dass wir Farbnuancen unterscheiden können, für die wir möglicherweise keine Ausdrücke zur Verfügung haben, besagt, dass unsere Anschauung reicher ist als unsere Sprache. Daraus folgt aber nicht, dass wir es mit begriffsloser Anschauung zu tun haben. Die Unterscheidung von Farbnuancen verlangt, diese wiedererkennen zu können, und die Wiedererkennbarkeit von Objekten ist das Kriterium für den Besitz entsprechender *klarer* Begriffe. Es mögen uns *deutliche* Begriffe für die Farbnuancen fehlen, weil wir die Unterschiede in ihrem Sosein nicht auf Begriffe bringen können, es fehlen uns aber nicht Begriffe überhaupt. Zur Unterscheidung zwischen klaren und deutlichen Begriffen (und Erkenntnissen) siehe Leibniz (1965: 422f.). Sprachlosigkeit impliziert nicht das Fehlen jeder Begrifflichkeit. Insofern wir im Wiedererkennen ein Identitätsurteil fällen, ist sogar *auch* propositionale Erkenntnis im Spiel; denn es ist wahr oder falsch, ob wir es mit demselben zu tun haben. Das Objekt muss begrifflich erfasst sein, um identifiziert werden zu können. Sein anschauliches Sosein, zum Beispiel die sinnliche Qualität einer Farbnuance, ist damit freilich nicht auf den Begriff gebracht.

Kants Auffassung, dass es notwendig sei, Anschauung und Begriff miteinander zu verbinden, richtet sich einerseits gegen das Begriffsdenken der rationalistischen Metaphysik, andererseits aber auch gegen die Möglichkeit intellektueller Anschauung. Auch wenn man Kant hier folgt, ist doch darauf zu bestehen, dass es neben dem blinden stierenden Blick den aufmerksam schweifenden kontemplativen Blick gibt, der sich in die Qualität der sinnlichen Anschauung vertieft, ohne sich in ihr begriffslos zu verlieren. Die Frage ist nun, ob eine derartige Kontemplation eine Erkenntnisform ausmacht. Lange vor der Qualia-Debatte hat es dazu bereits eine intensive Diskussion gegeben, wobei ebenfalls das Erlebnis der Farbwahrnehmung als Beispiel diente. Holen wir daher problemgeschichtlich etwas weiter aus, um größere Klarheit zu erlangen. Der entscheidende Punkt ist, dass bestritten wurde, Erlebnisse seien Erkenntnisse. Einmal mehr zeigt sich hier, dass die Beantwortung einer philosophischen Sachfrage auf die Begründung der Angemessenheit einer kategorialen Unterscheidung hinausläuft.

5.3 Kennen, Erkennen, Erleben

Der Vorschlag, zwischen Erkennen als propositionaler und Kennen als nichtpropositionaler Form von Kognition zu unterscheiden, versteht sich sozusagen als terminologischer Vorschlag für hartgesottene Propositionalisten, die freilich bedenken sollten, dass es offensichtlich durchaus sprachgemäß ist, von ‚knowledge by acquaintance' zu sprechen. Warum sollte man also nicht von ‚Erkenntnis' sprechen dürfen, wenn sogar von ‚Wissen' die Rede ist? Nun werden die Begriffe der Bekanntschaft, des Kennens und der Kenntnis in der philosophischen Tradition häufig mit dem Gedanken der Unmittelbarkeit in Verbindung gebracht und dementsprechend kritisiert. Bemerkenswert ist, dass auch Russell (1976: 66) Bekanntschaft als unmittelbaren epistemischen Kontakt mit den Dingen versteht: „Ich sage, daß ich mit einem Objekt *bekannt* bin, wenn ich in einer unmittelbaren kognitiven Relation zu diesem Objekt stehe, d. h. wenn ich mir des Objekts unmittelbar bewußt bin." Die Rede von Unmittelbarkeit lässt nach der Rolle der Intuition als dem zuständigen Erkenntnisvermögen fragen.

In einem bestimmten, harmlosen Sinne können wir von den meisten Erkenntnissen sagen, dass sie unmittelbar oder intuitiv gewonnen werden. So spricht sogar ein logischer Empirist wie Carnap (1928a: § 100) von einem „in der Erkenntnis vorwiegend intuitiv vollzogenen Aufbau der Wirklichkeit", und der Begründer des Wiener Kreises, Moritz Schlick, charakterisiert „jene ahnende Vorwegnahme eines Erkenntnisresultates, die bei allen großen Entdeckungen der gedanklichen Ableitung vorherzugehen pflegt" als „‚intuitive Erkenntnis' im empirischen Sinne" (Schlick 1926: 155). Diese Rede von ‚intuitiv' gehört in die Abteilung Heuristik der Erkenntnis. Selbst logisches Schließen vollzieht sich häufig intuitiv, und wir erkennen meist auch unmittelbar oder intuitiv, ob logische Schlüsse korrekt sind oder nicht, selbst wenn wir dafür keine Begründung liefern und den Nachweis der logischen Schlüssigkeit schuldig bleiben. Dabei gelten Schlüsse ansonsten als Prototypen mittelbarer Erkenntnis. Jedenfalls gilt dies für Schlüsse aus mindestens zwei Prämissen. Schlüsse aus einer Prämisse heißen in der Tradition „unmittelbare Schlüsse" (Kant AA, Bd. 9: 114).

Das Faktum unmittelbarer intellektueller Einsichten wird niemand als Indiz einer höheren Erkenntnisfähigkeit, etwa der Intuition im Sinne intellektueller Anschauung anführen wollen. Vielmehr wird man sagen, dass wir in unserem Denken implizit Regeln folgen, die uns vielfach gar nicht bewusst sind, so wie wir auch grammatischen Regeln folgen, ohne diese explizit auf den Begriff gebracht zu haben. Anders gesagt: Von diesen Regeln haben wir eine klare, aber keine deutliche Erkenntnis. Unmittelbarkeit besagt hier nur, dass es sich um die Abkürzung eines komplizierten Verfahrens handelt. Der Terminus ‚intuitiv' charakterisiert dabei lediglich den Weg, nicht aber eine besondere Art der Erkenntnis.

Nun ist in einem anderen, emphatischen Sinne die Sehnsucht nach Unmittelbarkeit zumindest *ein* zentrales Motiv, das hinter vielen Versuchen steht, Erkenntnis nicht nach Maßgabe propositionaler Wahrheit zu bestimmen. Dies gilt zum Beispiel für die Auszeichnung der Intuition bei Bergson (1985) und auch für den Versuch von Heidegger (1979: 32ff., 219ff.), Wahrheit als „Unverborgenheit" zu deuten und damit sogar den Wahrheitsbegriff nicht-propositional zu bestimmen. Letztlich dürfte auch hinter den Bemühungen der Dekonstruktion, diskursive Erkenntnis immer wieder zu unterlaufen, eine negative Mystik der Unmittelbarkeit stehen, die zwangsläufig in Entzugstheorien endet.

Dem hier vertretenen Komplementarismus der Erkenntnisformen ist eine Abwertung, Zurückstellung oder gar Dekonstruktion des propositionalen Wahrheitsbegriffs völlig fremd. Die nicht-propositionale Erkenntnis oder Kenntnis wird nicht über die propositionale Erkenntnis gestellt oder gar als eigentliche Erkenntnis ausgegeben, sondern der propositionalen Erkenntnis als unverzichtbar an die Seite gestellt. Es ist nun die bereits angedeutete Zurückweisung nicht-propositionaler Erkenntnisformen zu prüfen. Dabei zeigt sich, dass die in der analytischen Philosophie vorgebrachten Argumente Variationen oder gar Dubletten zu Argumenten liefern, die sich bereits in der kontinentalen Philosophie finden. Im vorliegenden Fall geht es um die Kritik Rickerts und Schlicks am „Intuitionismus" der Phänomenologie (Husserl, Heidegger) und der Lebensphilosophie (Bergson).

Rickert (1934: 142, Anm.) diagnostiziert bei Heidegger im Ausgang von dessen Deutung der Wahrheit als Unverborgenheit einen Primat der Anschauung gegenüber dem Begriff, wobei er diese Auffassung auf den ‚schlechten' Einfluss der Phänomenologie Husserls zurückführt: „Der radikale Intuitionismus zeigt sich bei ihm [Heidegger] nur dort, wo er versucht, den Zusammenhang mit der Phänomenologie zu rechtfertigen." In erster Linie wendet sich Rickert (1934: 143) aber allgemein gegen das Ansinnen, Erkennen auf „bloße Anschauung zurückzuführen", ein Ansinnen, als dessen Motor er das (falsche) Ideal ausmacht, Erkenntnis (bzw. Wahrheit) als „die durch keine Konstruktion gefälschte Unmittelbarkeit der Anschaulichkeit" zu bestimmen. Rickert (1934: 146) gesteht zwar zu, dass für die Gegenstandserkenntnis sinnliche Anschauung notwendig sei, besteht aber darauf, dass Anschauung ohne begriffliche Arbeit keine Erkenntnis ergebe. Diese Auffassung entspricht der Kantischen Lehre von den „zwei Stämmen" der Erkenntnis, wonach beide Bereiche so aufeinander angewiesen sind, dass der eine nicht ohne den anderen Erkenntnis liefert. Insofern werden anschauliche Wahrnehmung und begriffliches Denken nicht als zwei eigenständige, komplementäre Erkenntnisformen anerkannt. Zur Stützung seiner Auffassung greift Rickert ausgerechnet auf das Begriffspaar Erkennen vs. Kennen zurück, gibt dem Kennen aber eine von der unsrigen abweichende Deutung, indem er es lediglich als eine Vorstufe zum eigentlichen Erkennen bestimmt. Er bezieht sich dabei auf den bekannten Ausspruch Hegels „Unsere Kenntnis soll Erkenntnis werden", wobei Rickert tendenziös „sein" statt „werden" schreibt. Hegels Formulierung dürfte aber so zu verstehen sein, dass Kenntnis durch die Arbeit des Begriffs in Erkenntnis zu überführen ist, womit der Kenntnis ihr kognitiver Status nicht bestritten wird.

Rickert nimmt für den Erkenntnisbegriff die klassische propositionalistische Engführung vor, indem er als dessen Grundlage den Begriff der Aussagen- bzw. Urteilswahrheit bestimmt und diese obendrein auf die Wissenschaft mit der Begründung beschränkt, dass der „Begriff des Erkennens" sonst „zu unbestimmt und vieldeutig wird" (Rickert 1934: 143). So kommt er schließlich zu dem Ergebnis: „Nur Aussagen oder Urteile tragen in der Wissenschaft einen Wahrheitscharakter." (Rickert 1934: 150) Der Einschränkung des wissenschaftlichen Wahrheitsbegriffs auf den Begriff der propositionalen Wahrheit ist zuzustimmen, als problematisch hat sich aber die Bindung des Erkenntnisbegriffs an den Wahrheitsbegriff erwiesen. Insofern läuft Rickerts Explikation des Erkenntnisbegriffs geradezu auf eine Erschleichung dessen hinaus, was gerade in Frage steht. Sie ist insofern lehrreich, als man sich in gegenwärtigen Diskussionen um die Erweiterung des Erkenntnisbegriffs ähnlichen argumentativen Manövern ausgesetzt sieht, wenn man das offensichtlich tief verwurzelte Junktim von propositionaler Wahrheit und Erkenntnis in Frage stellt. Rickerts Abwehrreaktion wird nachvollziehbar, wenn man bedenkt, dass zu seinen Zeiten die Disjunktion zur Debatte stand, ob Erkenntnis *entweder* intuitiv *oder* diskursiv ist. Zuzugestehen ist, dass es nicht angeht, die Anschauung über den Begriff und damit die Intuition über die Diskursivität zu stellen. Hier sitzt man in der Tat einem falschen Ideal der Unmittelbarkeit auf. Insofern geht es gar nicht darum, „ob sich das Erkennen in bloße Anschauung oder in eine durch Intuition gewonnene Kenntnis auflösen läßt" (Rickert 1934: 144). Das Ziel muss vielmehr sein, neben der propositionalen wissenschaftlichen Erkenntnis weitere Formen kognitiver Welterschließung zu erkunden (vgl. Hogrebe 1996). Während Rickert die Gegenüberstellung von Erkennen und Kennen einführt, um das Kennen aus dem Bereich der Kognition auszugrenzen, ist dieses als komplementäre Ergänzung zu würdigen.

Im Unterschied zu Rickert, der das Kennen als *bloßes* Kennen abwertet, erkennt Schlick es als bedeutsam an, besteht aber ebenfalls auf einer strikten kategorialen Differenz zwischen beiden, wobei er die Besonderheit des Kennens – wie schon Rickert – am Beispiel der sinnlichen Anschauung erläutert. Insofern stehen die Ausführungen von Schlick und Rickert in einer Traditionslinie, die von Russells Erörterung der Bekanntschaft mit Sinnesdaten zur gegenwärtigen Diskussion um den Status von *Qualia* als Objekten von „perceptual knowledge" führt (vgl. hierzu Schildknecht 2002: Kapitel 3 und 4). Während der Charakterisierung von phänomenalem Wissen als Wissen durch Bekanntschaft („phenomenal knowledge is knowledge by acquaintance"), so Schildknecht (2002: 212, Anm. 763), zuzustimmen ist, sind Bedenken gegen die anschließende Begründung der Nicht-Propositionalität phänomenalen Wissens auf Grund seiner Nicht-Begrifflichkeit („nonconceptual and hence nonpropositional") anzumelden. Wie bereits ausgeführt setzt Wiedererkennbarkeit zumindest *klare* Begriffe voraus.

Schlick hält daran fest, dass Erkenntnis an das diskursive Urteil gebunden ist. Sinnlicher Wahrnehmung wird das Recht bestritten, Erkenntnis genannt zu werden. Richtig daran ist, dass Wahrnehmungserkenntnis nicht bereits durch bloße Perzeption gegeben ist, sondern zumindest eine „Apperzeption" verlangt, also erst bei wiedererkennender Subsumtion unter Begriffe vorliegt (Schlick 1918: 72 f.; vgl. bereits Schlick 1913: 480). Dies gilt auch für Anschauung als sinnliche Kenntnis. Schlicks Kritik gilt in erster Linie der Auffassung, dass es „zwei Arten des Erkennens" gebe, „das begriffliche, diskursive und das anschaulich, intuitive" (Schlick 1918: 68). Im Blick hat er dabei, obwohl auch Husserl erwähnt wird, vornehmlich Bergson, der selbst von dem Gegensatz zwischen den Methoden der „Analyse" und der „Intuition" spricht, die „sich gegenseitig ergänzen müssen" (Bergson 1985: 180, Anm. 1). Mit dieser Formulierung deutet Bergson eine komplementaristische Perspektive an. Da die intuitive Erkenntnis insbesondere ästhetischer Art ist, geht es um eine wechselseitige Ergänzung von wissenschaftlicher und ästhetischer Erkenntnis, die auch ein zentrales Anliegen der vorliegenden Untersuchung ist. Wenn Schlick Bergson soweit entgegen kommt, die Intuition als ein bedeutsames „Kennen" anzuerkennen, so möchte man meinen, damit sei der Schritt zur Akzeptanz eines kognitiven Zugangs zu einem Nicht-Propositionalen bereits vollzogen. Auffällig ist aber der terminologische Schachzug, die elementaren Wahrnehmungsinhalte, die „Empfindungen" (Schlick 1918: 72), „Erlebnisse" zu nennen, zum Beispiel von dem „Erlebnis des Rot" zu sprechen (Schlick

1926: 146), Erlebnissen dann aber den Status der Erkenntnis abzusprechen. Was ich erlebe, gehört danach der Sphäre des Lebens an, und das Leben setzt Schlick dem Erkennen entgegen. Das Erlebnis der Farbe Blau wird so beschrieben, dass „ich zum wolkenlosen Himmel aufschaue und mich ganz und gar der Blauempfindung hingebe" (Schlick 1913: 479). Damit ist der kontemplative Aspekt der Farbwahrnehmung angesprochen, wie er in den bereits angeführten monochromen Gemälden in Anspruch genommen wird. Sogleich bestreitet Schlick aber der kontemplativen Einstellung ihren kognitiven Status, indem er hinzufügt, dass das „Wesen des Blau" nur physikalisch erkannt werden könne (Schlick 1913: 480). Letztlich versteigt sich Schlick zu der Auffassung, dass Qualitäten insgesamt als Objekte der Erkenntnis ausscheiden, und wird damit zu einem Vertreter der von Gustav Theodor Fechner so genannten „Nachtansicht" der Welt.

Im Weiteren geht Schlick über die exemplarische Betrachtung der sinnlichen Anschauung weit hinaus, indem er andere Formen des Schauens bis hin zur *Unio mystica* einbezieht. Obwohl er dem Versuch Bergsons, in der Intuition eine Erkenntnis eigenen Rechts zur Anerkennung zu bringen, entschieden widerspricht, fällt seine Kritik insgesamt wohlwollender aus, als man dies auf den ersten Blick von einem logischen Empiristen erwarten würde. Er verwirft die Intuition nicht als mystifizierenden Unsinn, sondern grenzt sie lediglich aus der Sphäre der Erkenntnis aus und weist sie stattdessen dem „Erleben" und dem Leben selbst zu: „Durch Erleben, durch Schauung begreifen und erklären wir nichts. Wir erlangen dadurch wohl ein Wissen *um* die Dinge, aber niemals ein Verständnis *der* Dinge." (Schlick 1918: 69, Hervorhebung G. G.) Schlick gesteht Bergson hier sogar ein intuitives *Wissen* zu und bindet somit – überraschend genug – zwar den Erkenntnisbegriff, aber nicht den Wissensbegriff an den propositionalen Wahrheitsbegriff. Dabei greift er die traditionelle Terminologie auf, der gemäß die *cognitio circa rem* als Erkenntnis ‚um' das Ding und die *cognitio rei* als Erkenntnis ‚des' Dings selbst verstanden wird. Mit Hilfe derselben Unterscheidung charakterisiert Bergson die Differenz zwischen wissenschaftlicher und intuitiver Erkenntnis: „Die erste geht gleichsam um ihren Gegenstand herum, die zweite dringt in ihn ein." (Bergson 1985: 180) Für Schlick und Bergson ist die Erkenntnis ‚des' Dings die eigentliche Erkenntnis. Während Bergson diese Erkenntnis aber der Intuition zuweist und sie der Wissenschaft abspricht, reserviert Schlick sie gerade umgekehrt für die Wissenschaft und bestreitet der Intuition ihren Erkenntniswert. Die Unterscheidung zwischen *cognitio circa rem* und *cognitio rei* ist in der Lebensphilosophie von zentraler Bedeutung. Siehe besonders in Misch (1994: 37 f.) die Hinweise im Vorbericht der Herausgeber.

Den Forderungen des Lebens versucht Schlick nicht dadurch Genüge zu tun, dass er in der Erkenntnistheorie auf das Leben zurückgeht und sich um eine lebensphilosophische Grundlage der Wissenschaft bemüht, sondern dadurch, dass er eine strikte Grenze zwischen Erkenntnis und Leben zieht, der zufolge das Leben als Sphäre der Erkenntnis ausscheidet. Dabei gesteht Schlick dem Menschen sogar die Möglichkeit eines unmittelbaren Kontakts mit den Dingen zu, dass er sich nämlich „den Gegenständen dieser Welt [...] inniger vermählen kann" als es in der Wissenschaft möglich ist. Diese Unmittelbarkeit biete aber nur das Leben. Wem sie zuteilwird, „der steht im Leben, nicht im Erkennen". Erkenntnis verlange dagegen eine Distanz zu den Dingen, aus der man „ihre Beziehungen zu allen anderen Dingen überblicken kann" (Schlick 1918: 66). Anders als Bergson geht Schlick nicht von einer Komplementarität gegensätzlicher Erkenntnisformen *im* Leben, sondern von einem Gegensatz zwischen dem Erkennen und dem Leben selbst aus. Das Verhältnis zwischen *Kennen* und *Erkennen* läuft somit nicht auf eine gegenseitige Ergänzung, sondern auf eine wechselseitige Exklusion hinaus, die noch dadurch verschärft wird, dass Schlick meint „der Gegensatz von Kennen und Erkennen" decke sich mit „dem Gegensatz des Nichtmitteilbaren und des Mitteilbaren" (Schlick 1926: 146). Schlick geht sogar so weit, das „Welterlebnis" über die „Welterkenntnis" zu stellen (1926: 150). Daran wird deutlich, dass sein Ausgrenzungsversuch keineswegs mit einer Abwertung verbunden ist, sondern geradezu ein Reservat von Unmittelbarkeit außerhalb der Erkenntnissphäre zu sichern sucht.

Schlicks Position stellt sich – überraschend genug – als eine Radikalisierung oder Überbietung der Lebensphilosophie dar. Während diese das Erkennen im Leben gründen lässt, macht Schlick geradezu eine Kluft zwischen Leben und Erkenntnis auf. Eine vergleichbare Auffassung findet sich bei Carnap, bei dem man lange den nachhaltigen Einfluss der Lebensphilosophie übersehen hat. Die Übereinstimmung kommt besonders in der Einschätzung der Metaphysik zum Tragen, wobei in beiden Fällen sicher auch Wittgensteins *Tractatus* nachwirkt. Die spezifische Wendung, dass die Metaphysik den verfehlten Versuch darstelle, ein „Lebensgefühl" – so Carnap (1931: 238-241) – oder ein „Erleben" – so Schlick (1926: 156) – propositional mitzuteilen und zu begründen, verweist aber auf einen lebensphilosophischen Hintergrund. Der Ausdruck „Lebensgefühl" ist ein zentraler Terminus der Dilthey'schen Lebensphilosophie.

In der Beurteilung von Carnaps Metaphysikkritik wird häufig übersehen, dass diese sich weniger gegen bestimmte *Inhalte* der Metaphysik, die Carnap in der Kunst aufgehoben sieht, als vielmehr gegen deren Darstellung in propositional-argumentativer Form richtet. Schlick und Carnap sind gegen den Vorwurf eines borniertenlichen Szientismus in Schutz zu nehmen. Szientistisch ist zwar ihr Erkenntnisbegriff, nicht aber ihre Einstellung zur Welt und zum Leben. Zurückzuweisen ist allerdings die absolute Disjunktion zwischen Leben und Erkennen sowie Kunst und Wissenschaft mit den Konsequenzen, dass nicht nur die Funktion der Kunst rein emotivistisch bestimmt wird, sondern auch kein Raum bleibt für kognitive Zwischenformen von Philosophie und Literatur, die vielmehr als zwitterhafte „Begriffsdichtung" abgelehnt werden (Schlick 1926: 158; Carnap 1930: 12). Diese Konsequenzen ergeben sich aus der Bindung des Erkenntnisbegriffs an den Wahrheitsbegriff. Um ihnen zu begegnen, gilt es deren Voraussetzung, nämlich die Fixierung auf den propositionalen Erkenntnisbegriff, durch den Nachweis nicht-propositionaler Erkenntnisformen in Kunst, Literatur und Philosophie aufzuheben. Diesem Ziel sind die Analysen zum Erkenntniswert der Kunst (Kapitel 8), zum Erkenntniswert der Literatur (Kapitel 9) und zu den Erkenntnisformen der Philosophie (Kapitel 10) gewidmet. Es erfolgt dann auch (Abschnitt 10.5) die Legitimation literarisch-philosophischer Zwischenformen am Beispiel des Umgangs mit dem Realitätsproblem, wobei als Ausgangspunkt Carnaps Einschätzung dient, dass es sich um ein metaphysisches Scheinproblem handle. Im Folgenden verbleiben wir aber zunächst beim propositionalen Erkenntnisbegriff, indem wir die Geltungsansprüche wissenschaftlicher Theorien in den Blick nehmen.

6 Erkenntnis in den Wissenschaften

Behauptungen sind die kleinsten Einheiten propositionaler Erkenntnisansprüche. Unterhalb der propositionalen Ebene liefern Unterscheidungen vorpropositionale Erkenntnisse. Oberhalb der propositionalen Ebene werden Behauptungen zu wissenschaftlichen Theorien verbunden. Deren Erkenntnisansprüche sind nun mit Blick auf die Methoden ihrer Einlösung zu untersuchen.

6.1 Wissenschaftliche Theorien

Auch für wissenschaftliche Theorien ist die Unterscheidung zwischen Geltung und Genese der Erkenntnis von zentraler Bedeutung. Dies gilt selbst für solche Theorien, deren Gegenstände bestimmte Genesen sind und deren Begründungen sich gerade auf den Nachweis erstrecken, dass die Genesen so und nicht anders stattgefunden haben. Zu nennen sind hier etwa Theorien der Entstehung des Weltalls, Theorien der Herausbildung von physischen und psychischen Krankheiten, Theorien über historische und gesellschaftliche Entwicklungen usw. Es ist eine unzulässige Verwechselung von Geltung und Genese der Erkenntnis, eine genetische Theorie durch Aufdeckung ihrer eignen Genese in Frage zu stellen. So ist es ein bedenkenswertes Faktum, dass Newton bei der Entwicklung seiner kausalen Theorie der Bewegung der Himmelskörper von dem Interesse geleitet wurde, die Vollkommenheit des von Gott geschaffenen Kosmos nachzuweisen. Auch Atheisten werden dieses Faktum aber nicht zum Anlass nehmen wollen, die Geltung von Newtons Theorie zu verwerfen. Auch bei umstritteneren Theorien wie etwa der Psychoanalyse Freuds wird man darauf zu achten haben, die Geltungsfrage nicht durch eine unterstellte Genese zu unterlaufen. Die Bemerkung von Karl Kraus (1923: 21), die Psychoanalyse sei „jene Geisteskrankheit, für deren Therapie sie sich hält", ist zwar witzig, aber geltungstheoretisch nicht angemessen. Eine Berechtigung hat diese Polemik allenfalls in Fällen überzogener psychoanalytischer Diagnosen, welche die Frage nach einer Voreingenommenheit des Psychoanalytikers aufwerfen, indem der Verdacht aufkommt, dieser habe sich in einer Projektion seiner eigenen Probleme verfangen. In ganz anderer Hinsicht kann sich die genetische Perspektive als äußerst fruchtbar erweisen, indem nämlich nach den Bedingungen kreativer Theoriebildung gefragt wird. Damit kommt die Möglichkeit einer Heuristik der Erkenntnis in den Blick, deren Erörterung das anschließende Kapitel 7 gewidmet ist.

Ungeachtet des hier vertretenen komplementaristischen Ansatzes, dem zufolge es verschiedene Arten der Erkenntnis gibt und Erkenntnis nicht mit wissenschaftlicher Erkenntnis gleichzusetzen ist, kommt dieser doch ein besonderer Stellenwert zu, der dazu geführt hat, eine eigene Theorie wissenschaftlicher Erkenntnis als Wissenschaftstheorie zu etablieren. Dem deutschen Disziplinentitel ‚Wissenschaftstheorie' entspricht im Englischen der Terminus ‚philosophy of science'. Hierin deutet sich eine mögliche Engführung an, die noch über die Beschränkung von Erkenntnis auf wissenschaftliche Erkenntnis hinausgeht; denn als ‚science' wird ursprünglich die mathematische Naturwissenschaft verstanden. Entsprechungen zu deutschen Wortbildungen wie ‚Literatur*wissenschaft*' und ‚Kunst*wissenschaft*' gibt es im Englischen nicht. Geistes*wissenschaften* heißen hier ‚humanities'. Von ‚science' ist also schon terminologisch gar nicht die Rede.

Ungeachtet späterer terminologischer Erweiterungen, die auch die ‚social sciences' (Sozialwissenschaften) einschließen, ist das zentrale Thema der Wissenschaftstheorie lange Zeit die Physik geblieben, bis hin zu dem Versuch des Physikalismus (Neurath, Carnap), die Physik zur Modellwissenschaft für die Wissenschaften insgesamt zu erheben. Eine latente Nachwirkung dieses Ideals ist immerhin daran erkennbar, dass sich die Sozialwissenschaften zunehmend mathematisch-statistischer Methoden bedienen und insbesondere die universitäre Psychologie auf dem besten Wege ist, eine Naturwissenschaft zu werden.

Was die Wissenschaftsentwicklungen betrifft, so ist daran zu erinnern, dass sehr viele Einzelwissenschaften aus der Philosophie hervorgegangen sind. Ausnahmen sind Theologie, Rechtswissenschaft und Medizin. Der philosophische Ursprung gilt insbesondere für die Naturwissenschaft, die über Jahrhunderte schlicht ‚Naturphilosophie' (*philosophia naturalis*) hieß. Newtons 1687 erschienenes Hauptwerk der theoretischen Physik trägt den Titel *Philosophiae naturalis principia mathematica*. Bis weit in das 20. Jahrhundert hinein gehörten die Naturwissenschaftler der Philosophischen Fakultät an und führten daher als akademischen Titel den ‚Dr. phil.'. Der ‚Dr. rer. nat.' wurde erst später, nach dem Auszug der Naturwissenschaften aus der Philosophischen Fakultät eingeführt.

Die Psychologie war bis zum Ende des 19. Jahrhunderts kein eigenständiges Fach, sondern schlicht ein Teilgebiet der Philosophie, das von Professoren der Philosophie gelehrt wurde. Schaut man sich die Ahnentafel der Psychologie an, so finden sich hier abgesehen von einigen Medizinern vorwiegend Philosophen wie Fechner, Helmholtz und Wilhelm Wundt. Für die Sozialwissenschaften einschließlich der Volkswirtschaftslehre gilt Ähnliches, und in der Pädagogik gibt es auch heute noch Vertreter, die sich eher der Philosophie und deren Bildungsauftrag zugehörig fühlen als den empirischen Sozial- und Verhaltenswissenschaften. Die Beziehung zwischen Philosophie und Einzelwissenschaften ist nicht ohne Spannungen geblieben – bis heute. Als typisch darf hier das Verhältnis zwischen Philosophie und Psychologie angeführt werden. Die Spannungen begannen zu Beginn des 20. Jahrhunderts, als sich die Psychologie als empirische und experimentelle Disziplin von der Philosophie zu lösen begann und dabei philosophische Lehrstühle zu besetzen versuchte – eigene gab es ja noch nicht.

Überblickt man die Entwicklung allgemein, so haben wir es mit einem Prozess der spezialisierenden Ausgliederung der Einzelwissenschaften aus der Philosophie zu tun. Diese Ausgliederung ist in zweierlei Hinsicht erfolgt, indem für *gesonderte* Bereiche *spezielle* Methoden der Wissensbildung entwickelt wurden. Im Bilde gesprochen kann man sagen, dass sich die Einzelwissenschaften im Laufe der Zeit als Kinder der Philosophie von dieser ihrer Mutter abgenabelt haben und ihre eigenen Wege gegangen sind, zunächst unter zorniger Zurückweisung der methodologischen Bevormundung durch die Mutter, dann in einer ironischen Distanzierung von der konfusen Gestrigen, bis dann in vorgerückten Jahren bisweilen eine Rückbesinnung auf deren Ermahnungen erfolgte. Zwischen Philosophie und Einzelwissenschaften gibt es, wie zwischen Eltern und Kindern, immer mal wieder Streit, aus dem – im günstigen Falle – beide etwas lernen können oder nach dem – im ungünstigen Falle – beide wieder ihrer Wege gehen, bis sie erneut aneinander geraten. Zum Tummelplatz der Auseinandersetzung zwischen Mutter Philosophie und ihren einzelwissenschaftlich mehr oder weniger aufmüpfigen Kindern ist nunmehr die Wissenschaftstheorie geworden, welche die Wissensansprüche von Theorien diskutiert. Die wichtigsten Verfahren der Einlösung dieser Ansprüche sollen wenigstens skizziert werden.

6.2 Begründungen, Erklärungen, Beweise

Auch wenn man der Kohärenztheorie der Wahrheit, der gemäß von Erkenntnis ohnehin erst in Theoriezusammenhängen die Rede sein kann, nicht folgt, ist der Schritt von der Behauptung zur Theorie notwendig, weil Wissenschaften nicht aus einer Konjunktion von Einzelaussagen, sondern aus argumentativen Verbindungen von Aussagen bestehen, für die es je nach Einzelwissenschaft unterschiedliche Methoden der Prüfung gibt. In einer groben Einteilung kann man zwischen Begründungen, Erklärungen und Beweisen unterscheiden.

Der Übergang von der Einzelaussage zu größeren Zusammenhängen kommt bereits in Antworten auf die Frage nach dem Warum zum Ausdruck, indem die jeweiligen Antworten weitere Warum-Fragen aufwerfen. Das Bemühen um Wissen artikuliert sich insbesondere, wenn auch nicht ausschließlich, in Fragen danach, *warum* eine Aussage wahr ist oder der entsprechende Sachverhalt besteht. Ein *Wissen, dass* p verlangt gemäß der Bestimmung des propositionalen Wissensbegriffs eine Begründung und das heißt: den Übergang zu einem *Wissen, warum* p. Eine begründungsbedürftige Aussage kann erst dann in eine Behauptung verwandelt werden, wenn sie sich als begründet erweist. Die Warum-Frage kann sich allerdings außer auf Aussagen auch auf Ereignisse erstrecken und lässt daher nicht nur nach *Gründen*, sondern auch nach *Ursachen* fragen. Die Angabe von Gründen ist eine *Begründung*, die Angabe von Ursachen eine *Erklärung*. Es versteht sich, dass ‚Erklärung' im Sinne von ‚Explanation' und nicht von ‚Deklaration' (etwa der Menschenrechte, der staatlichen Unabhängigkeit usw.) gemeint ist. Die Rede von Ursachen ist hier metaphysisch neutral zu verstehen, ohne eine den Dingen innewohnende Kraft vorauszusetzen. Sie lässt sich auch dann noch sinnvoll beibehalten, wenn man Naturgesetzlichkeiten bloß als beständige Korrelationen oder funktionale Abhängigkeiten deutet. Ursachen sind dann die *ausschlaggebenden* Bedingungen für das Eintreten bestimmter Ereignisse als Wirkungen. Da es in der vorliegenden Untersuchung in erster Linie um eine Typologie der Erkenntnisformen geht, kann auf eine weitergehende Analyse des Begriffs der Ursache verzichtet werden. Verwiesen sei auf Hüttemann (2013).

Begründungen von Aussagen und Erklärungen von Ereignissen werden beide mit ‚weil' eingeleitet: Eine Aussage p_1 ist wahr, *weil* andere Aussagen p_2, p_3, ... wahr sind; ein Ereignis e_1 ist eingetreten, weil andere Ereignisse e_2, e_3, ... es verursacht haben. Dementsprechend ist das ‚weil' entweder als logisches oder als kausales ‚weil' zu verstehen. Erklärungen lassen sich allerdings als Begründungen von Aussagen über Kausalzusammenhänge verstehen. So liefert die Erklärung eines Ereignisses die Begründung der Aussage, dass dieses Ereignis auf bestimmte Ursachen zurückzuführen ist. Begründungen und Erklärungen sind beide *regressiv* ausgerichtet, indem sie auf Gründe bzw. Ursachen zurückgehen.

Wenn ich für eine Aussage eine Begründung gebe, so behaupte ich sie damit und führe ihre Wahrheit auf die Wahrheit anderer Aussagen zurück. Die Behauptung, dass eine Aussage ‚q' durch ‚p' begründet ist, behauptet demnach die Wahrheit von ‚p' und von ‚q' sowie die Wahrheit der bedingten Aussage ‚wenn p, so q', so dass ‚q' aus ‚p' nach *Modus ponens* folgt. Die Art der Begründung einer Behauptung hängt davon ab, welcher Art deren Inhalt ist. Die Art der Aussage ‚q' bestimmt, welcher Art der in Frage kommende Grund ‚p' zu sein hat. So verlangen apriorisch geltende Aussagen apriorische Gründe und empirisch geltende Aussagen empirische Gründe.

Zu beachten ist, dass für Handlungen sowohl Begründungen im Sinne von Rechtfertigungen als auch Erklärungen vorgelegt werden können. Die Frage ‚Warum h?' (wobei ‚h' für eine Handlung steht) kann nach rechtfertigenden Gründen oder nach erklärenden Ursachen für h fragen. Wenn Menschen nach einer schrecklichen Tat wie einem Amoklauf Schilder mit der Frage ‚Warum?' aufstellen, so deshalb, weil sie keine Erklärung für diese Tat finden. Ursachen können psychischer oder physischer Natur sein. Psychische Ursachen sind Motive oder Intentionen (Absichten). Demgemäß ist zwischen intentionalen und kausalen Erklärungen zu unterscheiden. Während kausale Erklärungen letztlich auf gesetzesartige Aussagen zurückgehen, haben sich intentionale Erklärungen mit weniger allgemeinen Erfahrungsaussagen zu begnügen. Häufig wird im politischen, aber auch im zwischenmenschlichen Bereich die Erklärung einer Handlung als moralische Rechtfertigung missverstanden. Die nachträgliche Rechtfertigung einer Handlung sieht sich nicht selten mit dem Vorwurf der Rationalisierung konfrontiert. Dabei ist es eigentlich selbstverständlich, dass wir meistens ohne eine ausgearbeitete Begründung, nämlich intuitiv handeln und die Begründungen erst dann rechtfertigend nachliefern, wenn unsere Handlungen kritisiert werden.

Handeln ist von bloßem Verhalten zu unterscheiden. Bei Handlungen unterstellen wir, dass sie mit Absicht (intentional) erfolgt sind. Dies gilt auch für intuitive Handlungen. Nur deshalb kommen für Handlungen Begründungen und intentionale Erklärungen in Frage. Bei einem Reflex oder auch bei einer Verhinderung einer Handlung durch äußere Umstände kann ich weder nach einer Begründung noch nach einer intentionalen Erklärung fragen. Möglich ist hier lediglich eine kausale Erklärung, eventuell auch mit Blick auf den Organismus eine funktionale Erklärung. Auf die Frage ‚Warum bist du heute nicht in die Vorlesung gekommen?' sind mögliche Antworten ‚Weil mir das heutige Thema bereits hinreichend bekannt ist' (Begründung) oder ‚Weil ich keine Lust hatte' (intentionale Erklärung durch Angabe eines Motivs, das für eine Begründung nicht ausreicht) oder ‚Weil der Bus nicht gefahren ist' (kausale Erklärung der Verhinderung einer Absicht).

Beweise erstrecken sich ausschließlich auf Aussagen, nicht auf Ereignisse oder Handlungen. Ein Beweis ist die apriorische Ableitung einer Aussage aus als wahr anerkannten Aussagen nach vorgegebenen Regeln. So wird bereits in einfachen mathematischen Aufgaben verfahren, wenn aus zwei Gleichungen mit zwei Unbekannten deren Wert zu bestimmen ist. Das Ideal beweisender Wissenschaften wie Mathematik und Logik ist deren axiomatische Darstellung, die aus einer möglichst kleinen Anzahl von als wahr anerkannten Aussagen (Axiomen) alle anderen wahren Aussagen dieser Wissenschaft abzuleiten gestattet. Die Axiome müssen unter einander widerspruchsfrei, voneinander unabhängig und insgesamt vollständig sein. Widerspruchsfrei sind sie, wenn sich aus ihnen kein Widerspruch ableiten lässt. Unabhängig sind sie, wenn keines der Axiome aus den anderen ableitbar ist, und vollständig sind sie, wenn sämtliche als wahr anerkannten Aussagen aus ihnen ableitbar sind. Für die Geometrie wurde das axiomatische Ideal weitgehend bereits von Euklid verwirklicht. Für die Arithmetik ist das Peano'sche Axiomensystem anzuführen, und für die Logik hat Frege eine axiomatische Darstellung geliefert. Das ursprünglich inhaltliche Verständnis der Axiome wurde von Hilbert durch ein formales ersetzt. Danach geht es nicht um die inhaltliche Wahrheit der Axiome, sondern lediglich um die Widerspruchsfreiheit eines formalen Axiomensystems. Obwohl sich diese Auffassung in der modernen Mathematik durchgesetzt hat, ist sie nicht unwidersprochen geblieben. Bereits Frege hat auf einige Ungereimtheiten der Hilbert'schen Konzeption, vor allem in der Auffassung der so genannten impliziten Definitionen, der Definitionen durch Axiome, hingewiesen (vgl. Kambartel 1968: 154-170).

Werfen wir noch einen Blick auf *wissenschaftliche* kausale Erklärungen nach dem so genannten deduktiv-nomologischen Schema (Hempel 1977; zur Diskussion siehe Bartelborth 2007: 23 ff.). Solche Erklärungen bestehen aus der Ableitung einer gegebenen empirischen Tatsache oder eines stattgefundenen Ereignisses aus allgemeinen Naturgesetzen und bestimmten Anfangs- oder Randbedingungen. So wird das Fallen von Gegenständen durch das Gravitationsgesetz erklärt und das Fallgesetz $s = {}^g/_2 \cdot t^2$ herangezogen, um zu erklären, warum im freien Fall die zurückgelegte Strecke s der Gegenstände mit dem Quadrat der Zeit zunimmt. Kausalerklärungen gehen von vorliegenden Tatsachen auf deren Ursachen zurück und verfahren insofern regressiv nach dem *Kausalprinzip* ‚Nichts geschieht ohne Ursache'. Von Ursachen kann allerdings nur dann die Rede sein, wenn für sie auch das *Kausalgesetz* ‚Gleiche Ursachen haben gleiche Wirkungen' gilt. Die Kausalerklärung einer Tatsache verlangt demgemäß, dass diese sich unter denselben Bedingungen wiederum einstellen würde. Dem entspricht die zentrale Forderung aller Naturwissenschaften nach Wiederholbarkeit von Experimenten. Anders gesagt: Naturgesetze haben nur dann einen Erklärungswert, wenn sie auch einen Prognosewert haben – sonst wären sie gar keine Naturgesetze. Dementsprechend werden sie nicht nur eingesetzt, um regressiv von Wirkungen auf Ursachen, sondern auch umgekehrt, um progressiv von Ursachen auf Wirkungen zu schließen. Während die Prognose gemäß Kausalgesetz *aus* Ursachen schließt, schließt die Erklärung gemäß Kausalprinzip *auf* Ursachen.

Zu berücksichtigen ist bei Erklärungen die aus der Logik bekannte Unterscheidung zwischen hinreichender und notwendiger Bedingung. So mag der Regen eine hinreichende Bedingung dafür sein, dass die Straße nass wird. Er ist aber keine notwendige Bedingung, da die Straße auch auf andere Weise unter Wasser gesetzt worden sein kann. Demnach darf also nicht so ohne weiteres die Nässe der Straße durch Regen erklärt werden. Es gilt nämlich nicht ‚Wenn es nicht regnet, wird die Straße nicht nass' oder ‚*Nur* wenn es regnet, wird die Straße nass'. Derlei anzunehmen käme logisch einer Verwechslung der Subjunktion ‚wenn p, so q' ($p \rightarrow q$) mit der Bisubjunktion ‚wenn *und nur* wenn p, so q' ($p \leftrightarrow q$) gleich. Dieser Verwechslung liegt implizit (mit Blick auf unser konkretes Beispiel) der folgende Fehlschluss zu Grunde: ‚Wenn es regnet, wird die Straße nass. Also gilt auch: Wenn die Straße nass ist, hat es geregnet.' Eine wirkliche Ursache u der Wirkung w ist allerdings eine notwendige Bedingung für das Eintreten von w. Das heißt: Ohne u wäre w nicht eingetreten ($\neg u \rightarrow \neg w$). Wenn der Regen tatsächlich die Ursache für die Nässe der Straße ist, so wäre diese nicht nass, wenn es nicht geregnet hätte. Wäre w ohne u eingetreten, so wäre u eben nicht die Ursache für w. Die Bedingungen wären andere, und unter veränderten Bedingungen könnte dieselbe Wirkung durch andere Ursachen hervorgebracht worden sein. Wenn es nicht geregnet hat, könnte die Straße gleichwohl durch ein Reinigungsfahrzeug nass geworden sein.

Von einer Wirkung darf nur dann auf eine bestimmte Ursache geschlossen werden, wenn andere mögliche Ursachen nicht in Frage kommen. Für die kausale Erklärung einer Tatsache oder eines Ereignisses wird man von bekannten Ursache-Wirkungs-Beziehungen, gegebenenfalls von Beziehungen naturgesetzlicher Art, ausgehen und schrittweise mögliche alternative Ursachen auszuschließen versuchen. Auf diese Weise gewinnt eine Erklärung zunehmend an Plausibilität. Dabei können Erklärungen daran scheitern, dass die ‚wahren', nämlich die *wirk*lichen im Sinne der wirkenden Ursachen verfehlt werden. Sie scheitern aber bereits dann, wenn die Ursachen nicht vollständig angegeben werden und weitere Ursachen hinzukommen müssen, um die fragliche Wirkung eintreten zu lassen. Die angegebenen Ursachen sind dann nicht hinreichend für den Eintritt der Wirkung. Die Kritik spricht hier von *monokausalen* Erklärungen.

Letztlich sind kausale Erklärungen rückläufige Prognosen. Sie sind Behauptungen, dass sich eine gegenwärtige Tatsache aus Naturgesetzen und bestimmten empirischen Anfangsbedingungen (gegebenenfalls unter Verwendung logischer und mathematischer Umformungen) ableiten lässt. Vom Zeitpunkt des Bestehens dieser Anfangsbedingungen aus betrachtet entspricht dem die Prognose, dass sich die besagte Tatsache einstellen wird. Dieses Wechselspiel von Erklärung und Prognose erlaubt es, Theorien der beschriebenen Art als *hypothetisch-deduktive* Systeme zu bestimmen. Deren Besonderheit lässt sich im Vergleich mit mathematischen Axiomensystemen bestimmen. In beiden Fällen haben wir es mit *deduktiven* Systemen zu tun, mit Systemen nämlich, in denen im Übergang vom Allgemeinen zum Besonderen aus Aussagen andere Aussagen abgeleitet werden. In einem Axiomensystem (des Euklidischen Typs) gilt die Wahrheit der Axiome als garantiert. Axiome sind danach Behauptungen, die „eines Beweises weder fähig noch bedürftig" sind. So die klassische Formulierung bei Leibniz und Frege. In Beweisen wird diese Wahrheitsgarantie auf die abgeleiteten Aussagen übertragen. In hypothetisch-deduktiven Systemen gehen wir dagegen nicht von bereits als wahr anerkannten Aussagen, sondern von empirischen Hypothesen aus. Das Ziel ist nicht der Beweis des Besonderen, wie in axiomatischen Systemen, sondern gerade umgekehrt die Überprüfung des Allgemeinen. Die Wahrheit der Hypothesen wird überprüft, indem aus ihnen Aussagen logisch abgeleitet werden und kontrolliert wird, ob diese mit den Erfahrungstatsachen übereinstimmen. Ist dies der Fall, so haben sich die Hypothesen *bewährt*, allerdings nicht bestätigt oder gar bewahrheitet; denn wir können beliebig viele weitere Aussagen ableiten, die wir gar nicht alle an der Erfahrung überprüfen können. Eine endgültige Bewahrheitung oder *Verifikation* empirischer Hypothesen ist also, wie insbesondere Popper herausgestellt hat, prinzipiell nicht möglich. Möglich ist nur deren *Falsifikation*, und zwar durch Vorlage eines Gegenbeispiels; denn Allaussagen dulden keine Gegenbeispiele, wie die logische Äquivalenz mit der entsprechenden negativen Existenzaussage deutlich macht:

$$\forall x(S(x) \to P(x)) \Leftrightarrow \neg \exists x(S(x) \land \neg P(x));$$

in Worten:

Alle S sind P ⇔ Es gibt kein S, welches nicht P ist.

Nicht erst gesetzesartige Hypothesen, sondern bereits einfache induktive Verallgemeinerungen aufgrund alltäglicher Beobachtungen, wie ‚Alle Schwäne sind weiß', können nicht verifiziert werden, weil noch so viele Fälle weißer Schwäne nicht *alle* Fälle umfassen. Somit kann die Möglichkeit nicht ausgeschlossen werden, auf ein Gegenbeispiel zu stoßen, zum Beispiel auf einen schwarzen Schwan. Findet sich ein Gegenbeispiel, nämlich ein Schwan, der nicht weiß ist, so ist die Aussage ‚Alle Schwäne sind weiß' falsifiziert. Logisch ergibt sich diese Konsequenz folgendermaßen: Aus der Allaussage, dass alle Schwäne weiß sind, und der Aussage, dass ein bestimmtes Individuum ein Schwan ist, lässt sich nach dem *Modus Barbara* auf die Aussage schließen, dass dieses Individuum weiß ist. Schreiben wir ‚S(x)' für ‚x ist ein Schwan', ‚W(x)' für ‚x ist weiß' und ‚a' für ein bestimmtes Individuum, so stellt sich dieser Schluss im Ausgang von der Allaussage, dass alle Schwäne weiß sind:

$$\forall x(S(x) \to W(x)),$$

folgendermaßen dar:

$$\forall x(S(x) \to W(x)) \land S(a) \Rightarrow W(a).$$

Nun soll ‚W(a)' nicht der Fall sein. Es gilt also ‚¬W(a)'. Dann folgt nach *Modus tollens*

$$\neg[\forall x(S(x) \to W(x)) \land S(a)].$$

Da ‚S(a)' gilt, die Konjunktion

$$\forall x(S(x)\to W(x))\wedge S(a)$$

aber nicht gilt, kann

$$\forall x(S(x)\to W(x))$$

nicht gelten. Es gilt also

$$\neg\forall x(S(x)\to W(x)),$$

nämlich die Verneinung unserer ursprünglichen Allaussage, die damit falsifiziert ist. Da die logische Äquivalenz

$$\neg\forall x(S(x)\to W(x))\Leftrightarrow \exists x(S(x)\wedge\neg W(x))$$

besteht, läuft die Falsifikation der Allaussage ‚Alle Schwäne sind weiß' auf die Existenz eines Gegenbeispiels hinaus, dass es nämlich (mindestens) ein Individuum gibt, das ein Schwan, aber nicht weiß ist.

Gehen wir von Allaussagen zu Systemen von Hypothesen und ganzen Theorien über, so ergibt sich die Falsifikation eines Systems, wenn eine der abgeleiteten Aussagen nicht mit den Tatsachen übereinstimmt. In diesem Fall ist nach dem *Modus tollens* auf die Falschheit von mindestens einer der Hypothesen zu schließen. Wenn an dieser Hypothese die ganze Theorie hängt, ist mit der Hypothese auch die Theorie falsifiziert und aufzugeben.

Ergänzend ist auf die Unterscheidung zwischen notwendiger und kontingenter (komparativer, faktischer) Allgemeinheit hinzuweisen. Naturgesetze verlangen eine notwendige Allgemeinheit, die durch den Allquantor alleine nicht ausgedrückt wird. So mag eine Allaussage wie diejenige, dass alle Menschen in einem bestimmten Raum mindestens 18 Jahre alt sind, faktisch wahr sein, sie ist es aber nicht notwendigerweise.

Der Ableitung einer Aussage, die nicht mit den Tatsachen übereinstimmt, entspricht aus prognostischer Perspektive das Nichteintreten einer Vorhersage. Zu beachten ist, dass beide Fälle nicht automatisch zur Falsifikation einer Theorie führen, weil störende Ursachen das Eintreffen der Prognose verhindern oder einen Widerspruch zwischen abgeleiteter Aussage und den Tatsachen hervorrufen können. Die Tatsache, dass ein Blatt Papier, das losgelassen wird, wider Erwarten nicht wie andere Körper zu Boden fällt, sondern sich in die Lüfte erhebt, sollte nicht gleich Anlass sein, das Gesetz der Schwerkraft für falsifiziert zu halten. Vielmehr ist daran zu erinnern, dass dieses Gesetz wie andere auch nur unter idealen Bedingungen gilt, die insbesondere Luftreibung und Aufwinde ausschließen. So wird man unter Hinweis auf derartige Nebenwirkungen oder auf verborgene Ursachen die Ausnahme vom Gesetz wegzuerklären versuchen. Es ist rational, nicht gleich an Wunder oder höhere Kräfte zu glauben, sondern an Naturgesetzen und bewährten allgemeinen Aussagen festzuhalten und diese erst dann in Frage zu stellen, wenn sich *wiederholt* Gegenbeispiele einstellen, für die sich keine Erklärungen finden lassen.

Wie wir gesehen haben, besteht die Eigentümlichkeit erklärender Wissenschaften im Wechselspiel zwischen der Erklärung und der Prognose von Tatsachen oder Ereignissen. Auf der einen Seite: Regressives Aufsuchen von gesetzesartigen Hypothesen und Angabe von Rahmenbedingungen, aus denen sich die Aussage der zu erklärenden Tatsache ableiten lässt. Auf der anderen Seite: Progressive Ableitung einer Tatsachenaussage aus gesetzesartigen Hypothesen. Nun könnte man darauf verweisen, dass der Unterschied zu den beweisenden Wissenschaften gar nicht so groß ist. Gibt es doch auch in der Physik mathematische Berechnungen und Beweise, und besteht umgekehrt auch in der Mathematik ein Wechselspiel zwischen progressivem und regressivem Vorgehen. So ist das Beweisen selbst zwar progressiv, das Axiomensystem wird aber regressiv ermittelt. Es geht nämlich darum, ausgehend von den zu beweisenden Aussagen, diejenigen Axiome ausfindig zu machen, die hinreichend sind, diese Aussagen zu beweisen. Gleichwohl bleibt aber der prinzipielle Unterschied bestehen, dass wir es in Erklärungen letztlich mit Ursache-Wirkungs-Zusammenhängen und in Beweisen mit Grund-Folge-Beziehungen zu tun haben.

6.3 Verstehende Wissenschaften

Von den beweisenden und den erklärenden Wissenschaften werden die verstehenden Wissenschaften unterschieden. Diese Unterscheidung besagt nicht, dass es in Beweisen und Erklärungen nichts zu verstehen gibt, und sie besagt auch nicht, dass die verstehenden Wissenschaften bar aller Beweise und Erklärungen sind. Allerdings erfolgen deren Beweise nicht im Ausgang von einem Axiomensystem, sondern beschränken sich auf logische Folgerungen, und deren Erklärungen rekurrieren nicht auf gesetzesartige Hypothesen, sondern allenfalls auf allgemeine Aussagen des Common Sense. Wichtiger noch ist, dass Erklärungen kausaler Art für das Verstehen lediglich vorbereitenden Charakter haben. So erklärt etwa der Umstand, dass der Logiker Frege in Jena mit dem Philosophen Rudolf Eucken gut bekannt war, wie es dazu gekommen ist, dass der von Euckens Lehrer Friedrich Adolf Trendelenburg verwendete Ausdruck „Begriffsschrift" titelgebend für das Gründungsbuch der modernen Logik (Frege 1879) wurde. Diese Erklärung liefert einen fruchtbaren Hinweis, Trendelenburgs Einfluss auf

Frege nachzugehen und damit ein besseres Verständnis von Freges Anliegen zu erreichen, das Buch selbst *verstanden* hat man damit aber noch nicht. Die Rede von einem ‚Anliegen' Freges, macht deutlich, dass beim Verstehen intentionale Erklärungen eine besondere Rolle spielen.

Eine Mischform zwischen verstehenden und erklärenden Wissenschaften stellt die Geschichtswissenschaft dar. Sie hat es nicht nur mit kausalem Geschehen, sondern noch mehr mit entscheidenden und handelnden Personen zu tun, die dieses Geschehen in Gang gesetzt oder zumindest mit veranlasst haben – wie sehr die Entscheidungen der Akteure auch von äußeren Faktoren beeinflusst oder gar bestimmt worden sein mögen. Dies bedeutet, dass die Geschichtswissenschaft auf intentionale Erklärungen angewiesen ist, und sei es, um negativ festzustellen, dass die Akteure machtlos gewesen sind, weil sie etwa von den Ereignissen überrollt worden sind. In historische Ereignisse sind immer Menschen mit Intentionen involviert. In diesem Sinne unterscheiden wir historische Ereignisse von so genannten Naturereignissen. Historische Ereignisse haben den Charakter des Eigenen, des Besonderen. Der Fall der Berliner Mauer ist ein einmaliges Ereignis, jede Sonnenfinsternis dagegen – bei aller grandiosen Erhabenheit – ein nach Naturgesetzen ablaufendes wiederkehrendes Geschehen. Hier erweist sich die methodologische Unterscheidung Wilhelm Windelbands (1894) zwischen *idiographischen* (Eigentümliches beschreibenden) und *nomothetischen* (Gesetze aufstellenden) Erfahrungswissenschaften trotz Einschränkungen als sinnvoll. Idiographische Wissenschaften stellen das *Besondere* heraus, nomothetische Wissenschaften stellen das *Allgemeine* fest. Danach gilt als Prototyp nomothetischer Wissenschaften die Physik, als Prototyp idiographischer Wissenschaften die Geschichtswissenschaft. Gesetze sind dabei in dem zuvor erläuterten Sinne als allgemeine Aussagen mit erklärender *und* prognostischer Kraft zu verstehen. Die Lautverschiebungsgesetze der Sprachwissenschaft etwa, die naturgemäß lediglich vergangene Sprachentwicklungen erklären, fallen nicht unter diesen Begriff des Gesetzes.

Die Bestimmung der Geschichtswissenschaft als idiographisch schließt zwar allgemeine Aussagen nicht aus, besagt aber, dass diese keinen Gesetzescharakter haben. Daher können Erklärungen in der Geschichtswissenschaft auch nicht nach dem deduktiv-nomologischen Schema erfolgen (vgl. Bartelborth 2007: 28, 33). Es gibt keine historische Notwendigkeit, keine Wiederholbarkeit der Ereignisse und damit auch keine historischen Prognosen, so dass man – streng genommen – aus der Geschichte zwar etwas über die Vergangenheit, aber nichts über die Zukunft lernen kann. Dies gilt jedenfalls, sofern Vergangenheit und Zukunft im Sinne bestimmter empirischer Tatsachen verstanden werden. Ausgeschlossen ist damit freilich nicht, etwas *für* die Zukunft zu lernen. Die Geschichte selbst wiederholt sich nicht, aber bestimmte historische Konstellationen können wiederkehren. Wenn man sich fragt, wie nach den Erfahrungen des Zweiten Weltkriegs bestimmte Ereignisse wie das Massaker von Srebrenica (während des Bosnienkriegs) überhaupt möglich sind, so impliziert diese Frage bereits, dass man etwas hätte lernen können. Ein solches Lernen erfordert allerdings, über die historischen Fakten hinauszugehen und diesen eine Deutung in anthropologischer Perspektive zu geben. Verlangt ist damit, die *Eigen*heit des Historischen nicht bloß als *Einzel*heit zu begreifen, sondern als Besonderes, nämlich als *exemplarisches Einzelnes*. Die historische Gedächtnisarbeit bekommt hier ihr Gewicht, nämlich in der Ausbildung zwar nicht detailliert prognostischer, aber doch vorausschauender Perspektiven. Eine Geschichtswissenschaft, die sich darauf zurückzieht, zu „zeigen, wie es eigentlich gewesen" (Ranke 1874: VII), wird solchen Erwartungen nicht gerecht. Als Mischformen zwischen erklärenden und verstehenden Wissenschaften wird man auch die Sozialwissenschaften ansehen dürfen. Im Unterschied zur Geschichtswissenschaft enthalten diese aber Anteile prognostischen Wissens, zumindest statistischen Zuschnitts, wie zum Beispiel im Fall von Wahlprognosen.

Die Einschätzung, dass es keine historischen Gesetzmäßigkeiten gibt, wird nicht von allen geteilt. Marx und der Historische Materialismus sehen dies – hier von Hegels Geschichtsphilosophie beeinflusst – bekanntlich anders. Zwar wird auch hier nicht behauptet, konkrete Ereignisse vorhersagen zu können, festgehalten wird aber an einer gesetzmäßigen Entwicklung auf ökonomischer Grundlage von der Stammesgesellschaft über die Sklavenhaltergesellschaft, Feudalgesellschaft und Bürgerliche Gesellschaft bis hin zu deren kapitalistischer Form. An diese kausale Erklärung der bisherigen Entwicklung – handelnde Subjekte spielen in der marxistischen Deutung der Geschichte keine besondere Rolle – schließt sich dann die Prognose des Übergangs zum Sozialismus und Kommunismus mit dem endgültigen Eintritt in eine klassenlose Gesellschaft an. Unverkennbar sind hier die Parallelen mit der christlichen Heilslehre und Prophezeiung eines paradiesischen Zustands, freilich in säkularisierter Form und – dem eignen Anspruch nach – auf wissenschaftlicher Grundlage. Die Prognose des Historischen Materialismus hat sich nicht erfüllt. Ganz im Gegenteil wird seit dem Ende der Sowjetunion und der DDR vom Scheitern des sozialistischen ‚Experiments' gesprochen. Weltgeschichte als Experiment zu verstehen, das sollte einen eher schaudern lassen; aber auch sonst ist diese Redeweise nicht angemessen. Experimente müssen zu verschiedenen Zeiten und an verschiedenen Ort wiederholbar sein, was man von historischen Entwicklungen aber nicht sagen kann. Schon aus diesem Grunde ist mit Popper zu fragen, ob der so genannte „wissenschaftliche Sozialismus" überhaupt als empirische wissenschaftliche Theorie gelten kann. Dazu müssten Bedingungen seiner möglichen Falsifikation angegeben werden. Darauf hat man sich aber nicht eingelassen. Das Scheitern der Prognosen wurde in keinem Fall als mögliches Gegenbeispiel akzeptiert, sondern stets durch störende Ursachen wegzuerklären versucht. Solche Erklärungen finden sich auch neuerlich, indem beispielsweise argumentiert wird, dass die Entwicklung in der Sowjetunion leider eine Fehlentwicklung war, weil man versucht habe, die zaristische Feudalgesellschaft Russlands direkt in eine sozialistische Gesellschaft umzuwandeln. Dabei hätte man doch – Marx folgend – wissen müssen, dass dieser Übergang erst auf der höchsten Stufe des Kapitalismus, nach dem Durchgang durch die Bürgerliche Gesellschaft erfolgen könne. Der Kommunismus sei also keineswegs endgültig gescheitert. Hintergrund einer solchen Auffassung ist die These, dass die Sache besser ausgegangen wäre, wenn das Deutschland Rosa Luxemburgs und nicht die Sowjetunion Stalins Träger der revolutionären Bewegung in Europa geworden wäre.

Im Vergleich mit den beweisenden und den erklärenden Wissenschaften ist die Wissensbildung verstehender Wissenschaften vielfach sekundärer Art, wobei diese Charakterisierung keine Wertung meint. Benannt wird damit lediglich der Umstand, dass etwa Literatur- und Kunstwissenschaft Wissen über sprachliche und bildliche Werke vermittelt, die ihrerseits bereits eigene Erkenntnis- und Verstehensansprüche erheben. Die Differenz zwischen Erkenntnissen primärer und sekundärer Art wird in der Literaturwissenschaft mitunter dadurch verwischt, dass man das Phänomen der Intertextualität überbetont. Fraglos verweisen sämtliche Texte explizit oder implizit auf andere Texte. Dies gilt auch für Texte der beweisenden und der erklärenden Wissenschaften. Abwegig ist allerdings die Auffassung, Texte würden *nur* auf Texte verweisen. Sie verführt insbesondere dazu, die Unterscheidung zwischen fiktionalen und nicht-fiktionalen Texten aufzuheben, womit dann auch die Unterscheidung zwischen einem Text *der* Dichtung und einem Text *über* Dichtung verloren geht. Die Ausführungen zum Erkenntniswert der Literatur in Kapitel 9 werden deutlich machen, dass es gute Gründe gibt, an der Unterscheidung zwischen Fakten und Fiktionen festzuhalten.

Aus der Unterscheidung zwischen primären und sekundären Erkenntnisansprüchen ergibt sich, dass nicht die verstehenden Wissenschaften selbst, sondern deren Objekte, nämlich Werke der Literatur und Kunst, mit den anderen Wissenschaften in Sachen Erkenntnisvermittlung auf derselben Stufe stehen. Aus diesem Grunde werden im weiteren Verlauf der Untersuchung die Wissensansprüche der Literatur- und Kunstwissenschaft nur am Rande und stattdessen die Erkenntnisansprüche von Literatur und Kunst direkt analysiert. Dabei wird es wesentlich um Formen nicht-propositionaler Erkenntnis gehen.

7 Kreatives Denken und Heuristik des Erkennens

Die bisherigen Untersuchungen waren insbesondere mit Fragen der propositionalen Geltung von Behauptungen und deren Verbindung zu ganzen Theorien befasst. Es wurden aber auch bereits Schritte unternommen, Formen nicht-propositionaler Erkenntnis zur Anerkennung zu bringen. Bei der Erörterung des Unterscheidungswissens kam in den Blick, dass selbst Begründungen nicht mit der Einlösung propositionaler Geltungsansprüche gleichzusetzen sind: Neben der Begründung der Wahrheit von Behauptungen gibt es auch die Begründung der Adäquatheit von Unterscheidungen. Mit dieser Erweiterung verbleiben wir allerdings im Bereich des Begründungszusammenhangs. Im vorliegenden Kapitel werden wir uns im Ausgang von den Überlegungen des Abschnitts 3.3 Fragen des Entdeckungszusammenhangs zuwenden und versuchen, auch die Genese der Erkenntnis näher zu erkunden. Allerdings kann es hier nicht darum gehen, das Zustandekommen von Erkenntnissen gehirnphysiologisch (neuronal) und damit kausal zu erklären. Dieses Feld bleibt der empirischen Gehirnforschung überlassen. Wir werden stattdessen die Methoden des Entdeckens in den Blick nehmen, um zu sichten, wie Forschen und Denken zu neuen Erkenntnissen führt.

7.1 Logik der Kreativität?

Ohne im Folgenden darauf näher einzugehen, bedarf es doch zumindest des Hinweises, dass die Heuristik sich nicht nur auf das *Entdecken*, sondern auch auf das *Finden* und das *Erfinden* erstreckt. Entdeckt wird, was schon da ist. So *entdeckt* der Naturwissenschaftler Gesetze oder chemische Verbindungen, er erfindet sie nicht. Der Ingenieur dagegen *erfindet* eine Maschine, die es vorher noch nicht gab, und der Mathematiker *findet* den Beweis eines Satzes, dessen Wahrheit bis dahin bloß vermutet wurde. Ein Beispiel ist die Fermat'sche Vermutung, dass die Gleichung $a^n + b^n = c^n$ für positive ganze Zahlen a, b, c, n mit n > 2 keine Lösung hat. Ein solches Finden steht gewissermaßen zwischen Entdecken und Erfinden, wobei die Mathematiker sich selbst nicht ganz einig sind, wo sie genau stehen. Objektivisten oder Platonisten, wie sie in der Philosophie der Mathematik heißen, tendieren eher zur Seite des Entdeckens, Konstruktivisten eher zur Seite des Erfindens. Leopold Kronecker hat diese Zwischenstellung der Mathematik in den Kernsatz gefasst: „Die [positiven] ganzen Zahlen hat der liebe Gott gemacht, alles andere ist Menschenwerk." Diesem Diktum zufolge würden die natürlichen Zahlen existieren und vom Menschen entdeckt, während alle anderen Zahlen dagegen erfinderische Konstruktionen wären.

Die Logik ist zuständig für die Gesetze und Regeln des richtigen Denkens. Danach könnte man erwarten, dass sie auch Regeln für das kreative Denken aufstellt. Nun ist allerdings fraglich, ob es solche Regeln überhaupt gibt, jedenfalls, wenn man sie sich so vorstellt, dass deren Anwendung dazu führt, Neues gewissermaßen automatisch zu entdecken oder zu erfinden. Selbst Leibniz, der einer solchen Idee mit seiner kombinatorischen Logik noch am nächsten steht, verlangt zusätzlich einen „Faden", der uns durch das „Labyrinth" der Kombinationsmöglichkeiten führt und nutzlose Kombinationen von vornherein zu eliminieren erlaubt (Leibniz 1961, Bd. 2: 257). Angespielt wird hier auf den Faden der Ariadne, mit dessen Hilfe Theseus aus dem Labyrinth des Minotaurus wieder herausfand.

Der Begriff der Kreativität umfasst (mindestens) zwei unterschiedliche Formen: (1) Kreativität, die im Rahmen bestimmter vorgegebener Regeln erfolgt, und (2) Kreativität, die den Rahmen und damit die Regeln selbst ändert. Für die zweite Form gibt es keine Regeln, nämlich keine „Meta-Regeln" der Regeländerung oder des Regelbruchs (vgl. Abel 2006: 9 f.). Die erste Form der Kreativität erfolgt im Rahmen eines bestimmten Paradigmas (Kuhn 1976). Die zweite Form kreiert ein neues Paradigma und nimmt damit einen „Paradigmenwechsel" vor. Wir können hier von *kategorialer* Kreativität sprechen. In der Kunst entspricht ihr die Erfindung eines neuen Stils. Für die erste Form der Kreativität mag es in Grenzen einen Kalkül geben. Ein Beispiel nicht-wissenschaftlicher Art liefert das Schachspiel. Computer ermitteln die genialsten Züge, indem sie sämtliche Möglichkeiten durchrechnen. Hier liegt gewiss eine Kränkung menschlicher Intelligenz vor: Im schnellen Durchrechnen sind die Mikrochips unseren Gehirnzellen überlegen. Geniale Intuition wird kombinatorisch ausbuchstabiert. Dies ist aber eher ein Sonderfall. Letztlich ist das Schachspiel trotz der ungeheuer großen Zahl an möglichen Figurenstellungen doch ein endliches Spiel.

In jedem Falle stellt es eine Überforderung der Logik dar, von ihr die Formulierung eines *Kalküls* der Kreativität zu erwarten. Wie es häufig so ist, geht die Enttäuschung einer falschen Erwartung einher mit einer überzogenen Kritik an demjenigen, der einem (angeblich) mehr versprochen hat. So ergeht es auch der Logik – bis heute.

Eine klassische Abfuhr unter Kreativitätsgesichtspunkten erfährt die Logik in Goethes *Faust*. Beginnend mit Mephistos ironischer Empfehlung „Mein teurer Freund, ich rat' euch drum/Zuerst Collegium Logicum" (Goethe 1994: Vers 1910 f.) wird die Logik als unfruchtbar hingestellt. Die „Gedanken-Fabrik" wird mit einem „Weber-Meisterstück" verglichen:

<blockquote>
Wo Ein Tritt tausend Fäden regt,
Die Schifflein herüber hinüber schießen,
</blockquote>

Die Fäden ungesehen fließen,
Ein Schlag tausend Verbindungen schlägt.
(Goethe 1994: Vers 1922-25)

Dem logischen Denken wird vorgeworfen, den ganzheitlichen Zusammenhang der Teile zu zerstören, so dass es dem wirklichen Erkennen in seiner Komplexität nicht gerecht zu werden vermag. Gegen das logische Zergliedern wird die Metaphorik des organischen Gewebes ins Spiel gebracht. Die logische „Ordnung" erscheint als starre, ja, tote Ordnung. Kreatives Denken beruhe vielmehr auf Phantasie, auf schöpferischer Einbildungskraft, welche die vorgegebenen Begriffsverhältnisse verlässt und neue „Verbindungen schlägt". Es verfahre nicht methodisch und diskursiv, sondern spontan und intuitiv, indem die Fäden „ungesehen fließen".

Verbindungen zu schlagen, meint: Zusammenhänge zu erkennen, Ähnlichkeiten im Verschiedenen zu entdecken. Das Erkenntnisvermögen, welches dieses leistet, hieß bis ins 19. Jahrhundert hinein ‚Witz'. Die Verengung der Bedeutung im Sinne von ‚Scherz' ist erst später erfolgt. In der Rede vom ‚Mutterwitz' ist das ursprüngliche Verständnis noch präsent. ‚Witz' ist die deutsche Übersetzung von lat. ‚ingenium', entspricht also dem, was wir heute ‚Genie' nennen. Die Leistung des Genies ist genau diese: Zusammenhänge zu sehen, die bislang niemand gesehen hat – allerdings solche Zusammenhänge, die der kritischen Prüfung standhalten. Hier tritt der gegensinnig zum Witz verfahrende Scharfsinn (lat. acumen) auf den Plan. Er ist das Vermögen, Verschiedenheiten im Ähnlichen zu erkennen, also deutlich zu unterscheiden. Ihm geht es nicht um Zusammenhänge, sondern um Unterschiede. So ist der Scharfsinn das logische, der Witz das analogische Erkenntnisvermögen. Nur durch die Verbindung beider entsteht *produktive* Kreativität. Dabei erwächst der Logik insbesondere die Aufgabe, Argumentationen auf ihre logische Schlüssigkeit und Hypothesen an Hand ihrer logischen Konsequenzen zu überprüfen.

Die ungerechte Kritik, dass die Logik unnütz sei, ist auch sonst verbreitet. Insbesondere der traditionelle Schlussmodus *Barbara*, nach dem zum Beispiel aus den Prämissen ‚Alle Menschen sind sterblich' und ‚Sokrates ist ein Mensch' geschlossen wird, dass Sokrates sterblich ist, hat den Spott der Philosophen und Wissenschaftler stellvertretend für die gesamte Logik über sich ergehen lassen müssen und den guten Sokrates wenigstens auf diese Weise unsterblich gemacht. Der Standardeinwand gegen den *Modus Barbara* besagt (mit Bezug auf unser Beispiel), dass die erste Prämisse dieses Schlusses, nämlich die Allaussage ‚Alle Menschen sind sterblich', bereits die Konklusion, nämlich die singuläre Aussage ‚Sokrates ist sterblich', enthalte, weil mit der Sterblichkeit *aller* Menschen auch die Sterblichkeit des Menschen Sokrates ausgesagt sei. Dieser Einwand setzt voraus, dass die Allaussage durch Überprüfung sämtlicher Einzelfälle verifiziert worden ist. Eine solche Verifikation ist aber nur in einem abgeschlossenen endlichen Bereich möglich, schließt also insbesondere keine zukünftigen Fälle ein. Die Trivialität liegt also nicht am Schlussmodus, sondern allenfalls am Beispiel; denn dass Sokrates sterblich ist, das wussten wir freilich bereits vorher. Übersehen wird in der Kritik solcher Schlüsse vom Allgemeinen aufs Besondere deren Rolle bei der (in Abschnitt 6.2 erläuterten) Falsifikation von allgemeinen Aussagen und Hypothesen durch Gegenbeispiele, auf deren Grundlage nach dem Schlussverfahren des *Modus tollens* auf die Falschheit der entsprechenden allgemeinen Aussagen oder Hypothesen geschlossen wird.

Festzuhalten ist: Die Logik spielt für die *Bildung* von Hypothesen, also für die Kreativabteilung wissenschaftlicher Erkenntnis keine wesentliche Rolle, wohl aber bei der *Prüfung* von Hypothesen. Daher wäre es ganz verfehlt, die Rolle der Logik gering zu achten. Diese hat es in erster Linie mit Fragen der *Geltung* und nicht mit Fragen der *Genese* von Erkenntnis zu tun. Was nun die Genese anbetrifft, so gibt es (bislang) zwar keine Logik der Kreativität, aber doch heuristische Gesichtspunkte, die zu beachten für das Entdecken – und auch für das Finden und Erfinden – nützlich sind.

In der Heuristik lässt sich Goethes Gedanke, dass es für kreatives Denken darauf ankomme, „Verbindungen" zu schlagen, aufgreifen. Ob es tatsächlich, wie es im *Faust* heißt, ein „geistige[s] Band" in den Dingen selbst gibt (Goethe 1994: Vers 1939), das durch die logische Analyse (angeblich) zu zerreißen droht, brauchen wir nicht zu entscheiden. Unabhängig davon, wie es mit dem Geist in der Natur selbst steht, für Entdeckungen in der Natur*wissenschaft* ist er unverzichtbar – Geist nämlich im Sinne des Esprits, Genies oder Witzes. Verbindungen zu schlagen gilt es dabei nicht nur innerhalb eines bestimmten Gebietes, sondern gerade auch zwischen auseinander liegenden Gebieten. Die fortschreitende Spezialisierung und Ausdifferenzierung der Fächer, die aus sachlichen Gründen notwendig oder jedenfalls unvermeidlich sein mag, birgt die Gefahr in sich, die Zusammenhänge aus dem Blick zu verlieren. Daher gehört zu den Bedingungen kreativen Denkens, der Zersplitterung in Einzeldisziplinen entgegenzuwirken.

Die Ausdrücke ‚Geisteswissenschaft' (‚Wissenschaft des Geistes') und ‚Naturwissenschaft' (‚Wissenschaft der Natur') werden üblicherweise im Sinne des Genitivus objectivus als Wissenschaft *vom* Geist bzw. *von* der Natur verstanden. Der Geist oder die Natur ist danach das Objekt, der Gegenstand oder das Thema der jeweiligen Wissenschaft. Versteht man allerdings ‚Geisteswissenschaft' im Sinne des Genitivus subjectivus, so sind auch die Naturwissenschaften insofern Geisteswissenschaften, als sie des Geistes bedürfen, um kreativ zu sein.

Ein wesentliches Verfahren des Geistes in den Wissenschaften ist die Analogie, das Sehen von Ähnlichkeiten im Verschiedenen, die Übertragung von Strukturen aus einem bekannten in einen neu zu erschließenden Bereich. Solche

Übertragungen haben häufig den Status von Modellen – wie im Falle des Atommodells, das eine Übertragung des makrophysikalischen Planetensystems auf den mikrophysikalischen Bereich darstellt. Darüber hinaus sind die Wissenschaften aber auch reich an Übertragungen im ganz wörtlichen Sinn, nämlich an Metaphern. Das analogische Denken ist die Mutter des kreativen Denkens und die Metapher ist ihr liebstes Kind.

Bereits Aristoteles (*Rhetorik* 1412a) sieht die Metapher als Ausdruck des (mit Witz ausgestatteten) Genies, welches in der Lage ist, „das Ähnliche auch in weit auseinander liegenden Dingen zu erkennen". Als Ort ‚kühner Metaphern' wird in der Tradition allerdings eher die Dichtung bestimmt (Weinrich 1996: 316-319). So reserviert denn auch insbesondere Kant in der *Kritik der Urteilskraft* den Geniebegriff für die schöne Kunst (AA, Bd. 5: 307-319). Dem Genie sind, mit Kant zu sprechen, ästhetische Ideen und nicht wissenschaftliche Begriffe eigen. Naturwissenschaftliche Genies kann es danach nicht geben:

> Im Wissenschaftlichen also ist der größte Erfinder [angeführt wird Newton, G. G.] vom mühseligsten Nachahmer und Lehrlinge nur dem Grade nach, dagegen von dem, welchen die Natur für die schöne Kunst begabt hat, specifisch unterschieden. (AA, Bd. 5: 309)

Eine solche exklusive Dichotomie, wie sie für die klassische Genieauffassung charakteristisch ist, hat bereits der Kantianer Jakob Friedrich Fries (1819: 369) aufgegeben, indem er nicht nur von der „*ästhetischen Genialität* großer Dichter", sondern auch von der „*logischen Genialität* großer Denker" spricht. Fries folgt eher der vorkantischen Auffassung der Erkenntnisvermögen, nach der das Ingenium nicht auf die schönen Künste beschränkt, sondern ganz allgemein als das Erfindungsvermögen verstanden wird. Diese übergreifende Auffassung des Genies findet sich allerdings auch bei Kant dort, wo er im Rahmen seiner empirischen Theorie der Erkenntnisvermögen die entsprechenden Lehrstücke der *Psychologia empirica* seiner rationalistischen Vorgänger Wolff und Baumgarten fortschreibt, nämlich in der *Anthropologie in pragmatischer Hinsicht*. Hier gilt das Vermögen des Genies allgemein als „das Talent zum Erfinden" (AA, Bd. 7: 224) und die mit diesem Talent ausgestattete Person als „erfinderischer Kopf" im Unterschied zum umfassend gebildeten Gelehrten, so dass auch Newton – anders als in der *Kritik der Urteilskraft* – exemplarisch neben Leibniz als Genie anerkannt wird (AA, Bd. 7: 226). Die Auffassung, dass es auch in den Naturwissenschaften des phantasievollen Geistes bedarf, hat sich in der Folgezeit durchgesetzt – bis hin zu Poppers Forderung nach der Bildung „kühner" Hypothesen, die Imre Lakatos (1978: 30) zur methodologischen Grundregel („basic rule") der Wissenschaften erhoben hat: „to search for bold, imaginative hypotheses with high explanatory and ‚heuristic' power". Hier haben wir es mit der Aufstellung einer normativen

Regel zu tun, die zwar sehr allgemein ist, aber doch anzeigt, dass auch Popper – ungeachtet gegenteiliger Aussage – Fragen der Entdeckung nicht allein der empirischen Psychologie überlässt. Das von Novalis übernommene Motto der *Logik der Forschung* („Hypothesen sind Netze, nur der wird fangen, der auswirft") lässt allerdings erkennen, dass Popper in der Heuristik auf Seiten der Romantik steht. Dementsprechend hebt ein zweites Motto die Rolle der Einbildungskraft für die Hypothesenbildung hervor. Die Phantasie ist danach nicht nur Sache der Kunst, sondern auch der Wissenschaften.

Nun gibt es aber auch Phantasten, nämlich wilde Analogisierer, die alles mit allem in Beziehung setzen und gegebenenfalls auch Verbindungen geheimster Art aufzudecken meinen. Analogisches Denken zeichnet nicht nur geniale Wissenschaftler, sondern auch paranoide Verschwörungstheoretiker aus. Wegen dieser janusköpfigen Nähe von Genialität und Irrsinn bedarf es als prüfender Instanz über ein logisch schlüssiges Denken hinaus einer durch Erfahrung gesättigten Urteilskraft. Dass wir die Genies als Genies und nicht als Verrückte der Weltgeschichte führen, liegt daran, dass sie ihre Kreativität unter Kontrolle behielten. Etwas *ver-rückt* zu sein, nämlich nicht auf ein und derselben Stelle zu verharren, mag eine notwendige Bedingung für Genialität sein, gewiss ist dies aber keine hinreichende Bedingung.

7.2 Beispiele kreativen Denkens: Gottlob Frege und August Kekulé

Um die Bedingungen kreativen Denkens zu erkunden, empfiehlt sich eine Analyse von Beispielen. Als Beispiel für kreatives Denken auf analogischer Grundlage in einer nicht-empirischen Disziplin lässt sich die Herausbildung der modernen Logik durch Frege anführen. Der wesentliche Fortschritt der modernen gegenüber der traditionellen Logik besteht in der Ersetzung der Subjekt-Prädikat-Struktur der Aussage durch die Argument-Funktions-Struktur. Der entscheidende Schritt ist die Übertragung des mathematischen Funktionsbegriffs auf die Logik bei gleichzeitiger Erweiterung des Argument- und des Wertebereichs von Funktionen über mathematische Größen hinaus. Dabei werden Begriffe als Funktionen gefasst, deren Werte Wahrheitswerte sind, und Verknüpfungen zwischen Aussagen (wie ‚und', ‚oder', ‚wenn – so') sowie die Verneinung von Aussagen werden als Wahrheitswertfunktionen bestimmt, nämlich als Funktionen, deren Argumente und Werte Wahrheitswerte sind. Mit Freges Übertragung geht neben einer Erweiterung auch eine Präzisierung des Funktionsbegriffs einher. Diese erfolgt durch eine zweite Übertragung, und zwar nicht aus der Mathematik in ein anderes Gebiet, sondern gerade umgekehrt aus einem anderen Gebiet in die Mathematik.

Die chemische Metapher der Ungesättigtheit dient der Erläuterung des Wesens der Funktion und führt zur Ausbildung von Freges kategorialer Unterscheidung zwischen Ungesättigtem und Sättigendem, die in ihrer Verbindung ein gesättigtes Ganzes ausmachen (vgl. Abschnitt 4.4). In der Sache sind Freges Einsichten das Ergebnis eines komplexen analogischen Denkens, das Konzepte aus so heterogenen Gebieten wie Mathematik, Chemie und Logik zusammenführt und auf diese Weise durch eine Neuordnung sämtlicher logischer Kategorien einen Paradigmenwechsel in der Logik herbeiführt. Wir haben es demnach mit einem Fall der zweiten Art der Kreativität, nämlich mit kategorialer Kreativität zu tun.

Als Beispiel für kreatives Denken in den empirischen Wissenschaften sei die Entdeckung des Benzolrings durch Kekulé angeführt. Diese erfolgte im Rahmen eines bestehenden wissenschaftlichen Paradigmas und stellt somit eine kreative Leistung der ersten Art dar. Den entscheidenden Anstoß zu seiner Entdeckung erhielt Kekulé nach eigener Aussage, als er sich nach angespanntem Nachdenken über die chemische Struktur des Benzols, ohne einer Lösung näher zu kommen, ermüdet vor sein flackerndes Kaminfeuer zur Ruhe setzte. Bei entspannter Kontemplation der Bewegungen der Flammen fielen ihm langsam die Augen zu; aber nicht ganz. Auf der Schwelle zum Schlaf sah er Flammen, die züngelnd in sich selbst zurückschlugen – *wie* die mythische (und alchemistische!) Figur der Uroboros-Schlange, der Schlange, die sich selbst in den Schwanz beißt. Das war die Lösung: der Atombau des Benzols stellte sich ihm als „geschlossene Kette" dar. In der Beschreibung dieses Erlebnisses spricht Kekulé davon, dass ihn diese Einsicht wie ein „Blitzstrahl" getroffen habe. Er vergisst aber nicht hinzuzufügen, dass er den „Rest der Nacht" damit verbrachte, „die Consequenzen der Hypothese auszuarbeiten" (Kekulé 1929b: 942; vgl. Bugge 1955: 206 f.). Dieser Zusatz ist zu betonen: Der kreative Einfall führt zunächst zur Bildung einer *Hypothese*. Obwohl Kekulé als durchaus hypothesenfreudig galt und sogar „Speculationen in den exacten Wissenschaften" ausdrücklich verteidigte (Kekulé 1929a: 914-916), war für ihn doch klar: Erkenntnis verlangt, dass die Hypothese an Hand ihrer Konsequenzen überprüft wird. Ergeben sich Konsequenzen, die nicht den Tatsachen entsprechen, so führt dies, wie wir gesehen haben, nach dem Schlussverfahren des *Modus tollens* zur Falsifikation der Hypothese.

Das Kekulé-Beispiel ist außerdem ein guter Beleg dafür, dass man Kreativität nicht erzeugen und erst recht nicht erzwingen kann. Allerdings fällt sie auch nicht vom Himmel. Wir sprechen zwar von einem ‚Einfall', und es ist häufig auch so, dass die besten Ideen ganz plötzlich aufblitzen (siehe Kekulés „Blitzstrahl"-Vergleich), aber dem Ein-Fall gehen angestrengte Arbeiten voraus, welche zudem die Ergebnisse anderer Forscher einbeziehen: „Auch meine Ansichten", so betont Kekulé an anderer Stelle (1929b: 940), „sind aus denen der Vorgänger erwachsen und lehnen sich an sie an. Von absoluter Neuheit kann keine Rede sein."

Die Ergebnisse eigner und fremder Arbeiten vernetzen sich im Unterbewusstsein und führen in glücklichen Augenblicken dazu, neue Zusammenhänge zu erkennen. Auffällig ist, dass Kekulé die entscheidende Idee nicht in einem Moment der höchsten *An*spannung, sondern der *Ent*spannung hatte. „Den Seinen gibt's der Herr im Schlaf" oder besser gesagt – wie im Falle Kekulés – im Halbschlaf, aber eben erst nach einem harten Arbeitstag. So entspricht es ja auch der allgemeinen Erfahrung, dass die Einschlafphase die Geburtsstunde vieler Ideen ist.

7.3 Bedingungen kreativen Denkens

Die angeführten Beispiele zeigen, dass kreatives Denken häufig die Grenzen der eigenen Disziplin überschreitet, und dies nicht nur zwischen den Wissenschaften, sondern auch unter Rückgriff auf Vorstellungen der Einbildungskraft, die uns, wie im Falle Kekulés, durch Kunst oder gar Mythos vermittelt worden sind. „Wer nichts als Chemie versteht[,] versteht auch die nicht recht." So schrieb der Physiker, Philosoph und Literat Georg Christoph Lichtenberg (1973: 772, Sudelbücher J 860), der selbst geradezu die Verkörperung einer transdisziplinären Genialität und ein Botschafter der Komplementarität der Denk- und Erkenntnisformen war. Es versteht sich, dass hier statt der Chemie jedes andere Fach einsetzbar ist. Lichtenberg selbst scheint allerdings die ‚reinen' Disziplinen auszunehmen und seine Aussage auf die angewandten, der Urteilskraft bedürfenden Disziplinen zu beschränken. In der Tat sind insbesondere in der reinen Mathematik Fälle autistischer Genialität bekannt.

Nun muss man, um kreativ zu sein, nicht gleich genial sein; aber bereits für das normale kreative wissenschaftliche Arbeiten kommt es darauf an, neue Zusammenhänge zu sehen, und das gilt in den Natur- wie in den Kulturwissenschaften, bei Experimenten im Labor wie bei Interpretationen von Texten.

Wenn es so ist, dass disziplinäre Beschränkung zwar solide Arbeit erlaubt, aber nicht gerade Kreativität fördert, dann schafft man günstige Bedingungen für kreatives Denken dadurch, dass man sich – institutionell und privat – in die richtige Umgebung versetzt, nämlich transdisziplinäre Verbindungen sucht. Sorgen muss einem da die Situation mancher Studierender bereiten. Mit Leibniz zu sprechen, kommen sie einem vor wie „Monaden ohne Fenster" – aber mit Bildschirm. Nicht das lebendige Individuum, der Mikrokosmos, spiegelt das Universum, den Makrokosmos, sondern der Bildschirm überfüllt das Individuum mit Informationen. Internet-Informationen können sehr nützlich sein, sie bieten aber kein selbst erworbenes und erst recht kein kreatives Wissen, und ein E-Mail-Austausch ersetzt nicht das lebendige Gespräch. Das Gespräch in unterhaltsamer Atmosphäre ist geradezu ein Hort der Kreativität. Ein Wort gibt das andere und es entsteht, wie Heinrich von Kleist (1996: 311) es so trefflich genannt hat, „die allmähliche Verfertigung der Gedanken beim Reden". Er schreibt:

> Es liegt ein sonderbarer Quell der Begeisterung für denjenigen, der spricht, in einem menschlichen Antlitz, das ihm gegenübersteht; und ein Blick, der uns einen halbausgedrückten Gedanken schon als begriffen ankündigt, schenkt uns oft den Ausdruck für die ganze andere Hälfte desselben.

Hier dürfte einer der Gründe zu finden sein, warum Psychologen, die sich mit der Heuristik von Problemlösungen beschäftigen, als „Gedanken-Fabrik" – wie es in der zitierten Stelle aus dem *Faust* heißt – nicht die grüblerische Einsamkeit, sondern das kreative Team empfehlen. Letztlich ist es wohl so, dass wir von einem dialektischen Verhältnis zwischen Geselligkeit und Einsamkeit auszugehen haben. Wir holen uns die Anregungen im Gespräch, wo eines das andere gibt, „Ein Schlag [assoziativ] tausend Verbindungen schlägt", um dann die Ideenflut in einsamer Konzentration prüfend zu bändigen. Erst das Wechselspiel von Kreativität und Kontrolle schafft produktive Innovationen.

Wenn es auch möglich ist, günstige Bedingungen für kreatives Denken zu schaffen, so lässt sich Kreativität doch nicht institutionell erzwingen, indem man Transdisziplinarität verordnet. Aus diesem Grunde sind die derzeitigen Initiativen zur Bildung von Eliten an den deutschen Hochschulen mit Skepsis zu betrachten. Es ist nicht damit getan, dass man Wissenschaftler unterschiedlichster Provenienz in Exzellenzclustern zusammensperrt. Es muss auch der Wille zur Grenzüberschreitung vorhanden sein. Andererseits darf die Aufforderung zur Transdisziplinariät nicht zur Vermischung von Betrachtungsebenen führen. So kommt es nicht nur darauf an, neue Verbindungen zu schlagen, sondern auch angemessene Unterscheidungen zu treffen und einzuhalten, vor allem in kategorial schwierigem Gelände. Hierfür geben einige Neurowissenschaftler derzeit ein negatives Beispiel ab, indem sie sich – den Boden ihrer soliden wissenschaftlichen Ergebnisse verlassend – zu allzu kühnen philosophischen Hypothesen aufschwingen und dabei den Kategorienfehler begehen, nicht zwischen normativen und empirischen Fragen, nicht zwischen Gründen des Handelns und Ursachen des Verhaltens zu unterscheiden. Als Beispiel wurde bereits (in Abschnitt 3.8) die Leugnung der Willensfreiheit durch einzelne Vertreter der neurobiologischen Hirnforschung angeführt. Geist und Natur zusammenzubringen, bedeutet nicht, beides naturalistisch zu vermischen (vgl. dazu die Klarstellung in Keil 2013: 211-215).

Kreativität hat es mit dem Sehen von neuen Zusammenhängen zu tun. Als Erkenntnisvermögen, das für das Sehen von Ähnlichkeiten im Verschiedenen, für Analogien zwischen voneinander entfernt liegenden Bereichen, zuständig ist, haben wir den Witz kennen gelernt. Daneben kamen noch weitere Erkenntnisvermögen zur Sprache, die bereits von der Tradition bei unterschiedlicher Akzentuierung mit dem Witz in Verbindung gebracht worden sind: Einbildungskraft, Phantasie und Intuition. Zur heuristischen Funktion von Analogien finden sich in Ernst Machs *Erkenntnis und Irrtum* – ungeachtet der psychologistischen und biologistischen Grundtendenz dieses Buches – ausgezeichnete Analysen. Vgl. insbesondere das Kapitel *Die Ähnlichkeit und die Analogie als Leitmotiv der Forschung* (Mach 1917: 220-231).

Vergleichen wir die beiden vorgestellten Beispiele für kreatives Denken, Freges Begründung der modernen Logik und Kekulés Entdeckung des Benzolrings, so kommt die Einbildungskraft in ganz unterschiedlichen Weisen ins Spiel. Für Kekulé gibt eine Vorstellung der Einbildungskraft den Anstoß zur Begriffsbildung und Ausarbeitung seiner Theorie. Sich selbst bescheinigt er „ein unwiderstehliches Bedürfnis nach Anschaulichkeit", das mit dazu beigetragen habe, „daß jene vor 25 Jahren in der Luft umherschwirrenden chemischen Ideen gerade in meinem Kopf den für sie geeigneten Boden fanden" (Kekulé 1929b: 944) und zwischen ihnen – so lässt sich ergänzen – neue Verbindungen im Goethe'schen Sinne geschlagen wurden. Kekulés Entdeckung ist vielfach als „genial" bezeichnet worden. Er selbst vermeidet diesen Ausdruck als Selbstzuschreibung, geht aber auf die Begrifflichkeit ein und bestätigt ausdrücklich die Rolle der Einbildungskraft und der Phantasie für kreatives Denken (Kekulé 1929b: 941-944). „Lernen wir träumen", so fordert er wohl nicht ganz ohne Selbstironie seine Zuhörer auf, „dann finden wir vielleicht die Wahrheit" (Kekulé 1929b: 942); und auch die Intuition findet ihre Aufwertung gegenüber dem diskursiven Denken, wenn Kekulé mit Blick auf das Finden der Wahrheit aus dem *Faust* zitiert:

> Und wer nicht denkt,
> Dem wird sie geschenkt,
> Er hat sie ohne Sorgen.
> (Goethe 1994: Vers 2570-2572)

Zu bedenken ist aber, dass dies die Hexe (in der Hexenküchen-Szene) spricht, also die Meisterin des Zaubertranks – die Herrin der Alchemie, nicht der wissenschaftlichen Chemie. Daher folgt auch sogleich die Warnung, dass wir uns davor „hüten" sollen, „unsere Träume zu veröffentlichen, ehe sie durch den wachenden Verstand geprüft worden sind" (Kekulé 1929b: 942). Die Anerkennung der Rolle der Intuition für die Erkenntnis läuft also nicht auf einen Intuitionismus hinaus, der die *eigentliche* Erkenntnis in die Anschauung oder Schau verlegen möchte und der Urteilswahrheit dabei skeptisch gegenübersteht. Eine solche Höherbewertung der Intuition gegenüber der Diskursivität ist Kekulé fremd. Im Sinne des

Komplementarismus geht es auch ihm um eine Gleichberechtigung anschaulicher und begrifflicher Erkenntnisformen. Ohne Einbildungskraft und Intuition kein kreatives Denken; aber es bleibt dabei: Ihre Produkte bedürfen der Geltungsprüfung, der nüchternen Kontrolle durch Logik und Urteilskraft. Andernfalls kommen wir dahin, was an anderer Stelle im *Faust* (im „Walpurgisnachtstraum") zu lesen ist:

> Die Phantasie in meinem Sinn
> Ist diesmal gar zu herrisch.
> Fürwahr, wenn ich das alles bin,
> So bin ich heute närrisch.
> (Goethe 1994: Vers 4347-4350)

In Freges logischem Denken hat die Einbildungskraft eigentlich keinen Platz. Insbesondere sein Programm des Logizismus, die Arithmetik auf Logik zu gründen, schließt alles Anschauliche aus. So soll die „Lückenlosigkeit der Schlusskette" geradezu sichern, dass „sich hierbei nicht unbemerkt etwas Anschauliches eindrängen könnte" (Frege 1879: IV). Andererseits bedient sich Frege aber der Einbildungskraft als des Vermögens der bildlichen Rede in seiner philosophischen Metasprache, indem er zur Erläuterung kategorialer Begriffe und Unterscheidungen auf Metaphern zurückgreift. Der Logiker Frege bestätigt dabei den Metaphoriker Hans Blumenberg, indem er die Unhintergehbarkeit metaphorischer Ausdrucksweise sogar in der Logik zugesteht (vgl. Abschnitt 4.4). Blumenbergs Charakterisierung der kognitiven Leistung der Metapher als „Erfassung von Zusammenhängen" (Blumenberg 1979: 77) führt uns wiederum auf Goethes *Faust* zurück, wo Kreativität als Leistung des analogischen Erkenntnisvermögens bestimmt wird, als Leistung des „tausend Verbindungen" schlagenden Geistes im Sinne des Witzes.

Sind wissenschaftliche und ästhetische Erkenntnisansprüche sowie die Kriterien für deren Einlösung auch verschieden, was die Kreativität und damit die Genese der Erkenntnis anbelangt, so dürften produktionsästhetisch in der Dichtung und in der Kunst sowie heuristisch in der Wissenschaft dieselben Vermögen wie insbesondere Intuition, Phantasie und Witz am Werke sein. Künstlerische und wissenschaftliche Kreativität haben dieses gemeinsam, dass es um die Entdeckung, Aufdeckung, Stiftung oder Vergegenwärtigung von *Zusammenhängen* geht. Übereinstimmung besteht auch in folgender Hinsicht: So wie es keinen logischen Kalkül wissenschaftlicher Kreativität gibt, fehlen auch feste Regeln der Literatur- und Kunstproduktion. Ganz im Gegenteil zeichnet sich künstlerische Kreativität häufig gerade durch die Abweichung von vermeintlichen Regeln aus. Dieses Verständnis bildet sich bereits in der Wende von der Regelästhetik zur Genieästhetik in der zweiten Hälfte des 18. Jahrhunderts aus. Im Zuge dieser

Entwicklung erfolgt eine Abwertung des Vermögens des Witzes, der für übertriebenes assoziatives Denken und wildes Analogisieren verantwortlich gemacht wird. Es kommt zur polemischen Unterscheidung zwischen dem bloßen *Witzling* und dem wahren *Genie*. Hier ist der Ursprung für das heutige Verständnis des Witzes als Scherz zu finden. In seinen positiven Leistungen als heuristisches Erkenntnisvermögen wird der Witz bei Kant terminologisch durch das Vermögen der reflektierenden Urteilskraft abgelöst, wobei die Bestimmungen in der Sache weitgehend dieselben bleiben. Den zueinander gegenläufigen Vermögen *Witz* und *Scharfsinn* entsprechen nun in etwa die Vermögen *reflektierende Urteilskraft* und *bestimmende (subsumierende) Urteilskraft* (AA, Bd. 9: §§ 81-84). Im Vergleich mit der subsumierenden Urteilskraft ist die Tätigkeit der reflektierenden Urteilskraft durch einen Richtungswechsel im Erkennen bestimmt. Steigt die subsumierende Urteilskraft vom Allgemeinen zum Besonderen *ab*, so steigt die reflektierende Urteilskraft umgekehrt vom Besonderen zum Allgemeinen *auf* und schlägt neue Verbindungen, indem sie Ähnlichkeiten zwischen Verschiedenem feststellt. Demgemäß erweist sich die reflektierende Urteilskraft als das Vermögen des kreativen Denkens. Sie und ihre Tätigkeit gilt es weiter zu erkunden, um im Feld der Heuristik des Erkennens nicht nur psychologisch, sondern auch methodologisch voranzukommen.

Das Verhältnis von Besonderem und Allgemeinem und dessen Behandlung durch die Urteilskraft ist nicht nur für den Erkenntnisgewinn in den Wissenschaften, sondern auch – in ganz anderer Weise – für die Vermittlung von Erkenntnissen durch Kunst und Literatur grundlegend. Daher wird in den folgenden beiden Kapiteln die ästhetische Darstellung des Allgemeinen im Besonderen in Kunst und Literatur erörtert.

8 Der Erkenntniswert der Kunst

Eine Erkenntnistheorie, die den Anspruch erhebt, eine Theorie aller Formen der Erkenntnis zu bieten, hat auch den Erkenntniswert ästhetischer Darstellungsformen zu prüfen. Diese Prüfung erfolgt hier an Beispielen aus Kunst und Literatur. Die Bindung des Erkenntnisbegriffs an den propositionalen Wahrheitsbegriff führt meistens dazu, Kunst und Literatur einen relevanten Erkenntnisanspruch abzusprechen und ihnen stattdessen einen emotiven Wert zuzuweisen. Um dem zu widersprechen, wird es darauf ankommen, die Möglichkeiten nicht-propositionaler Erkenntnis für beide Bereiche plausibel zu machen und dabei Kognition und Emotion in ein angemessenes Verhältnis zueinander zu rücken. Im vorliegenden Kapitel wird es zunächst um den Erkenntniswert der Kunst gehen. Dem Erkenntniswert der Literatur ist das anschließende Kapitel gewidmet. Vorbereitend wird der Unterschied zwischen bildlichen und sprachlichen Darstellungen analysiert, wobei das Verhältnis von anschaulicher und begrifflicher Erkenntnis (vgl. Kapitel 5) noch einmal in den Blickpunkt rückt.

8.1 Denken in Bildern

Die Rede von Bildern kann im wörtlichen oder im übertragenen Sinne gemeint sein. Bilder im wörtlichen Sinne sind räumliche Gebilde wie insbesondere Gemälde und Fotos. Sie sind Objekte der Anschauung. Bilder im übertragenen Sinne sind sprachliche Gebilde wie zum Beispiel Vergleiche und Metaphern. Wenn wir diese anschaulich nennen, so ist gemeint, dass sie unsere Einbildungskraft anregen. Die Rede von Bildern im übertragenen Sinne ist zum Anlass genommen worden, die Wende zum Bild, den so genannten *iconic turn*, durch die These zuzuspitzen, dass die Bildlichkeit unhintergehbar sei, weil wir in Bildern denken. Behauptet wird, dass Denken und Erkennen sich letztlich *immer* in Bildern vollziehen, wie abgegriffen diese auch sein mögen. Nur wenn man sich die bildliche Bedeutung von Bildlichkeit zu Nutze macht und von einer Bildlichkeit im Sinne des Metaphorischen als Grundeigenschaft der Sprache ausgeht, kann man davon sprechen, dass der *linguistic turn* „konsequenterweise" in den *iconic turn* münde (Boehm 2007: 44). Ohne die Voraussetzung der Bildlichkeit der Sprache kann der *iconic turn* für das Bild nicht den gleichen Anspruch erheben, wie ihn der *linguistic turn* für die Sprache geltend gemacht hat. Bei aller faktischen Macht der Bilder, Bildlichkeit im *wörtlichen* Sinne als Bedingung der Möglichkeit und damit als *notwendige* Bedingung von Erkenntnis auszugeben, wäre von vornherein abwegig (Mittelstraß 2004).

Wenn nach dem *linguistic turn* von einem ‚Denken in Sprache' die Rede ist, so ist dies im Sinne der transzendentalen Rolle der Sprache gemeint. Danach vollzieht sich Denken wesentlich *in* der Sprache – ohne Sprache kein Denken. Der *linguistic turn* widerspricht damit der Auffassung, dass die Sprache lediglich ein Medium der veräußerlichenden Kommunikation innerer sprachfreier Gedanken ist, und behauptet dagegen, dass Denken und Sprache gleichursprünglich sind. Für das Verhältnis zwischen Denken und Bildern gilt dies nicht. Bildliche Vorstellungen oder Vorstellungsbilder, mit denen uns die Einbildungskraft versorgt, mögen unser Denken begleiten oder unterstützen; aber sie machen nicht den Inhalt des Denkens aus. Denken fällt nicht mit bildlichem Vorstellen zusammen. Würde man eine solche Gleichsetzung vornehmen, so wäre man, wie Frege, Wittgenstein und andere Autoren deutlich gemacht haben, dem Psychologismus und allen seinen Paradoxen ausgeliefert. Auch wenn es gute Gründe gibt, Descartes' Abwertung der Einbildungskraft gegenüber dem Verstand nicht zu folgen, so ist sein Beispiel des Tausendecks doch schlagend. Niemand wird sich ein Tausendeck mit allen seinen tausend Ecken bildlich vorstellen können, obwohl es sich doch ohne Schwierigkeiten denken lässt (Descartes 1986: 179).

Bei Bildern als räumlichen Gebilden ist zu unterschieden zwischen dem *Bildträger*, der ein physischer Gegenstand im Raum (und auch in der Zeit) ist, und dem *Bildobjekt*, das ein Gebilde räumlichen Inhalts ist (Wiesing 2005: 44 ff.). Die Verbindung ergibt sich dadurch, dass physische Bildträger nicht-physische Bildobjekte oder Bildinhalte sichtbar machen. Räumliche Inhalte sind aber nicht an Gegenstände im Raum gebunden. So können Vorstellungen räumliche Inhalte vorstellen, obwohl sie selbst keine Gebilde im Raum sind. Hier gilt Freges Klarstellung:

> Räumliche Prädikate sind auf sie [Vorstellungen] nicht anwendbar: die eine ist weder rechts noch links von der anderen; Vorstellungen haben keine in Millimetern angebbaren Entfernungen von einander. (Frege 1884: § 61)

Lokale Bestimmungen mögen auf Gegebenheiten im Gehirn zutreffen, bei Vorstellungen verbieten sie sich aus kategorialen Gründen. Die mentalen Vorstellungsbilder, die so genannten ‚Bildchen im Kopf', können ihrerseits allerdings den Anlass zur Herstellung von Bildern im Raum geben. Wenn die Anthropologen Recht haben, so sind die physischen Bilder, angefangen mit der Höhlenmalerei, entstanden, um die mentalen Bilder zu fixieren und deren Gegenstände zu bannen. Gleichwohl, mit Bildern sind im Folgenden in erster Linie Bildinhalte von physischen Bildträgern, also Gemälde, Fotos, Zeichnungen usw. gemeint, wohl wissend, dass es sinnvoll ist, den Bildbegriff prinzipiell weiter zu fassen

(Scholz 2004: 5-13). Die Ergebnisse der folgenden Überlegungen sind allerdings auch nicht auf die genannten Arten von Bildern beschränkt.

8.2 Wahrheit der Bilder?

Bilder sind nicht immer Zeichen (vgl. Wiesing 2005: 36). Im Folgenden geht es aber aus thematischen Gründen mit Blick auf den möglichen Erkenntniswert von Bildern um deren Verwendung als Zeichen. Angesichts dieses Zeichencharakters ist zwischen dem Inhalt und dem Sachbezug (oder der Denotation) von Bildern zu unterscheiden (Scholz 2004: 174 ff.). Diese Unterscheidung entspricht derjenigen zwischen Intension und Extension oder Sinn und Bedeutung in der Semantik sprachlicher Zeichen. Bei räumlichen Bildinhalten besteht der denotative Sachbezug, sofern ein solcher überhaupt vorhanden ist, aus Gegenständen im Raum.

Mit Blick auf den Erkenntniswert von Bildern dürfte es angemessener sein, statt von einem Denken *in* Bildern von einem Denken *mit* Bildern in dem Sinne zu sprechen, dass wir mit Hilfe von Bildern denken, indem diese zum Beispiel begriffliches Denken anschaulich unterstützen (Wiesing 2000). So wären etwa Gebrauchsanweisungen und Bauanleitungen ohne Abbildungen nur schwer zu verstehen. Als Veranschaulichungen erfüllen Bilder allerdings lediglich eine didaktische Hilfsfunktion. Ein eigenständiger Erkenntniswert kommt ihnen erst dann zu, wenn sie uns darüber hinaus zu denken geben. So kann die Malerei – wie die Dichtung – Gedanken „suggerieren", bis hin zu solchen philosophischer Art (Brandt 2000: 8). Anders als die Dichtung vermag sie Gedanken aber nicht so ohne weiteres *auszudrücken*. Um dies zu erläutern lässt sich eine Bemerkung Freges heranziehen:

> Es ist nämlich zu unterscheiden zwischen den Gedanken, die man ausdrückt, und solchen, die man andere für wahr zu halten veranlasst, ohne sie auszudrücken. Wenn ein Befehlshaber den Feind über seine Schwäche *täuscht*, indem er seine Mannschaft in verschiedenen Kleidungen auftreten lässt, so *lügt* er doch nicht; denn er drückt gar keine Gedanken aus, obwohl seine Handlung den Zweck hat, Gedanken fassen zu lassen. (Frege 1969: 152, Hervorhebung G. G.)

Ergänzend ist – ebenfalls im Sinne Freges – zu beachten, dass die in Dichtung ausgedrückten Gedanken nicht *behauptet* werden (siehe dazu Abschnitt 9.2). Zu unterscheiden ist daher genauer zwischen der *Lüge* als einer wissentlich falschen Behauptung und der *Täuschung* als einer wissentlichen Veranlassung zu einer falschen Annahme:

> A belügt B genau dann, wenn A gegenüber B eine wissentlich falsche Behauptung aufstellt.
> A täuscht B genau dann, wenn A B wissentlich zu einer falschen Annahme veranlasst.

Die beschriebene Aufführung oder ‚Performance' des Befehlshabers ist sozusagen als lebendes, im wahrsten Sinne des Wortes ‚laufendes' Bild zu verstehen. Dementsprechend lässt sich die Unterscheidung zwischen Lüge und Täuschung auf Bilder übertragen: Bilder können nicht lügen, weil sie gar nicht behaupten. Sie können allerdings trügen, nämlich etwas vortäuschen, indem sie den Betrachter gezielt zu falschen Annahmen verleiten. Das bekannteste Beispiel ist die Wegretuschierung unliebsamer Personen auf ‚historischen' Fotos in den Zeiten des Stalinismus. Die Wanderausstellung *Bilder, die lügen* der *Stiftung Haus der Geschichte der Bundesrepublik Deutschland* (Hütter 2000) müsste eigentlich heißen: *Bilder, die trügen*.

Aus der Feststellung, dass Bilder zwar keine Gedanken behaupten, aber Anlass geben können, Gedanken zu fassen und sogar für wahr zu halten, ergibt sich, dass Bilder propositionale Erkenntnis *vermitteln* können, wobei der Ausdruck ‚vermitteln' (im Unterschied etwa zu ‚mitteilen' oder ‚aussagen') absichtlich neutral gewählt ist. Zu fragen ist nun, wie diese Vermittlung genauer erfolgt.

Im Rahmen von Freges Argumentation gegen die Abbildtheorie der Wahrheit, dass nämlich die Bestimmung der Wahrheit als „Übereinstimmung" eines Gedankens „mit etwas anderem", auf einen unendlichen Regress hinauslaufe, wird die Wahrheit der Bilder auf die Wahrheit von Sätzen zurückgeführt:

> Wenn man Wahrheit von einem Bilde aussagt, will man eigentlich keine Eigenschaft aussagen, welche diesem Bilde ganz losgelöst von anderen Dingen zukäme, sondern man hat dabei immer noch eine ganz andere Sache im Auge und man will sagen, daß jenes Bild mit dieser Sache irgendwie übereinstimme. „Meine Vorstellung stimmt mit dem Kölner Dome überein" ist ein Satz, und es handelt sich nun um die Wahrheit dieses Satzes. So wird, was man wohl mißbräuchlich Wahrheit von Bildern und Vorstellungen nennt, auf die Wahrheit von Sätzen zurückgeführt. (Frege 1918: 60)

Nun findet man in erkenntnistheoretischen Zusammenhängen auch die Rede von wahren Vorstellungen. Gemeint sind damit Vorstellungen, denen etwas in der Wirklichkeit entspricht, die also nicht leer sind. Eine Vorstellung ist danach wahr, sofern es solche Gegenstände, wie sie vorgestellt werden, tatsächlich gibt. Dies lässt sich auf Bilder übertragen. Aber auch hier ist die Wahrheit der Bilder von der Wahrheit eines entsprechenden Existenzsatzes der Form ‚Es gibt etwas, was diesem Bild entspricht' abhängig.

Zu meinen, dass Bilder auch ohne Worte Sachverhalte darstellen, die bestehen oder nicht bestehen können, ist also nicht unproblematisch. Diese Auffassung geht insbesondere auf Wittgenstein (*Tagebücher 1914-1916*, Eintrag vom

29.9.14) zurück, der darauf verweist, „daß auch *wirkliche* Bilder von Sachverhalten *stimmen* und *nicht stimmen* können" und ein „Satz in Bilderschrift" dementsprechend „wahr und falsch" sein kann. Als Beispiel führt er das Bild zweier miteinander fechtender Männer an, wobei er den dargestellten Sachverhalt als „A ficht mit B" beschreibt. Dieser Gedanke wurde zur Grundlage der Abbildtheorie der Sprache im *Tractatus*. Nun können Bilder in der Tat nicht nur für Sachverhalte stehen, sie können auch als Wahrmacher (oder Falschmacher) von Aussagen fungieren. Die üblicherweise ‚Satzfrage' genannte propositionale Frage ‚Haben sich Herr Meier und Herr Müller getroffen?' kann dadurch bejaht werden, dass ein Foto von einem solchen Treffen vorgelegt wird. Bilder können insofern „Gründe" liefern (Harth/Steinbrenner 2013). Ein *Beleg* für eine propositionale Erkenntnis ist damit aber noch nicht selbst propositional.

Bilder können, zum Beispiel als Fotos in einer Dokumentation, sogar mit dem Anspruch auftreten, dass das, was sie abbilden der Fall, also eine Tatsache ist. Allerdings können sie diesen affirmativen Gestus nur in der globalen Form vertreten ‚So (wie auf diesen Fotos) ist es'. Sie sagen aber nicht aus, dass es so-und-so ist. Diese Unterscheidung hat Adorno (1996: 270) gegen den Propositionalismus in der Rezeption von Literatur geltend gemacht. Sie trifft auf Bilder erst recht zu und erlaubt folgende Präzisierung: Bilder heben nicht bestimmte Sachverhalte als bestehend hervor, sie *sagen* nicht, was Sache ist, nämlich wie sich die Sachen verhalten. Bilder machen uns mit Sachen und Sachverhalten bekannt, ohne diese prädikativ zu beschreiben. Bilder zeigen etwas, ohne zu sagen, *was* sie zeigen. Den Unterschied zwischen sprachlichem Sagen und bildlichem Zeigen macht folgendes Beispiel deutlich: Der Bericht über ein Ereignis, etwa einen Verkehrsunfall, kann einen Sachverhalt beschreiben, den der Betrachter eines Fotos der Unfallstelle übersieht. Umgekehrt kann das Foto einen Sachverhalt nachträglich entdecken lassen, der im Bericht nicht erwähnt ist.

Bilder sind wesentlich nicht-propositional, und dies gilt nicht erst für ästhetisch wertvolle Gemälde, sondern bereits für triviale Urlaubsfotos. „Ein Bild sagt mehr als tausend Worte", so sagt man. Tatsächlich *sagt* ein Bild ohne Worte aber gar nichts. Vielleicht *zeigt* es allerdings mehr als tausend Worte sagen könnten (Wiesing 1997: 194; Boehm 2007: 19 f., 37, 211 f.). Insofern bergen Bilder ein Sachverhalts-*Potential*, entfalten können sie dieses allerdings nur in Verbindung mit Sätzen (Aussagen, Behauptungen), die konkrete Sachverhalte aus der Mannigfaltigkeit des im Bilde Dargestellten hervorheben. In diesem Sinne können Bilder, wie der Kunsthistoriker Ernst H. Gombrich (2004: 59) einräumt, allenfalls in Verbindung mit ihren „Aufschriften oder Beschriftungen", soweit diese als „abgekürzte Aussagen" zu verstehen sind, einen propositionalen Wahrheitsanspruch erheben. So könne ein Bild in Verbindung mit der Beschriftung „Ansicht von Tivoli" – denken wir etwa an das Gemälde mit dem Titel „Ansicht von Tivoli mit Rom in der Entfernung" von Gaspard Dughet (um 1650) – als die Behauptung gelesen werden, dass das Bild eine Ansicht von Tivoli darstelle. Dementsprechend wird man das Bild auch als die Behauptung ‚*So* (wie auf dem Bild) ist Tivoli' verstehen dürfen, allerdings eben nicht als die bestimmte prädikative Behauptung ‚Tivoli ist *so-und-so*'. Das *Wie* oder *Was* des So-Seins bleibt begrifflich unbestimmt. Ähnlich meint Frege (1969: 143, Hervorhebung G. G.), dass „Bilder und Musikstücke *ohne Worte* wenig geeignet" seien, „Gedanken auszudrücken":

> Zwar wird man sich bei einem solchen Kunstwerke mancherlei denken können, aber ein notwendiger Zusammenhang besteht dabei nicht, und man wird sich nicht wundern, wenn ein Anderer sich etwas Anderes dabei denkt.

Bemerkenswert ist hier die Einschränkung auf Bilder „ohne Worte". Zur Diskussion der Frage, ob Bilder Propositionen ausdrücken können, vgl. Beardsley (1958: 373-376, 391-393). Scholz (2004: 157 ff.) hat darauf hingewiesen, dass Bilder in ganz unterschiedlichen Rollen verwendet werden, so dass in Analogie zu Wittgensteins „Sprachspielen" von „Bildspielen" zu sprechen wäre. Dementsprechend können Bilder nicht nur ein ‚*So* ist es', sondern zum Beispiel auch ein ‚*So* soll es (nicht) sein' zum Ausdruck bringen.

8.3 Logik der Bilder

Die Einsicht, dass Bilder eines diskursiven Zu-Satzes bedürfen, um Aussagen machen zu können, ruft in Erinnerung, was Kant für Anschauungen im Allgemeinen betont, dass sie ohne Begriffe „blind" sind. Eine Parallele zwischen sprachlichen und bildlichen Zeichen besteht – wie wir bereits gesehen haben – insofern, als die Unterscheidung zwischen Intension und Extension sprachlicher Zeichen auf bildliche Darstellungen übertragbar ist, indem bei diesen zwischen Bildinhalt und Sachbezug unterschieden wird. Der Bildinhalt ist das, was das Bild darstellt, unabhängig davon, ob außerdem ein Sachbezug besteht. Der Bildinhalt bestimmt die Art des Bildes. So lässt sich ein Bild, das einen Mann darstellt, mit Nelson Goodman (1995: 32 ff.) als Mann-Bild charakterisieren. Sprachliche und bildliche Zeichen können sich extensional (in ihrem Sachbezug) auf dieselben Gegenstände beziehen, indem sie diese sprachlich oder bildlich denotieren, wobei der Gegenstandsbereich (die Extension) einen einzigen Gegenstand oder mehrere Gegenstände enthält, aber auch leer sein kann. Sprachliche und bildliche Darstellung sind gleichwohl kategorial verschieden, weil Begriffe und Anschauungen, wie Kant in der transzendentalen Ästhetik seiner *Kritik der reinen Vernunft* dargelegt hat, unterschiedlichen Logiken gehorchen. Kants Ausführungen betreffen Raum und Zeit als die beiden Formen der Anschauung. Wir können uns hier aus thematischen Gründen auf die räumliche Anschauung beschränken.

Kant bestimmt Anschauungen und Begriffe als zwei Arten von Vorstellungen, und zwar im Sinne von lat. ‚repraesentatio', so dass Vorstellungen bei ihm noch nicht mit mentalen Bildern gleichzusetzen sind, wie dies im heutigen Sprachgebrauch meist der Fall ist. Teilvorstellungen begrifflicher Vorstellungen sind Merkmale von Begriffen. So ist ‚Lebewesen' ein Merkmal des Begriffs ‚Mensch'. Merkmale eines Begriffs sind allgemeiner und damit umfassender als der Begriff, dessen Merkmale sie sind. So ist das Merkmal ‚Lebewesen' Oberbegriff zum Begriff ‚Mensch', indem es nicht nur Menschen, sondern auch alle weiteren Lebewesen umfasst. Der Begriff ‚Mensch' ist dem Begriff ‚Lebewesen' daher untergeordnet (subordiniert). Teilvorstellungen anschaulicher Vorstellungen sind dagegen echte Teile von Anschauungen, so dass die Teilvorstellung einer Raumanschauung weniger Raum umfasst als die Gesamtanschauung. Wir haben es Kants Formulierung folgend mit „extensiven Größen" zu tun. Dementsprechend unterliegen Begriffe der Logik von Über- und Unterordnung, Anschauungen aber der Logik von Teil und Ganzem. Diese Differenz ist der tiefere Grund für die in Abschnitt 5.2 beschriebene begriffliche Unausschöpfbarkeit von Anschauungen. Für das Verhältnis von Sprache und Bildern heißt dies: Begriffliche Prädikation grenzt ein und legt fest, bildliche Repräsentation kann die Realität detaillierter wiedergeben; aber sie bleibt stumm (so auch Mittelstraß 2012: 15). Das *Sagen* der begrifflichen Sprache vollzieht sich in der Zeit, gemäß der Ordnung des diskursiven Nacheinanders. Das *Zeigen* der anschaulichen Bilder erfolgt im Raum, gemäß der Ordnung des synoptischen Nebeneinanders.

Auch wenn man Freges Kompositionalitätsprinzip anerkennt, demzufolge ein Satz und dessen Sinn isomorph aus Teilen aufgebaut sind, so erfolgt der Aufbau des Ganzen aus seinen Teilen doch analog zum funktionalen Aufbau im Bereich der Bedeutung durch Sättigung eines Ungesättigten. Dies ist bei Bildern und den von ihnen abgebildeten ‚Ausschnitten' der Welt gerade nicht der Fall. Aus kategorialen Gründen dürften daher die Bildtheorie der Sprache und die Sprachtheorie des Bildes gleichermaßen verfehlt sein. Von Goodman (1995: 209 f.) wird die Differenz zwischen bildlicher Repräsentation und diskursiver Beschreibung darauf zurückgeführt, dass der Repräsentation nicht nur semantische, sondern auch syntaktische „Dichte" zukommt (vgl. dazu Scholz 2004: 118 ff.). Ansonsten besteht er aber darauf, dass „die Artikulation, die [sprachliche] Beschreibungen von [bildlichen] Repräsentationen unterscheidet, keine Frage der Binnenstruktur ist" (Goodman 1995: 211). Dagegen ist darauf zu bestehen, dass Sprache und Bilder unterschiedlichen Logiken folgen. Ungeachtet dieses Einwandes werden später einige Unterscheidungen Goodmans systematisch herangezogen.

Halten wir zunächst fest, dass Bilder – in der beschriebenen Abhängigkeit von der Sprache – auch einen propositionalen Erkenntniswert haben können. Es wäre nun allerdings ganz verfehlt, aus der Abhängigkeit der Sachhaltigkeit und Wahrheit der Bilder von der Sachhaltigkeit und Wahrheit der Aussagen eine Hierarchie abzuleiten, die den Begriff über die Anschauung stellt. Zu erinnern ist vielmehr daran, dass mit einer begrifflichen Festlegung von unzähligen Details abgesehen wird, so dass mit dieser ein Verlust an Anschauung verbunden ist. Der Reichtum der Bilder ist durch Begriffe nicht ausschöpfbar. Bilder sind nicht-propositionale Gebilde und ihr eigentlicher Erkenntniswert ist nicht propositionaler Art.

Die bisherigen Ergebnisse gelten für Bilder ganz unabhängig von deren ästhetischem Wert. Sofern sich ein Sachbezug auf Personen, Landschaften, Ereignisse usw. herstellen lässt, ist dieser für die ästhetische Betrachtung gänzlich irrelevant. In diesem Sinne bemerkt schon Frege (1969: 142) mit Blick auf die Historienmalerei:

> Ein Bild, das mit photographischer Treue einen geschichtlich bedeutsamen Moment darstellen sollte, wäre kein Kunstwerk im höheren Sinne des Wortes, sondern eher einer anatomischen Abbildung in einem wissenschaftlichen Werke zu vergleichen.

So gesehen dürfte klar sein, dass die vorausgegangenen Überlegungen zum Erkenntniswert der Bilder die Frage nach der *ästhetischen* Erkenntnis, die künstlerische Darstellungen vermitteln können, noch gar nicht berührt haben. Um eine Beantwortung dieser Frage wird es nun gehen. Dabei lässt sich die Charakterisierung der Bilder als nicht-propositionale Gebilde auf die meisten Kunstwerke von Gemälden, über Skulpturen bis zu Installationen übertragen. Der Kunstinterpretation kommt die Aufgabe zu, deren kognitives Potential angemessen zu entfalten, nämlich im Medium der Begriffe zu *sagen* versuchen, was sich im Medium der Anschauung *zeigt*. Während Bilder etwas zeigen und nichts sagen, zeigt Literatur, wie vorgreifend auf Kapitel 9 anzumerken ist, indirekt mehr als sie direkt sagt. Sofern das Reden über Literatur darauf gerichtet ist, diesen Mehr-Wert interpretatorisch zu verdeutlichen, geht es auch im Literaturdiskurs darum, zu sagen, was sich zeigt. Dieser Übergang verbleibt aber im selben Medium Sprache. Wir haben es mit einem Wechsel vom literarischen Sprachmodus des Zeigens zum interpretatorischen Sprachmodus des Sagens zu tun.

Das weitere Vorgehen ist einem vorsichtigen ästhetischen Kognitivismus verpflichtet. Die Betonung des Erkenntniswerts der Kunst richtet sich gegen ein zu einseitiges emotivistisches Verständnis, wie es lange Zeit vorherrschend gewesen ist. Mit dieser Betonung soll allerdings nicht einer scharfen Trennung von Emotion und Kognition oder gar einer Ausgrenzung von Emotionen das Wort geredet werden. Gerade was Bilder anbelangt, so kann deren emotive Wirkung nicht geleugnet werden. Manche Werke sind sogar darauf angelegt, bestimmte Emotionen hervorzurufen. Diese sind auch erkennbar, nämlich Gegenstand interpretatorischer Erkenntnis. Die Frage ist allerdings, ob man Emotionen selbst „kognitive Funktionen" zuschreiben kann (so Spree 2002: 147 f.; vgl. auch Döring 1999: Kapitel 3.3).

Produktions- und rezeptionsästhetisch betrachtet kommt Emotionen insoweit eine kognitive Funktion zu, als sie den ästhetischen Schaffensprozess des Künstlers oder Autors sowie die ästhetische Wahrnehmung des Kunstbetrachters oder Lesers befördern können. Emotionen mögen insoweit der Heuristik und damit der Genese der Erkenntnis dienen, bestimmen damit aber noch nicht den Erkenntniswert des künstlerischen oder literarischen Werkes. Beeinflussen können Emotionen sogar das wissenschaftliche Erkennen. So ist die Freude am Erkennen ein Motor des Erkennens, und bei schmerzlichen Erkenntnissen kann der Schmerz die Einsicht verhindern. Grundsätzlich zu unterscheiden ist zwischen der *Erzeugung* von Emotionen, die man empfindet, und der künstlerischen oder literarischen *Vergegenwärtigung* von Emotionen, die Emotionen erkennbar, unterscheidbar und verstehbar macht. Ausgeschlossen ist damit nicht, dass die Vergegenwärtigung von Emotionen auch Emotionen erzeugt oder mit Blick auf eine kathartische Wirkung sogar erzeugen soll.

Wenn die Macht der Bilder häufig stärker ist als die Macht der Worte, so liegt dies wiederum an den unterschiedlichen Logiken der beiden Medien. Obwohl wir auch bildliche Darstellungen durchlaufen müssen, um ihre Details zu erkennen, springen doch deren Kerninformationen, wenn sie nicht gerade absichtlich verborgen werden sollen, direkter in die Augen. Schon aufgrund wahrnehmungspsychologischer Bedingungen sind die Teile eines Bildes schneller zu überblicken als die Teile eines diskursiven Textes, der auch nur eine annähernd vollständige Beschreibung des entsprechenden Bildinhalts liefert. Daraus folgt natürlich nicht, dass Bilder immer schneller *verstanden* werden als Texte.

Für das Verständnis des ästhetischen Erkenntniswerts der Kunst gilt es nun den Gedanken der nicht-propositionalen Erkenntnis fruchtbar zu machen. Dabei stellt es kein Problem dar, den Wahrheitsbegriff im Sinne der logischen Tradition auf den propositionalen Wahrheitsbegriff zu beschränken, also darauf zu verzichten, von ästhetischer Wahrheit zu sprechen. Notwendig ist es dann aber, den Erkenntnisbegriff so weit zu fassen, dass er auch nicht-propositionale ästhetische Erkenntnis einschließt. Das Kriterium solcher nicht-propositionaler Erkenntnis ist dann nicht die Wahrheit einer Aussage, sondern die Adäquatheit (Angemessenheit) einer Darstellung oder Vergegenwärtigung – ungeachtet der Tatsache, dass diese Adäquatheit propositional thematisiert zu werden pflegt.

Ästhetische Vergegenwärtigungen durch sprachliche Verdichtung, wie in der Literatur, oder durch anschauliche Präsentation, wie in der Kunst, erfolgen im Modus des zeigenden, nicht-propositionalen ‚so ist es'. (Die Rede von einem sprachlichen Zeigen, ist letztlich eine Übertragung aus dem Bereich der Anschauung in denjenigen der Sprache.) Dieses ‚so' lässt sich, wie wir bereits gesehen haben, in seinem Sosein propositional nicht erschöpfend bestimmen. In diesem Sinne meint auch Seel (1985: 159), dass „ästhetische Präsentationen", die er selbst zwar nicht als „Formen der *Vergegenwärtigung*" bestimmt, aber doch mit diesen vergleicht, „in wesentlicher Hinsicht propositional nicht artikuliert" seien. Hinzu kommt, dass der Versuch, das zeigende ‚so (wie in diesem Roman oder Kunstwerk vergegenwärtigt) ist es' interpretierend im Sprachmodus des sagenden ‚es ist so-und-so' prädikativ zu bestimmen, eine unvermeidliche begriffliche Unbestimmtheit mit sich führt. Besteht diese Unbestimmtheit der Deutung bereits dann, wenn nicht nur die Interpretation, sondern auch das interpretierte Kunstwerk sprachlich verfasst ist, so wird sie bei optischen Werken noch durch die zwischen Objekt und Interpretation bestehende Mediendifferenz verstärkt. Siehe dazu die Abschnitte 8.5 und 8.6.

8.4 Kunst und Nicht-Kunst

Gegenstand der folgenden Überlegungen ist nicht die Kunst im Allgemeinen, sondern die Raumkunst. Für den Nachweis des Erkenntniswertes der Kunst ist diese Einschränkung nicht von Belang, da lediglich eine Existenzbehauptung aufgestellt werden soll, zu deren Begründung es genügt, Beispiele von Kunstwerken anzugeben, denen ein Erkenntniswert zukommt. Der Raumkunst wird im nächsten Kapitel die Sprachkunst im Sinne der Literatur gegenübergestellt, ohne dass damit Verbindungen zwischen beiden ausgeschlossen werden. Der Gegenstandsbereich der Raumkunst kann durch eine exemplarische Bestimmung ungefähr abgesteckt werden. Eingeschlossen sind jedwede Objekte (Gemälde, Plastiken, Fotos), Installationen, Aktionen, Verhüllungen und Anordnungen, die von Künstlern *intentional* gestaltet, eingerichtet, veranstaltet, verändert oder umgewidmet worden sind. Mit Blick auf die Konzeptkunst und Aktionskunst ist der Objektcharakter nicht zwingend vorgegeben, auf den Intentionsbegriff kann allerdings nicht verzichtet werden. Auch eine verabredete Aktion wie ein *Flashmob Freeze*, eine zeitweilige „Erstarrung" von Menschen in ihren Bewegungen, kann Kunst sein. Eine solche Aktion anlässlich eines Aufmarsches von Rechtsradikalen könnte sogar als Realisierung der Idee der „Sozialen Plastik" im Sinne von Joseph Beuys verstanden werden und hätte mit Sicherheit eine größere Wirkung als der Gegenmarsch einer Antifa-Truppe. Die Beispiele, die in den weiteren

Überlegungen herangezogen werden, sind in erster Linie Objekte der bildenden Kunst, und hier besonders Gemälde. Auf Abbildungen der beschriebenen Objekte konnte verzichtet werden, weil es ein Leichtes ist, diese im Internet aufzurufen.

Eine Analyse der Erkenntnisvermittlung *durch* Raumkunst hat auch die besonderen Schwierigkeiten dieser Vermittlung zu vermitteln, nämlich die Schwierigkeit, etwas *über* diese Kunst zu sagen. Die Schwierigkeiten ergeben sich gerade auch auf Grund des bereits erörterten Medienwechsels, indem der Interpret in diskursiver Sprache Darstellungen im Raum verstehbar machen soll. Daher fiel es schon immer schwer, etwas über Kunst zu sagen, erst recht, wenn dieses Sagen über eine Beschreibung des Sichtbaren hinausgehen und in ein begründetes Werturteil münden sollte. Ungleich schwerer fällt es aber, etwas über *moderne* Kunst zu sagen, weil hier der Unterschied zwischen Kunst und Nicht-Kunst nicht mehr eindeutig bestimmt ist. Eine exemplarische literarische Vergegenwärtigung dieser Schwierigkeit und ihrer konfliktreichen Folgen für die Freundschaft dreier Protagonisten bietet das Theaterstück „*KUNST*" von Yasmina Reza (2010). Der Titel steht wie der französische Originaltitel in Großbuchstaben mit Anführungszeichen versehen. Diese ungewöhnliche doppelte Hervorhebung scheint bereits typografisch ein Spannungsverhältnis zwischen Emphase (durch die Großbuchstaben) und Distanzierung (durch die Anführungszeichen) zum Ausdruck bringen zu wollen. Der Konflikt zwischen den Freunden entzündet sich daran, dass „ein weißes Ölgemälde mit feinen weißen Querstreifen" gegensätzlich bewertet wird, wobei gleich zu Beginn ästhetischer und ökonomischer Wert miteinander verbunden werden. Der Preis von 200 000 Francs wird mit dem Marktwert des Künstlers begründet. So reagiert der Käufer des Bildes, Serge, auf das Entsetzen seines Freundes Marc über das hinausgeworfene Geld mit den Worten: „Aber Junge, das ist der Preis. Es ist ein ANTRIOS!"

An die Stelle des fiktiven Künstlers Antrios lassen sich durchaus reale Künstler setzen, zum Beispiel jemand wie Robert Ryman, der für seine monochromen Bilder das Weiß (und andere unbunte Farben) bevorzugt. Eine Auswahl seiner Werke bietet eine spezielle Sammlung in den *Hallen für Neue Kunst* in Schaffhausen. Ryman geht es darum, die Materialität des aufgetragenen Farbstoffs, die von der Buntheit zugedeckt würde, sichtbar zu machen. So versucht er, insbesondere die feinen Nuancen des sinnlichen Eindrucks des Weißen – unter wechselnden Bedingungen des Lichts und aus unterschiedlichen Perspektiven betrachtet – anschaulich zu vermitteln. Um solche Nuancen und den ästhetischen Wert ihrer Wahrnehmung geht es auch in dem Stück von Reza (2010: 190): „Du stehst dort nicht richtig. Betrachte es von hier aus." Mit diesem Hinweis versucht Serge der Wahrnehmung Marcs auf die Sprünge zu helfen. Er könnte sich darauf berufen, dass der von Baumgarten im 18. Jahrhundert eingeführte Disziplinentitel „Ästhetik" auf den griechischen Begriff der *aisthesis*, der sinnlichen Wahrnehmung, zurückgeht. So gesehen ist es nicht abwegig, sondern aus begrifflichen Gründen geradezu selbstverständlich, der gekonnten Schulung unserer *aisthesis* einen Erkenntniswert beizumessen. In der Tradition Baumgartens, der Schönheit als „sinnliche Vollkommenheit" bestimmt, ließe ein Gemälde in monochromem Weiß grundsätzlich sogar das Prädikat ‚schön' zu.

Schwerer fällt die Verwendung eines ästhetisch wertenden Prädikats, wenn Kunstobjekte nicht mehr von Gebrauchsgegenständen unterschieden werden können. Angesprochen ist damit weniger die interessante Frage nach dem Unterschied zwischen Kunst und Design; denn unabhängig davon, ob hier eine *scharfe* Abgrenzung möglich ist, können selbstverständlich auch Gebrauchsgegenstände als schön oder – neutraler gesagt – als ästhetisch gelungen beurteilt werden. In diesem Sinne unterschied sogar die klassische Genieästhetik Kants (AA, Bd. 5: 229) zwischen „freier" und „anhängender" Schönheit, wobei letztere vom „Zweck" eines Gegenstandes abhängig ist. Das Prädikat ‚schön' kommt einem Gegenstand dann mit Blick auf seine Funktion zu. So gesehen steht die Berechtigung einer ästhetisch wertenden Einstellung gegenüber Designobjekten außer Frage. Kunstobjekte und Gebrauchsgegenstände bleiben dabei aber noch unterschieden.

In der modernen Kunst befinden wir uns dagegen mitunter in der Situation, dass Kunstobjekte und Gebrauchsgegenstände *als Gegenstände* ununterscheidbar sind. Dabei geht es nicht darum, dass es uns Schwierigkeiten bereitet, Gegenstände mit *unterschiedlichen* Eigenschaften eindeutig als Kunst- oder als Gebrauchsgegenstände zu klassifizieren. Vielmehr haben wir es damit zu tun, dass Gebrauchsgegenstände ohne Änderung ihrer Eigenschaften in Kunst verwandelt und als Kunst betrachtet werden. Die bekanntesten Beispiele sind die Readymades, angefangen bei Marcel Duchamps *Fountain*, einem herkömmlichen industriell hergestellten Urinal, dessen Erstausstellung in *The Big Show* der *Society of Independent Artists* in New York (1917) abgelehnt wurde. Weniger provokativ wäre die Aufstellung in einem Designmuseum; denn wenn wir uns etwas Mühe geben, vom konkreten Gebrauch des Objekts zu abstrahieren, werden wir auch dem Urinal Duchamps mit seinen Aufhängevorrichtungen eine (im doppelten Sinne des Wortes) „anhängende" Schönheit zubilligen können, indem wir etwa erklären, dass ein Urinal aus weißem Porzellan schöner ist als eines aus Emaille oder gar aus Blech. Kaum eine Provokation ginge von der Aufstellung in einem kulturgeschichtlichen Porzellanmuseum aus. Hier finden sich ja auch Sammlungen von Nachttöpfen, so dass das Objekt vom Betrachter wohl am ehesten unter die Rubrik erheiternde Kuriosität subsumiert würde. Gar keine Provokation ginge schließlich von einer Aufstellung anlässlich einer Industriemesse für Gaststätteneinrichtungen aus. Die Angemessenheit der Einstellung zum Objekt ist also abhängig vom Ort und von der Intention der Aufstellung, die in allen Fällen eine *Aus*stellung im Sinne einer Zur-Schau-Stellung ist.

Für unsere Überlegungen ist entscheidend, dass die Angemessenheit der ästhetischen Einstellung, nämlich ein Objekt überhaupt als Kunstwerk zu betrachten, im Fall der Readymades nicht von den Objekten selbst abhängig ist. Der Kunstcharakter lässt sich nicht mehr an den sinnlich feststellbaren Eigenschaften der Objekte festmachen. Genau dies ist der Grund, warum es noch schwerer fällt, etwas über moderne Kunst zu sagen als über traditionelle Kunst. Durch die Aktion Duchamps wurde nicht nur das traditionelle Verständnis von Kunst und Kunstwerken hintersinnig in Frage gestellt, sondern auch der Begriff des Ästhetischen, der nicht an den Begriff des Kunstwerks gebunden ist, sondern – wie bereits bemerkt – auf den allgemeinen Begriff der sinnlichen Wahrnehmung zurückverweist. Im vorliegenden Fall sind aber Kunst und Nicht-Kunst aisthetisch, nämlich für unsere Sinne nicht mehr unterscheidbar. Der Erkenntniswert besteht hier darin, dass überlieferte Kategorien in Frage gestellt werden.

8.5 Die Bewertung von Kunst

Bevor die besonderen Schwierigkeiten im Umgang mit moderner Kunst weiter erörtert werden, seien zunächst allgemeine Probleme angesprochen, mit denen wir konfrontiert sind, wenn wir überhaupt Urteile über Kunst abgeben wollen oder sollen, ungeachtet, ob es sich dabei um moderne oder traditionelle Kunst handelt. Die Schwierigkeiten, um die es geht, formuliert der bekannte Grundsatz *De gustibus non est disputandum*, der meist so verstanden wird, dass sich über Geschmack nicht streiten lasse. Nun lässt sich aber gerade über Geschmack nicht nur trefflich streiten, es sollte auch darüber gestritten werden. In Frage gestellt wird nicht das Recht zu streiten, sondern der Anspruch, den Streit *mit Gründen*, also mit zwingenden Argumenten im Rahmen einer Disputation, austragen zu können. In diesem Sinne betont Kant (AA, Bd. 5: 338), dass sich über Geschmack durchaus „streiten", aber eben nicht „disputieren" lasse. Das Disputieren über ästhetische Werturteile verweigert Kant (AA, Bd. 5: 284) mit den Worten: „[I]ch stopfe mir die Ohren zu, mag keine Gründe und kein Vernünfteln hören."

Wie wir sehen, ist die Schwierigkeit, begründete ästhetische Urteile über Kunst abzugeben, nicht erst angesichts der modernen Kunst aufgekommen. Dies mag denjenigen zupass kommen, die den Umgang mit Kunst auf das wort- und begriffslose Schauen abstellen wollen und im Anblick des Kunstwerks nichts als den Ausruf ‚wow' herausbringen. So hat Kant es gewiss nicht gemeint. Die ästhetische Idee eines Kunstwerks bestimmt er als „diejenige Vorstellung der Einbildungskraft, die viel zu denken veranlaßt, ohne daß ihr doch irgend ein bestimmter Gedanke, d. i. *Begriff*, adäquat sein kann, die folglich keine Sprache völlig erreicht und verständlich machen kann" (AA, Bd. 5: 314). Die ästhetische Idee kann danach nicht auf einen *bestimmten* Gedanken oder Begriff gebracht werden. Was Kant zu ästhetischen Ideen bemerkt, gilt für die Kunst ganz allgemein, auch wenn seine Ausführungen besonders auf die Dichtkunst gemünzt sind, die für ihn die höchste Form der Kunst darstellt. Demgemäß ist es bei der Sprachkunst die konnotative und bei der Raumkunst die anschauliche Prägnanz des Kunstwerks, die sich als begrifflich nicht ausschöpfbar erweist. Nicht aber ist gemeint, dass ein Denken in Begriffen dem Kunstwerk überhaupt unangemessen sei. Hier ist für die Raumkunst wiederum Kants These zu bedenken, dass Anschauungen ohne Begriffe „blind" sind. Das heißt, um etwas am Kunstwerk zu sehen und erst recht zu verstehen, bedarf es der Begriffe. Zu erinnern ist aber auch an die Ausführungen in Abschnitt 5.2, dass die Anschauung durch begriffliche Bestimmungen – durch die Subsumtion unter Begriffe – festgelegt und damit eingeschränkt wird. Daher kommt es darauf an, immer wieder auf die Anschauung zurückzugehen und das Anschauungsvermögen zu aktivieren.

Der Gedanke der begrifflichen Unbestimmtheit der ästhetischen Idee ist für den interpretierenden Umgang mit der Raumkunst von besonderem Gewicht, weil wir es hier im Unterschied zur Sprachkunst nicht nur mit anschaulichen „Vorstellungen der Einbildungskraft", sondern mit Anschauungen im wörtlichen Sinne zu tun haben, nämlich mit realen Objekten der Anschauung. Hier kommt der angesprochene kategoriale Medienwechsel zum Tragen, indem das Reden über Werke der Raumkunst – anders als etwa das Reden über Werke der Dichtkunst – mit einem Übergang von der optischen Anschauung zum sprachlichen Begriff verbunden ist. Dieser Medienwechsel hat mit dazu geführt, den vermittelnden Kunstdiskurs dem Verdacht auszusetzen, das Eigentliche nicht erfassen zu können. So gibt es nicht wenige Künstler, die sich der Interpretation ihrer Werke bewusst entziehen oder gar verweigern. Umgekehrt mag man freilich bei manchen Selbstinterpretationen von Künstlern den Kopf schütteln und mit Goethe ausrufen: „Bilde, Künstler, rede nicht!"

Auch wenn der Kunstdiskurs aus kategorialen Gründen nicht wirklich sagen kann, was sich zeigt, so kann er doch unser Sehen, unsere ästhetische Wahrnehmung, durch Hinweise auf Sichtbares und Winke zu dessen Deutung leiten und kontrollieren. Obwohl eine solche Hinführung nicht die einzige Funktion des ästhetischen Diskurses ist, so ist sie doch besonders wichtig und gerade für die moderne Kunst unverzichtbar, weil große Teile der modernen Kunst ohne einen begleitenden Kommentar gar nicht verständlich sind. Allerdings sollte der Interpret nicht das *Sagen* haben, wie dies in unseren postmodernen Zeiten so häufig der Fall ist, sondern er sollte sich in den Dienst der Sache stellen und das *Zeigen* des Kunstwerks kommentierend unterstützen. Diese „Kommentarbedürftigkeit", von der bereits Arnold Gehlen (1986) gesprochen hat, ist der modernen Kunst vielfach vorgehalten worden. Sie hat aber ihren Grund in der Sache selbst, nämlich in einem weiteren Moment der bereits angesprochenen Unbestimmtheit.

Für das räumliche Kunstwerk gilt allgemein, was am Beispiel der Bilder erörtert wurde: Es sagt nichts, sondern es zeigt etwas, stellt etwas vor Augen. Was dieses ‚etwas' ist, bleibt allerdings unbestimmt oder offen. Bisher hatten wir es mit einer Unbestimmtheit im Sinne begrifflicher Unausschöpfbarkeit anschaulicher Fülle zu tun, also mit einer *Über*bestimmtheit aufgrund eines Überschusses an Anschauung. Nun geht es um eine Unbestimmtheit als *Unter*bestimmtheit eines Objekts, weil nicht bestimmt ist, was dieses Objekt zeigt – wenn es überhaupt etwas zeigt. Während die Unbestimmtheit erster Art, also die konnotative *Über*bestimmtheit, vielsagend (genauer: viel zeigend) ist, verbleibt die Unbestimmtheit zweiter Art, also die begriffliche *Unter*bestimmtheit, gewissermaßen nichtssagend (genauer: nichts zeigend). Unterbestimmtheit ist charakteristisch für große Teile der modernen Kunst. Dementsprechend ist es nicht nur schwierig, ein begründetes Urteil abzugeben, sondern überhaupt etwas zur Sache zu sagen. Man versteht gar nicht, was das soll, was man da sieht. Man muss auf den Witz der Sache aufmerksam gemacht werden. Dies ist der tiefere Grund für die Kommentarbedürftigkeit gerade moderner Kunst, die vielfach, wie insbesondere im Fall der Konzeptkunst, bereits in Philosophie übergeht.

8.6 Die Kunst der Exemplifikation

Obwohl Goodman in seiner Symboltheorie der Differenz zwischen Sprache und Bild nicht ganz gerecht wird, ist sein Begriff der Exemplifikation gleichwohl geeignet, den Gedanken der Unbestimmtheit der ästhetischen Erkenntnis analytisch auszubuchstabieren. Unbestimmtheit als Unterbestimmtheit besagt, dass ein Besonderes als bedeutsames Einzelnes etwas Allgemeines exemplifiziert, darstellt, vergegenwärtigt oder bedeutet, ohne dass genau bestimmt wäre, welches Allgemeine gemeint ist. Diese Unbestimmtheit ist allerdings nicht Beliebigkeit. Ein Symbol (Gegenstand) kann vieles exemplifizieren, aber nicht alles. Der Exemplifikation sind also Grenzen gesetzt. Die durch sie geleistete Symbolisierung ist eine Bezugnahme auf eine *Auswahl* von Eigenschaften, die das Symbol (der Gegenstand) besitzt. Goodmans Standardbeispiel zur Erläuterung dieses Zusammenhangs ist das Stoffmuster beim Schneider. Als Probe exemplifiziert es Farbe, Webart, Textur und Musterung des Stoffes, aber nicht dessen Größe und Preis.

Ästhetische Relevanz gewinnt diese Konzeption dadurch, dass zu solcher *buchstäblichen* Exemplifikation eine *metaphorische* hinzutritt (Goodman 1995: 87-97). Bei der metaphorischen Exemplifikation, zu deren Kernbereich die Beziehung des „Ausdrucks" gehört, ist der Besitz metaphorisch. Ein in Grautönen gemaltes Bild, das Traurigkeit zum Ausdruck bringt, besitzt die Eigenschaft der Traurigkeit im übertragenen Sinne. (Die Rede von der Exemplifikation von *Eigenschaften* ist eine Abweichung von dem radikalen Nominalismus Goodmans.) Für beide Arten der Exemplifikation gilt: Ein Symbol oder Objekt exemplifiziert nicht alle Eigenschaften, die es besitzt, sondern nur diejenigen, auf die es außerdem Bezug nimmt, für die es steht. Dieser Umstand macht die Situation nicht einfacher, sondern ganz im Gegenteil komplexer. Worauf ein Symbol Bezug nimmt, ist eine Sache der Deutung, die wiederum eine Kennerschaft erfordert, um die exemplifizierten Eigenschaften zu erfassen (Goodman 1984: 164). Hier besteht eine Verbindung zur hermeneutischen Tradition. Es geht um eine Geübtheit der Urteilskraft, die sich, wie Kant zu Recht betont, nicht auf Regeln bringen lässt. Bei der Angabe, welche Eigenschaften ein Symbol exemplifiziert, ist die reflektierende Urteilskraft gefragt, die zum Besonderen das Allgemeine aufsucht. Die Unbestimmtheit des ästhetischen Gegenstandes hat Konsequenzen für das ästhetische Urteil. Dieses ist erst recht unbestimmt oder offen, weil es zu beurteilen hat, *welche* Eigenschaften der ästhetische Gegenstand in gelungener oder nicht gelungener Weise exemplifiziert.

An dieser Stelle wird dem Begriff der Exemplifikation – entgegen Goodmans eigener Auffassung – der Begriff der Intentionalität zu Hilfe kommen müssen. Jedenfalls gilt dies, sofern wir es nicht mit natürlichen Gegenständen, sondern mit Artefakten (im weitesten Sinne des Wortes) und deren Eigenschaften zu tun haben. Des Begriffs der Intention bedarf es hier, um die Exemplifikation im Sinne einer Bezugnahme auf *relevante* Eigenschaften als Eigenschaften, die zu beachten sind, verständlich zu machen. Verlässliche Deutungen sind nicht ohne die Berücksichtigung von Intentionen möglich. Artefakte exemplifizieren solche Eigenschaften, die ihnen nicht beiläufig zukommen, sondern mit denen sie intendiert ausgestattet worden sind – sei es, dass ihnen die Eigenschaften nun buchstäblich, sei es, dass sie ihnen metaphorisch zukommen. Dies gilt nicht erst für Kunstobjekte, sondern bereits für Stoffproben; denn welche seiner Eigenschaften ein Stück Stoff exemplifiziert, ist davon abhängig, dass es als Stoffprobe (und beispielsweise nicht als Glasuntersetzer) fungieren soll. Besonders dann, wenn es sich um sinnlich nicht wahrnehmbare metaphorische Eigenschaften handelt, ist die Kenntnis der Intention unerlässlich, um die exemplifizierten Eigenschaften auszumachen. Joseph Beuys wird seinen berühmten Filz zwar anhand von Stoffproben – nämlich solchen der Vereinigten Filzfabriken AG in Giengen auf der Schwäbischen Alb – ausgesucht haben. Seine Stücke aus Filz sollten aber mehr als die stofflichen Qualitäten des Filzes exemplifizieren. Über die buchstäbliche Exemplifikation dieser Qualitäten hinaus ging es ihm um etwas ganz anderes. Folgt man seinen Hinweisen auf die wirkliche oder erfundene Geschichte seiner

Rettung nach einem Flugzeugabsturz im Zweiten Weltkrieg, so sollten anscheinend Qualitäten wie Wärme, Geborgenheit usw. zum Ausdruck gebracht, also metaphorisch exemplifiziert werden. Die Relevanz des Begriffs der Exemplifikation für den verstehenden Umgang mit Kunst und insbesondere mit moderner Kunst soll nun an weiteren Beispielen dokumentiert werden.

Betrachten wir als ‚Aufhänger' für die weiteren Überlegungen einen Aufhänger im buchstäblichen Sinne des Wortes, genauer gesagt, die bildliche Darstellung eines Aufhängers, nämlich ein satirisches Gemälde von Gerhard Glück mit dem Titel *Der Haken*.

Gerhard Glück, *Der Haken*
© Gerhard Glück, veröffentlicht unter anderem in: *Glück. Komische Kunst von Gerhard Glück*, Oldenburg: Lappan Verlag 2007, 74.

Dieses Meta-Kunstwerk (ein Kunstwerk über den Begriff des Kunstwerks) vergegenwärtigt treffend das bereits angesprochene Problem, dass wir häufig nicht mehr in der Lage sind, Kunst von Nicht-Kunst zu unterscheiden. Bekannt ist die Geschichte zweier Objekte von Beuys, die der deutschen Gründlichkeit zum Opfer fielen: Eine mit Heftpflastern und Mullbinden ausgestattete Badewanne wurde gereinigt und umfunktioniert; eine in der Düsseldorfer Kunstakademie installierte *Fettecke* wurde von einer Putzfrau beseitigt. In beiden Fällen fielen hohe Schadensersatzforderungen an.

Es gilt auch die Umkehrung. Nicht nur wird Kunst für Müll gehalten, es kann auch Nicht-Kunst für Kunst gehalten oder zu Kunst erklärt werden. Darum geht es in *Der Haken*. Haken sind Gegenstände zum Aufhängen von Gemälden und anderen Bildern, auch wenn Gemälde in Museen nicht mehr einfach an Haken hängen. Jedenfalls haben Haken allenfalls eine Funktion bei der Präsentation von Bildern und sind nicht selbst Kunstwerke. Das Gemälde *Der Haken* vergegenwärtigt das Ansinnen, einen Haken zum Kunstwerk zu machen. Dieses Ansinnen beruht nicht auf einer Fehlinterpretation der beiden Museumsbesucher, die in klassischer kontemplativer Haltung zu dem Haken aufblicken und in dessen Betrachtung versunken sind. Nur auf den ersten Blick könnte man meinen, dass hier ein amüsantes Missverständnis auf Seiten der Betrachter vorliegt. Man könnte nämlich die abgebildete Situation so beschreiben wollen, dass an dem Haken ursprünglich ein Bild gehangen habe, das dort vorübergehend nicht mehr hängt, weil es zum Beispiel an eine auswärtige Ausstellung ausgeliehen worden ist. Dafür spräche der große Abstand zwischen dem relativ hoch angebrachten Haken und dem unten angebrachten Titelschild, ein Abstand, den man sich fast zwangsläufig als Leerfläche vorstellt, die normalerweise von einem Gemälde ausgefüllt wird. Wenn es so wäre, würde der Haken, an dem das fehlende Gemälde sonst aufgehängt ist, von den beiden Museumsbesuchern fälschlicherweise als Kunstwerk angesehen werden. Dem ist aber nicht so. Der Haken an der Sache – so darf man wohl sagen – ist nämlich, dass der Museumsbesucher im Vordergrund einen Katalog in den Händen hält, in dem erkennbar der Haken abgebildet ist. In Kunstkatalogen sind aber Kunstobjekte abgebildet. Wir haben die in dem Gemälde *Der Haken* abgebildete Situation also so zu beschreiben, dass der Haken selbst als Kunstobjekt zu gelten hat. Das Gemälde hat also eine zweistufige Pointe. Auf den ersten Blick lacht man über die angeblich dummen Betrachter, die Nicht-Kunst für Kunst halten, und auf den zweiten Blick erkennt man, dass hier das Verfahren, Nicht-Kunst zu Kunst zu machen, nämlich die museale Präsentation von Readymades ironisch thematisiert wird. Anders als die ins Museum geholten provokativen externen Gebrauchsgegenstände, wie das Urinal von Duchamp, wird hier ein museumsinterner und dazu noch völlig belangloser kleiner Gegenstand zum Kunstobjekt erklärt und so die Provokation der Readymades banalisiert.

Stellen wir uns vor, wir würden das Gemälde von Glück als Anregung aufgreifen und tatsächlich in einer Museumswand einen Haken anbringen und darunter in gebührendem Abstand ein Titelschild mit der Aufschrift „Der Haken" anbringen, das hätte doch was. Wir hätten die Idee des Gemäldes konzeptkünstlerisch umgesetzt und in einer Installation realisiert. Der Punkt, um den es hier geht, ist der folgende: Als Überrest einer früheren Gemäldeaufhängung würde der Haken bloß die Eigenschaft haben, ein Haken zu sein. Als Minimalinstallation dagegen würde der Haken etwas exemplifizieren, zum Beispiel die aisthetische Banalität von Readymades zum Ausdruck bringen. Den Unterschied zwischen dem Besitz der Eigenschaft der Banalität und der künstlerischen Exemplifikation von Banalität können wir dem Haken als solchem nicht ansehen. Um diesen entscheidenden Unterschied zu erkennen, bedarf es eines kommentierenden Hinweises auf die Intention.

Mit der Aufforderung, sich etwas vorzustellen, vollziehen wir selbst bereits einen ersten Schritt in Richtung einer philosophischen Konzeptkunst. Fahren wir in diesem Sinne fort und stellen uns weiter vor, dass ein Teil einer Museumswand durch das Aufhängen eines bloßen Rahmens als Kunstwerk ausgezeichnet würde. Das wäre ein Pendant zu unserem Haken, indem eine Äußerlichkeit zur Eigentlichkeit erhoben wird. Wir hätten es nicht nur mit einer „Verklärung des Gewöhnlichen", wie Arthur C. Danto (1984) es genannt hat, sondern sogar des Trivialen zu tun. Darf dieser Rahmen aus baulichen, museumspädagogischen oder sonstigen Gründen an einer anderen Stelle des Museums angebracht oder gar als Leihgabe in eine auswärtige Ausstellung gegeben werden? Dies hängt davon ab, ob die ursprüngliche Hängung des Rahmens ihren eigenen Grund hatte. Es ist ja nicht neu, dass bei Installationen der Raum der Aufstellung und dessen natürliches Licht oder dessen künstliche Ausleuchtung häufig einen wesentlichen Teil oder Aspekt des Arrangements ausmachen. Die Frage ist zudem, ob das eigentliche Kunstobjekt aus dem Rahmen besteht oder ob der Künstler durch die Rahmung einen besonderen Teil der Wand, aus welchen Motiven auch immer, auswählen und so zum Kunstwerk erheben oder zumindest die Wand einbeziehen wollte. Die Beantwortung aller dieser Fragen und die Einschätzung der Relevanz einer solchen Idee hängen von der intendierten Exemplifikation ab. Ohne den Witz der Sache zu kennen, lässt sich über sie auch nichts sagen.

8.7 Bilder mit Inschriften: René Magritte

Einen gezielten Hinweis darauf, was exemplifiziert wird, erhalten wir, wenn ein Bild seinen Kommentar mitführt. Eine Pfeife ist eine Pfeife, und das Bild einer Pfeife ist selbst keine Pfeife, sondern ein Pfeifen-Bild. Diesen Sachverhalt der

Mimesis vergegenwärtigt uns das bekannte Gemälde *Ceci n'est pas une pipe* (*Dies ist keine Pfeife*) von René Magritte. Dass Magrittes Gemälde gerade *dieses* und nicht etwas anderes vergegenwärtigt, macht erst der Titel deutlich, der hier nicht als bloße Bild-Unterschrift erscheint, sondern als Bild-Inschrift zum Gemälde selbst gehört. Der Titel ist Teil des Gemäldes. Ohne seine Unter- bzw. Inschrift hätte das Gemälde nicht die Pointe, die es hat. Bild und Inschrift stehen in einem paradoxen Verhältnis zueinander. Um dies zu verdeutlichen, ist daran zu erinnern, dass ganz entgegen der Aussage des Gemäldes ‚Dies ist keine Pfeife' häufig gerade Bilder von Gegenständen dazu dienen, die Bedeutung von Wörtern (Benennungen) zu erklären. Was das englische Wort ‚horse' bedeutet, lernen deutschsprachige Kinder mithilfe eines Pferde-Bildes, das die Unterschrift ‚(this is) a horse' trägt. In dieser Weise verfahren nicht nur Wörterbücher für Kinder, sondern auch Lexika für Erwachsene, indem sie zum Beispiel die Unterschiede zwischen den Greifvogelarten Adler, Bussard und Falke durch Abbildungen typischer Exemplare anschaulich vergegenwärtigen. Insofern hätte das Gemälde von Magritte auch die positive Aussage ‚Dies ist eine Pfeife' tragen können, ungeachtet der Aussage Magrittes: „Diese berühmte Pfeife [...] Wie oft hat man sie mir vorgehalten! Und dennoch – könnten Sie sie stopfen? Nein, nicht wahr, sie ist nur eine Darstellung. Hätte ich also ‚Dies ist eine Pfeife' unter mein Bild geschrieben, so hätte ich gelogen." (Zit. nach Torczyner 1977: 118)

Besonders paradox erscheint einem die Bildinschrift „Ceci n'est pas une pomme" („Dies ist kein Apfel") in Magrittes gleichnamigem Gemälde aus späteren Jahren, weil die Darstellung des Apfels hier betont realistisch ausgefallen ist. (Die Bildinschrift steht hier nicht unter, sondern über dem Bild.) Magritte scheint in seinem Gemälde gezielt die detailgenauen Darstellungen zu kopieren, wie man sie aus Pflanzenbüchern des 18. Jahrhunderts kennt und in denen die Unterschriften den *Objekten* ihre korrekten Artenbezeichnungen zuordnen. Das Paradox besteht darin, dass die Titelinschrift den Inhalt des Ganzen, von dem sie selbst ein Teil ist, verneint. Wesentlich dabei ist, dass es sich um eine *kategoriale* Verneinung handelt. Eine Aussage wie ‚Dies ist kein Apfel' wird normalerweise verwendet, um ein mögliches Missverständnis innerhalb eines bestimmten empirischen Bereichs, zum Beispiel der Obstsorten, auszuräumen. So, wenn etwa statt eines Apfels eine ähnlich aussehende Birne zu sehen wäre. In diesem Fall wäre die Aussage ‚Dies ist kein Apfel' empirisch wahr und vielleicht auch informativ, aber ästhetisch belanglos. Tatsächlich bringt die negative Aussage zum Ausdruck, dass es sich um einen Gegenstand von *kategorial* anderer Art handelt, nämlich nicht um einen wirklichen Apfel, sondern um ein Apfel-Bild.

Für das Apfel-Bild und das Pfeifen-Bild von Magritte gilt, dass jeweils eine Umwidmung der Symbolisierung vorgenommen wird. Beschränken wir uns auf das berühmtere Pfeifen-Bild, so lässt sich sagen (Analoges gilt für das Apfel-Bild), dass dieses Gemälde eine bildliche Repräsentation einer Pfeife ist. Dabei spielt es im vorliegenden Zusammenhang keine Rolle, ob eine fiktive Pfeife, eine reale Pfeife oder der Typus der Pfeife repräsentiert wird. Im letzteren Fall exemplifiziert das Bildobjekt, nämlich der im Bild dargestellte Gegenstand, die Eigenschaft eine Pfeife zu sein; denn dieses Objekt besitzt diese Eigenschaft, und es nimmt auf diese Eigenschaft Bezug. In jedem Falle ist es völlig legitim zu sagen: ‚Dies ist eine Pfeife'. Ohne die Inschrift würde es dabei bleiben. Erst sie nimmt die Umwidmung vor. Das Gemälde soll nicht mehr eine Pfeife repräsentieren, obwohl es dies der Sache nach ja weiterhin *auch* tut, sondern es soll die Eigenschaft, ein Pfeifen-Bild zu sein, exemplifizieren. Das Gemälde besitzt auch vorher die Eigenschaft, ein Pfeifen-Bild zu sein, es nimmt aber nicht auf diese Eigenschaft, nämlich auf seinen Bildcharakter, Bezug. Dieser Bezug wird erst durch die Inschrift hergestellt, und erst durch diese Verbindung von Besitz einer Eigenschaft und Bezugnahme kommt es zu der angesprochenen Exemplifikation. Exemplarisch vergegenwärtigt wird so der kategoriale Unterschied zwischen Wirklichkeit und deren bildlicher Darstellung. Das Wort ‚Dies' bezieht sich nicht auf den im Bild dargestellten Gegenstand, der tatsächlich eine Pfeife *ist*, sondern auf das Bild selbst. Durch diese Selbstreferenzialität wird aus einer sonst empirisch falschen eine kategorial wahre Aussage. Insofern handelt es sich gewissermaßen um ein Meta-Kunstwerk, in dem die Bildlichkeit der Bilder thematisiert wird. Dies gelingt nicht durch die bildliche Vergegenwärtigung allein, sondern wird erst durch die Verbindung von Bild und Schrift geleistet. Daher haben wir es bereits mit einem Vorboten der Konzeptkunst zu tun.

8.8 Konzeptkunst zwischen Kunst und Philosophie: Joseph Kosuth

Der Konzeptkünstler Joseph Kosuth geht in seiner Installation *One and Three Chairs* noch einen Schritt weiter. Die Zweidimensionalität der im Internet zu findenden Fotos der Installation muss man sich in die reale Dreidimensionalität umgesetzt vorstellen, dann ergibt sich die folgende Anordnung aus der Sicht des Betrachters: Nebeneinander gestellt sind (1) ein vor einer Wand stehender Stuhl, dessen Sitzfläche dem Betrachter zugewandt ist, (2) links vom Stuhl an der Wand auf Augenhöhe ein zweidimensionales Foto des Stuhls, das diesen in Originalgröße in derselben Frontalansicht zeigt, wie der Stuhl selbst zu sehen ist, und (3) rechts vom Stuhl ebenfalls auf Augenhöhe die allgemeine lexikalische Bestimmung des Begriffs ‚Stuhl'. Der konkrete Stuhl ist einfach da in seiner materialen dreidimensionalen Dinglichkeit und kann aus allen Perspektiven betrachtet werden. Unterstrichen wird die Dinglichkeit des Stuhls dadurch, dass er einen Schatten wirft. Das zweidimensionale Bild des Stuhls stellt diesen auf besondere Weise in einer bestimmten, und das heißt eingeschränkten, aber auch ausgezeichneten Perspektive dar. (1) bietet die reale Gegenwart eines Stuhls, (2) die bildliche Vergegenwärtigung dieses Stuhls. Beide sagen aber nicht, was ein Stuhl ist. Der abstrakte sprachlich verfasste lexikalische Eintrag (3) sagt, welche Eigenschaften ein Stuhl besitzt, der Eintrag selbst besitzt diese Eigenschaften aber nicht (wie der Stuhl selbst) und zeigt sie auch nicht (wie das Bild des Stuhls); Bild und Text wiederum fehlt die Materialität des Stuhls. Exemplifiziert wird so die ontologische Differenz zwischen einem realen Gegenstand, einem konkreten Abbild dieses Gegenstandes und dem allgemeinen Begriff, unter den der Gegenstand fällt. Kosuths Installation exemplifiziert den kategorialen Unterschied zwischen dreidimensionalem Anschauungsgegenstand, zweidimensionaler Anschauung des Gegenstandes und abstraktem Begriff und dokumentiert so geradezu die oben angesprochene Differenz zwischen der Logik der Anschauung als Logik von Teil und Ganzem und der Logik des Begriffs als Logik von Über- bzw. Unterordnung.

Kosuth vollzieht den Übergang zwischen Kunst und Philosophie. Seine Installation bietet eine anschauliche Umsetzung von Platons begrifflicher Unterscheidung zwischen der Idee des Stuhls, der Realisierung dieser Idee durch einen hergestellten Stuhl und der Nachahmung eines solchen Stuhls durch ein Gemälde (*Politeia* 597a-b; vgl. Kulenkampff 2001: 13-16). Platon dient diese Unterscheidung dazu, das Problem der künstlerischen Nachahmung (Mimesis) zu thematisieren und die Künste zu kritisieren, weil sie sich von der Erkenntnis der Ideen, auf die es eigentlich ankomme, entfernen. Sind bereits die wirklichen Gegenstände Abbilder der Ideen, so schaffen die Künstler mit ihren Abbildungen lediglich Abbilder von Abbildern. Kosuth nimmt eine Verschiebung der Platonischen Hierarchie vor, indem er den realen Stuhl optisch in den Mittelpunkt rückt und damit die sinnliche Anschauung aufwertet. Die lexikalische Begriffsbestimmung erscheint demgegenüber geradezu nebensächlich abstrakt. Sie genügt freilich nicht der Idee im Sinne Platons, die als ein angeschautes Allgemeines zu verstehen ist und damit beansprucht, durch intellektuelle Anschauung erfasst zu werden.

Kosuths Installation *One and Three Chairs* liefert ein Beispiel dafür, dass die Konzeptkunst zu philosophischer Reflexion anregt, aber auch umgekehrt nicht ohne sie auskommt. Es fragt sich sogar, ob es sich überhaupt noch um Kunst im herkömmlichen Sinne und nicht vielmehr um die anschauliche Illustration philosophischer Unterscheidungen, wie im vorliegenden Fall, oder von Gedankenexperimenten kategorialer Art handelt, auf deren Realisierung durch Installationen man auch verzichten könnte. So wurde das Kunstobjekt *Gerahmte Museumswand* (Abschnitt 8.6) nur in Worten beschrieben und keine Realisierung vorgenommen. Es wurde lediglich mit der für Gedankenexperimente charakteristischen Eingangsformel ‚Stellen wir uns vor ...' dazu aufgefordert, die Einbildungskraft für eine imaginäre Ausführung zu bemühen. Damit stellt sich die Frage nach der Identität des Kunstobjekts neu. Unbestimmt ist dann nicht nur, was über ein Objekt zu sagen ist, sondern sogar, von welchem Objekt überhaupt die Rede ist. Zu *One and Three Chairs* liegt eine von Kosuth signierte Anweisung für den Aufbau der Installation vor. Besteht das Werk in dieser Anweisung oder in der nach Anweisung vorgenommenen Installation?

Das Konzept Kosuths ist nicht eigentlich ein Kunstobjekt, sondern eher die Beschreibung von dessen möglicher Realisierung. Dies hat Konsequenzen für das Werk, das einer kategorialen Umwertung seiner Wertigkeit unterworfen ist. Das vom Konzeptkünstler signierte Konzept ist fraglos ein Autograf, vergleichbar dem Originalmanuskript eines zur Aufführung bestimmten Theaterstücks. Gleichwohl ist die im Konzept beschriebene Konzeption so wenig wie das Theaterstück autografisch in dem Sinne, dass ein Duplikat der Anweisung bzw. des Textes bloß eine Kopie oder gar eine Fälschung des Werkes darstellen würde, wie dies bei einem Gemälde der Fall wäre. Weil das konzeptkünstlerische Werk nicht das konkrete materielle ‚Konzept-Papier', sondern die abstrakte Konzeption ist, ist es nicht einmalig und kann – wie im Falle von *One and Three Chairs* auch geschehen – zu unterschiedlichen Zeiten und an unterschiedlichen Orten realisiert werden. Die Konzeptkunst ist wie das Drama zweiphasig. Anweisung und Installation verhalten sich zueinander wie Dramentext und Aufführung. In beiden Fällen kann die zweite Phase auch unterbleiben. Damit ist die ästhetische Wertigkeit der Konzeptkunst (normalerweise) nicht an die Identität physischer Gegenständlichkeit gebunden, wie dies in der bildenden Kunst im engeren Sinne der Fall ist. Das Originalmanuskript ist ästhetisch nicht ausgezeichnet, sein Wert ist nicht eigentlich *ästhetischer* Art. Diese Feststellung ist keineswegs als Abwertung zu verstehen, sondern unterstreicht nur, dass die Konzeptkunst auf der Schwelle zur Philosophie angesiedelt ist. Anders als ästhetische im Sinne von aisthetischer Kunst schult und verändert sie nicht unsere Wahrnehmung. Stattdessen versucht sie wie die Philosophie, eine Neuordnung unserer kategorialen Begriffe vorzunehmen. Der besondere Status der Konzeptkunst ist in einem Rückblick auf ihre Ursprünge noch zu vertiefen.

8.9 Ursprünge der Konzeptkunst

Zu den Vorläufern oder zumindest zu den Ideengebern der Konzeptkunst sind neben Magritte mit seinem schon angeführten Pfeifen-Bild bereits Kasimir Malewitsch mit seinem *Schwarzen Quadrat* (1915) und Marcel Duchamp mit seinem *Fountain* (1917) zu zählen. *Das Schwarze Quadrat* bildet einen Gegensatz zum Gemälde ganz in Weiß (vgl. Abschnitt 8.4). Es ist allerdings ein schwarzes Quadrat auf weißem Grund. Während das unbunte Weiß für Maler nicht ungern die unbefleckte Unschuld oder doch die Leere exemplifiziert, die offen ist für vielfältige Buntheit und Gegenständlichkeit, steht das unbunte Schwarz für die Auslöschung (Annihilierung) aller Farbigkeit und Gegenständlichkeit. Vor diesem Hintergrund ist Malewitschs Gemälde nicht nur von ihm selbst zur „Ikone" der modernen, nämlich abstrakten Kunst stilisiert worden. Nicht beachtet wird dabei, dass auch das Weiß als Deckweiß die Farben und als Schnee die Gegenstände zudecken kann. *Das Schwarze Quadrat* stellt sozusagen die Umkehridee des weißen Gemäldes dar. In der historischen Abfolge ist *Das Schwarze Quadrat* früher. Malewitsch malte später aber auch *Das Weiße Quadrat*. Was *Das Schwarze Quadrat* exemplifizieren soll, bleibt ohne Kommentar unbestimmt. Malewitsch meinte mit seinem Bild „die Empfindung der Gegenstandslosigkeit" zum Ausdruck gebracht zu haben. Seinen eigenen Erklärungen zufolge ging es ihm dabei wohl weniger um eine metaphorische Exemplifikation von Gegenstandslosigkeit als vielmehr emotivistisch und geradezu anti-intellektualistisch um die Erzeugung von deren Empfindung.

Je weniger Kunstgegenstände von sich aus zu verstehen geben, was sie exemplifizieren, und der Kommentar dies erst ans Licht bringen muss, umso näher kommen sie der Konzeptkunst. Der Kommentar ersetzt schließlich sogar die Realisierung. So stellt sich bei Duchamps *Fountain* die Frage, wie weit man das Objekt wirklich zu Gesicht bekommen muss, ob es nicht reicht, sich die näheren Umstände der Provokation erzählen zu lassen. Tatsächlich ist es ja auch so, dass die Geschichte der Provokation bestens bekannt ist, ohne dass man das Originalobjekt des Anstoßes noch sehen kann. Gewiss gelingt die Provokation ursprünglich nur, wenn das Ding tatsächlich – und nicht nur in Gedanken – ins Museum gestellt wird. Später ist aber lediglich diese Tatsache und nicht mehr das Ding von Bedeutung. Jedenfalls ist die Identität des Dings nicht wesentlich.

Selbst für Malewitschs *Schwarzes Quadrat* gilt, dass es der Anschauung des wirklichen Gemäldes möglicherweise gar nicht bedarf, weil es genügt, irgendein schwarzes Quadrat anzuschauen, um die Pointe des Gedankens zu begreifen oder auch die Empfindung der Gegenstandslosigkeit in sich zu erzeugen. Ob dies so ist, hängt davon ab, inwieweit das Gemälde besondere sinnliche Qualitäten – hier des Schwarzen – aufweist. In der Literatur wird darauf hingewiesen, dass Malewitsch das Gemälde freihändig angefertigt habe, so dass sinnlich wahrnehmbare Unregelmäßigkeiten der Farbauftragung durch die Hand des Künstlers erkennbar seien. Gleichwohl bleibt die Frage, ob diese Unregelmäßigkeiten in Kauf genommen oder intendiert worden sind, ob es auf den sinnlichen Eindruck der Schwarznuancen ankommt, die zum Beispiel zum Ausdruck bringen könnten, dass es das vollkommene Schwarz nicht gibt, dass selbst das farbliche Nichts nicht vollständig ‚nichtet', sondern Strukturen und damit Differenzen aufweist. Sinnliche Qualitäten kommen sicher den großformatigen monochromen Gemälden von Yves Klein und Barnett Newman zu, und dies gilt auch für die Gemälde von Robert Ryman; denn in allen diesen Fällen gibt es wirklich etwas im emphatischen Sinne zu sehen. Es kommt jeweils darauf an, sich auf die bunte oder unbunte Farbe kontemplativ einzulassen. Ob dies in gleicher Weise für *Das Schwarze Quadrat* gilt, ist fraglich. Malewitsch selbst hat seine Bilder allerdings ebenfalls als „Kontemplationsobjekte" verstanden (Haftmann 1989: 9).

Ein Indiz für den konzeptuellen, nicht-sinnlichen und daher nicht-aisthetischen Charakter eines Kunstobjekts liegt vor, wenn dieses nicht-autografisch ist, so dass es statt des Originals auch eine Kopie tut, wie speziell im Fall von Duchamps *Fountain*, von dem es zahlreiche Repliken gibt. Wir haben es hier symboltheoretisch betrachtet mit einem Type-Token-Verhältnis zu tun. Das Konzept bestimmt lediglich den allgemeinen Typus der Realisierung, zeichnet aber kein konkretes singuläres Realisat aus. Alle Exemplare desselben Typs exemplifizieren die Eigenschaften, auf die es ankommt, und können daher einander ersetzen. Wo diese Substituierbarkeit bestritten und auf dem vom Künstler ausgewählten und signierten Exemplar bestanden wird, können die Gründe der Wertschätzung keine ästhetischen sein. An dieser Stelle ist es unvermeidlich, einige kritische Bemerkungen zum Kunstbetrieb anzufügen.

8.10 Kritik des Kunstbetriebs

Aus kunsttheoretischer Perspektive betrachtet stellt es eine Konterkarierung der gezielten Aufhebung des Werkbegriffs und der damit verbundenen ‚Aura' der Kunst dar, wenn Objekte, bei denen es sich lediglich um Realisate eines bestimmten Typus und nicht um ästhetische Unikate handelt, wie Singularitäten behandelt werden. So, wenn diese – jenseits der angemessenen Würdigung der kognitiven Pointe ihrer Installation – als unantastbar gelten, als hätte sie ein Gott berührt. Auf diese Weise wird der klassische Geniebegriff in der Tradition des *alter deus*, des zweiten Gottes, von denselben Leuten, die meinten ihn abgeräumt zu haben, wieder etabliert. Kunst als Ersatzreligion feiert hier fröhliche Urständ. Mit der Aura von *Kunstwerken* hat dies freilich nichts zu tun. Es ist vielmehr, wie Walter Grasskamp (1998: 125) bemerkt hat, „die Aura von Geld, Prestige, Selbstverwirklichung und Prominenz, mit der die Kunst [...] ausgestattet worden ist".

Ist es schon abwegig, dem klassischen Kunstwerk eine quasi religiöse Aura zuzubilligen, so stellt es geradezu eine paradoxe Verkehrung der ursprünglichen künstlerischen Intention dar, wenn die Utensilien und Spuren einer Performance oder Installation mitunter wie Fetische be- und vor allem *gehandelt* werden. Der Umgang mit dem Werk von Joseph Beuys nährt einen solchen Verdacht. Objekte der genannten Art sind mit Originalgegenständen aus dem Besitz von Berühmtheiten zu vergleichen. Die Palette der möglichen Stücke reicht hier vom Schreibtisch Goethes über die Gitarre von Elvis Presley bis zur Jacke des Bundeskanzlers der deutschen Einheit; und welcher deutsche Junge der Nachkriegsgeneration hätte nicht die Fußballschuhe besitzen wollen, mit denen Helmut Rahn 1954 das Siegtor in Bern schoss. Solche Dinge sind profane Reliquien oder Kultgegenstände. Kein Mensch käme auf die Idee, ihnen einen *ästhetischen* Wert beizumessen.

Dazu passen Pressemeldungen vom Anfang des Jahres 2011, denen zu entnehmen war, dass der Druck *Warhol's Mao: one plate* aus der Sammlung des 2010 verstorbenen Filmschauspielers Dennis Hopper (*Easy Rider*) auf einer Auktion des Auktionshauses Christie's am 11. Januar 2011 in New York einen Preis von über 300 000 Dollar erzielte. Der Wert war von Christie's auf lediglich 20 000 bis 30 000 Dollar geschätzt worden. Seine Wertsteigerung hatte das Bild dadurch erhalten, dass Hopper „nach einer wilden Nacht", also wohl im betrunkenen Zustand, darauf geschossen und es mit zwei Kugeln durchlöchert hatte (*Frankfurter Allgemeine Zeitung* vom 16. Januar 2011). Die Einschusslöcher wurden später von Andy Warhol umrandet und signiert. Warhol nannte das Bild eine „Kollektivarbeit" der beiden Künstler Hopper und Warhol. Einen Höchstpreis erwartete Christie's auch für die Möbel von Hopper. Dieser Zusatz verdeutlicht, worum es eigentlich geht, nämlich um Gegenstände aus dem Besitz von Hopper. Die Einschusslöcher Hoppers und die Signatur Warhols machen aus dem Druck zwar ein Unikat; aber die durch die Zerstörung erzielte Wertsteigerung ist nicht ästhetischer Art, sondern erfolgte durch *Versteigerung*. Den Zuschlag erhielt ein Investment-Banker, was zwar nicht ästhetisch relevant, aber auf ganz andere Weise signifikant und damit exemplarisch sein möchte.

Abschließend ist noch einmal auf die erwähnte Szene in Yasmina Rezas Theaterstück *„KUNST"* zurückzukommen. Nicht jeder wird 200 000 Francs für ein weißes Bild bezahlen und erst recht nicht 200 000 Euro. Dies schon deshalb nicht, weil kaum jemand die geeigneten Räumlichkeiten und Lichtverhältnisse bieten kann, um es angemessen zur Anschauung kommen zu lassen. Etwas ganz anderes ist es, wenn eine private oder eine öffentliche Sammlung solche Bilder kauft. Richtig aufgestellt schulen sie unsere Wahrnehmung und haben insofern einen aisthetischen Erkenntniswert. Protest wäre allerdings angebracht, wenn das seinerzeit entsorgte Original von Duchamps *Fountain* wieder auftauchen würde und gegen eine Unsumme angekauft werden sollte. Dieser Protest würde sich keineswegs gegen die moderne Kunst, sondern gerade im Namen der Sache dagegen richten, dass eine Anti-Ikone zur Ikone gemacht wird, dass eine hintergründige konzeptuelle Aktion zu einem Fetisch verdinglicht wird. Nicht die moderne Kunst ist pervers, sondern die Situation, in der sie sich befindet – ihr Markt. Es kommt darauf an, moderne Kunst zu verstehen, ohne sich an der übersteigerten „Verklärung des Gewöhnlichen" zu beteiligen.

9 Der Erkenntniswert der Literatur

Nach der Analyse des Erkenntniswerts der Kunst steht nun die Begründung des Erkenntniswerts der Literatur an. Damit kehren wir zum Medium Sprache zurück, was die Erwartung wecken könnte, dass damit wieder stärker der propositionale Erkenntnisbegriff in den Blick kommt. Es wird ja auch häufig danach gefragt, was uns der Dichter *sagen* wollte. So einfach liegen die Dinge allerdings nicht. Bevor wir uns dem Begriff der literarischen Erkenntnis näher zuwenden, ist zunächst eine Erläuterung des verwendeten Begriffs der Literatur angebracht. Eine definitorische Bestimmung durch die Angabe von notwendigen und hinreichenden Merkmalen dürfte unmöglich sein. Vermutlich handelt es sich um einen Begriff, für den sich kein einheitlicher Kern von Merkmalen angeben lässt. Eine allgemeine Definition ist auch nicht erforderlich, weil es wie schon bei der Begründung des Erkenntniswertes der Kunst nicht um die Begründung einer allgemeinen Behauptung, sondern einer Existenzbehauptung geht. Die These ist nicht, dass jede Literatur einen Erkenntniswert hat, sondern dass es Literatur mit Erkenntniswert gibt. Insofern genügt eine ungefähre Eingrenzung des Gegenstandsbereichs. In negativer Hinsicht bleibt der weite Literaturbegriff, wonach jedes schriftliche Zeugnis bereits als literarisches Dokument gilt, außen vor. In positiver Hinsicht beziehen sich die folgenden Überlegungen vorwiegend auf die erzählende Literatur, ohne auf diese beschränkt zu sein. Die Hauptthese besagt, dass der Erkenntniswert der Literatur in ihrer sprachlichen *Vergegenwärtigungsleistung* besteht. Die Begründung erfolgt insbesondere mit Blick auf die Dichtung, verstanden als *fiktionale* Literatur. Vergegenwärtigungsleistungen – nicht in der Sprache, aber doch in der Anschauung – erbringt auch die Raumkunst. So ist in einigen Formulierungen des vorigen Kapitels nicht nur von ‚Exemplifikation', sondern auch von ‚Vergegenwärtigung' die Rede gewesen. Das verbindende Element ist, dass jeweils die reflektierende Urteilskraft aktiviert wird.

Grundlegend für die folgende Begründung des Erkenntniswerts fiktionaler Literatur ist die Unterscheidung zwischen Fakten und Fiktionen. Diese Unterscheidung ist insbesondere von Vertretern eines postmodernen Fiktionalismus im Anschluss an Nietzsche in Frage gestellt worden. Sie gilt es daher zunächst zu verteidigen. Zu den problemgeschichtlichen Hintergründen siehe Neuber (2014).

9.1 Kritik des Fiktionalismus

Die kategoriale Unterscheidung zwischen Fakten und Fiktionen ist eigentlich eine Selbstverständlichkeit. Sie wird von uns schon im Kindesalter getroffen (Woolley/Wellmann 1993). Auch wenn die Verwechslung von Fiktion und Wirklichkeit sowie das Verschwimmen von deren Grenzen häufig selbst Thema fiktionaler Literatur gewesen ist (zum Beispiel in Cervantes' *Don Quijote* und Wielands *Don Sylvio*), das Spiel mit dieser Grenze als Fiktionsironie bekannt ist und ‚das Leben ein Traum' als Topos der Weltliteratur gelten darf (Calderón, Hofmannsthal, Lewis Carroll), so geht es dabei doch um die literarische *Vergegenwärtigung* dieser Verwechslung und nicht um die *Behauptung*, dass es keinen Unterschied zwischen Fakten und Fiktionen gibt.

Anlass für die fiktionalistische Verwirrung dürfte unter anderem die Doppeldeutigkeit des Ausdrucks ‚Fiktion' gegeben haben. ‚Fingieren' (von lat. fingere) bedeutet zunächst (wie lat. facere) ganz allgemein ein ‚Machen', ein Zusammenstellen von sinnlichen Perzeptionen, die durch die Imagination (lat. facultas imaginandi) vergegenwärtigt werden, zu einem neuen Ganzen. Andererseits verstehen wir ‚Fiktion' als Erfindung im Sinne von bloßer Erdichtung. Diese Doppeldeutigkeit hat zu der schleichenden Ersetzung des engeren Begriffs (der Erdichtung) durch den weiteren Begriff (des Machens) geführt. So bestimmt etwa der Literaturtheoretiker Wolfgang Iser (1991: 25) bereits die „Selektion" der Wirklichkeitselemente seitens des Autors als „Akte des Fingierens". In diesem Sinne wäre dann sogar Historie Fiktion (White 1986). Um dieser fatalen Konsequenz zu entgehen, ist für die Beibehaltung des engeren Fiktionsbegriffs zu plädieren. Wir haben hier einen weiteren Beleg dafür, dass philosophische Argumentation wesentlich darin besteht, adäquate Unterscheidungen zu treffen und bestehende Unterscheidungen auf ihre Adäquatheit zu überprüfen (vgl. Kapitel 4).

Nicht zu bestreiten ist, dass Historie insofern ‚gemacht' ist, als der Autor den Stoff auswählt und durch seine Darstellung zubereitet. Dies gilt aber für jede Wissenschaft. Erkenntnisse sind stets partikulär und können nicht die ganze Wirklichkeit wiedergeben. Eine Auswahl kann einseitig sein, indem sie wichtige Aspekte nicht berücksichtigt und dadurch die Wirklichkeit verfälscht. Die Formulierung eines solchen Einwands setzt aber bereits voraus, dass die Kategorie der Wirklichkeit regulativ in Kraft bleibt. Auch wenn es nicht in allen Fällen möglich sein wird, zwischen Fakten und Fiktionen zu unterscheiden, ist die Unterscheidung selbst eine im Kantischen Sinne transzendentale Bedingung der Möglichkeit jeder Orientierung in der Welt.

Der hier vertretene Realismus ist nicht metaphysischer Art. Behauptet wird nicht die Möglichkeit eines *externen* Bezugs auf die Welt an sich, sondern die Möglichkeit eines *internen* Bezugs auf die Welt der Erfahrung. Innerhalb dieser erfahrbaren Welt, also einzig erfahrungsimmanent, ist die Unterscheidung zwischen Fakten und Fiktionen, zwischen Sein und Schein, zu treffen. Gleiches gilt für den Begriff der Referenz. Auch hier geht es nicht um eine externe, sondern um eine interne Bezugnahme. In der Frage nach der Referenz ist die Frage des Daseins als Frage nach der Existenz der Dinge angesprochen. Sie ist bei der

Unterscheidung zwischen Fakten und Fiktionen der Frage des Soseins als der Frage nach der Beschaffenheit der Dinge vorgeschaltet. Nur wenn die Referenz auf Personen oder Sachen zuvor gesichert ist, kann die Frage, ob ein Sachverhalt zwischen ihnen besteht oder nicht besteht, überhaupt sinnvoll beantwortet werden. Entsprechend bietet sich die Suspendierung der Referenzbedingung als ein wichtiges Kriterium für Fiktionalität an.

Das ganze Gerede vom „Verschwinden der Wirklichkeit" ist demnach kategorialer Unsinn. Titel wie „Nach den Zeichen. Die Wiederkehr der Wirklichkeit und die Krise des Poststrukturalismus" (Titel einer Graduiertenkonferenz im Dezember 2007 am Institut für Philosophie der FU Berlin) sprechen allerdings dafür, dass der Spuk wohl vorbei sein dürfte. Auffällig ist allerdings, dass hier teilweise dieselben Leute am Werke sind, die die Wirklichkeit zuvor haben ‚verschwinden' lassen. Zu beobachten ist, dass die heimliche Sehnsucht der Postmoderne nach dem Referenten nun in das andere und ebenso verfehlte Extrem eines szientistischen Naturalismus umschlägt.

Nach der vorausgegangenen Verteidigung der Fakten gegen den Fiktionalismus geht es nun – die Seiten wechselnd – um die Verteidigung der Fiktionen gegen den Szientismus, der den Erkenntnisbegriff an den Wahrheitsbegriff bindet und daher auf die propositionale Feststellung von Fakten beschränkt sehen will. Die anstehende Explikation des Fiktionsbegriffs erfolgt an Hand einer Explikation des Begriffs der fiktionalen Rede. Dazu ist über die Logik der *Behauptung* hinaus- und zur Analyse anderer Verwendungen von Sätzen überzugehen. Der Ort solcher Analysen ist die Sprechakttheorie, deren Begrifflichkeit im Folgenden verwendet wird.

9.2 Explikation des Fiktionsbegriffs

Ein starkes Motiv, die traditionelle Unterscheidung zwischen Fiktion und Wirklichkeit nivellieren zu wollen, dürfte sein, dass man von ihr eine Depotenzierung der Rolle der Dichtung befürchtet. Genährt wird diese Befürchtung durch den Gang der so genannten Nachahmungsdebatte, welche die Dichtung nötigt, sich gegenüber Philosophie und Wissenschaft zu rechtfertigen. Unterscheidungen wie diejenige zwischen ‚eigentlicher' und ‚uneigentlicher Rede' scheinen den Verdacht zu bestätigen, dass Fiktionen gegenüber Fakten ein bloß defizienter Status zugebilligt wird. Nur so ist es zu erklären, dass Versuche, fiktionale Rede durch ihre Abweichungen von normaler Rede zu charakterisieren, als Ausgrenzungsversuche missverstanden worden sind. Die Bestimmung fiktionaler Rede durch die Explikation ihrer Abweichung von behauptender (apophantischer) Rede impliziert weder eine Ausgrenzung fiktionaler Rede noch deren Herabsetzung gegenüber dem apophantischen Logos, sondern hebt gerade deren Besonderheit hervor (Fricke 1981). Die negative Charakterisierung besagt lediglich, von welchen Verpflichtungen fiktionale Rede freigestellt ist, damit sie in der Gestalt von Dichtung als fiktionaler Literatur ihre eigentliche Funktion komplementär zu anderen Erkenntnisformen erfüllen kann. Es geht also um die Frage, wie Dichtung trotz – oder gerade wegen – ihrer Aufhebung eines direkten Wirklichkeitsbezugs einen Wert und insbesondere einen Erkenntniswert haben kann.

Aus gattungstheoretischer Sicht ist zunächst zu klären, worin der Unterschied zwischen fiktionalen und nicht-fiktionalen Texten besteht. Zur Unterscheidung kann auf semantische und auf pragmatische Bestimmungen der analytischen Sprechakttheorie zurückgegriffen werden. (Einen systematischen Vergleich unterschiedlicher Fiktionstheorien bietet Konrad 2014.) Geht man von der Begriffsbildung *fiktionale Literatur* und damit von der Verbindung der Begriffe *fiktional* und *Literatur* aus, so haben sich diese Theorien (vgl. insbesondere Searle 1990) allerdings weitgehend auf eine Analyse des Begriffs der Fiktionalität beschränkt und dem Aspekt des Literarischen weniger Aufmerksamkeit geschenkt. Sie bedürfen daher einer Ergänzung um Überlegungen, die sich der traditionellen Ästhetik und Hermeneutik verdanken.

Auszugehen ist – ungeachtet fiktionalistischer Tendenzen – weiterhin von dem traditionellen Gegensatz zwischen Fiktion und Wirklichkeit (bzw. Wahrheit), zwischen ästhetischem ‚Schein' und außerästhetischem ‚Sein'. Die Explikation des Fiktionsbegriffs hat dann zunächst negativ zu bestimmen, was Fiktion fehlt, um ‚der Wirklichkeit' oder ‚der Wahrheit' gerecht zu werden. Hierbei sind zwei Aspekte der Wirklichkeitserkenntnis zu berücksichtigen, deren Unterscheidung bereits angedeutet wurde: Dasein und Sosein. Es können Individuen oder Personen fingiert sein, die in der Literaturwissenschaft *Figuren* heißen, und es können Beschreibungen und Handlungszusammenhänge fingiert sein. Wesentlich ist darüber hinaus die Unterscheidung des Modus der Präsentation fingierter Sachverhalte, ob sie erkennbar als Fiktionen oder ob sie affirmativ in täuschender oder lügnerischer Absicht präsentiert werden.

In literaturwissenschaftlichen Zusammenhängen spricht man nicht einfach von *Fiktion*, sondern von *fiktionalen Texten* und von *fiktionaler Literatur* und weist damit auf die sprachliche Verfasstheit dieser Fiktionen hin. Demgemäß ist von einem Tun-als-ob ein Sprechen-als-ob zu unterscheiden. Obwohl mit Blick auf Aufführungen dramatischer Literatur davon gesprochen werden kann, dass ein Schauspieler so tut-als-ob, indem er in eine bestimmte Rolle schlüpft, hat sich die Theorie der Fiktion hauptsächlich auf die epische Fiktion und weniger auf die dramatische Fiktion konzentriert.

Die Explikation des Fiktionsbegriffs mag mit Blick auf literarische Beispiele vorgenommen werden, sollte aber in der Sache unabhängig vom Literaturbegriff erfolgen. Gibt es doch sowohl nicht-literarische Fiktionen als auch nicht-fiktionale Literatur. Fiktionalität ist daher *nicht* als ein definierendes Merkmal von Literatur anzusehen. Fiktionalität ist kein notwendiges Merkmal von Literatur und erst recht ist sie kein hinreichendes Merkmal. Es ist aber so, dass traditionellerweise (seit Platon) gerade die *fiktionale* Literatur den Vorwurf heraufbeschworen hat, dass die Dichter lügen. Sofern es darum geht, den Erkenntniswert der Literatur zu verteidigen, ist insbesondere auf diesen Vorwurf und damit auf das Problem der Fiktionalität einzugehen. Nach dem Gesagten empfiehlt es sich, Literatur und Fiktion zunächst getrennt zu halten und einen neutralen Begriff der Fiktion und der fiktionalen Rede zugrunde zu legen. Entsprechend der Unterscheidung zwischen dem Dasein, dem Sosein und der Weise der Präsentation ergeben sich drei Aspekte des Fingierens:

(1) Dasein: Jemand kann so sprechen, als ob er über bestimmte Personen und Objekte redet, obwohl diese gar nicht existieren. Dies liegt vor, wenn Namen oder Kennzeichnungen ohne Wirklichkeitsbezug (Referenz) verwendet werden.
(2) Sosein: Jemand kann so sprechen, als ob ein bestimmter Sachverhalt (zwischen als existierend anerkannten Objekten) besteht, obwohl dieses gar nicht der Fall ist. Dies liegt vor in der Beschreibung eines nicht bestehenden Sachverhalts unter Verwendung von Namen und Kennzeichnungen mit Referenz.
(3) Präsentation: Jemand kann so sprechen, als ob er einen Sachverhalt in bestimmter Weise präsentiert, obwohl er dieses gar nicht tut. Dies liegt insbesondere vor, wenn jemand einen Behauptungssatz äußert, ohne den Sprechakt der Behauptung zu vollziehen, das heißt, ohne einen Wahrheitsanspruch zu erheben.

Im Rahmen sprachphilosophischer Unterscheidungen lassen sich die angeführten Fälle so charakterisieren, dass fiktionale Rede die Ebenen (1) der *Referenz*, (2) der *Proposition* und (3) der *Illokution* betreffen kann. Fiktionale Rede ist danach im Falle (1) weder wahr noch falsch, im Falle (2) falsch, im Falle (3) nicht-behauptend.

Ein Sprechen-als-ob ist in Alltagssituationen und in den Wissenschaften normalerweise nicht zulässig. Für die Kommunikation gelten hier die Regeln der Referenz, der Wahrheitserfüllung und der illokutionären Verpflichtung. Sofern fiktionale Rede keine Ansprüche erhebt, Referenz zu haben, wahr zu sein und zu behaupten, ist sie von der Erfüllung der entsprechenden Kommunikationsbedingungen befreit. Für den Autor fiktionaler Texte bedeutet dies, dass er nicht verpflichtet ist, den genannten Regeln zu folgen. Damit ist der Dichter von dem Vorwurf der Lüge entlastet. Unter Zugrundelegung eines Begriffs von Lüge, nach dem nur derjenige lügt, der etwas behauptet, von dem er weiß, dass es nicht wahr ist, war dieser Vorwurf bereits 1595 von Philip Sidney (1971: 52) mit dem treffenden Argument zurückgewiesen worden, dass Dichter schon deshalb nicht lügen, weil sie gar nicht behaupten. Es versteht sich, dass eine solche Entlastung nicht für alle Literatur zwischen historischem Roman und Märchen in gleicher Weise gilt. Die genannten Bestimmungen können aber gerade für eine differenzierte Beschreibung unterschiedlicher Grade von Fiktionalität herangezogen werden.

9.3 Wahrheit der Dichtung?

Kehren wir nach der Bestimmung des Begriffs der fiktionalen Rede zu unserer Frage nach dem Erkenntniswert der Dichtung zurück. Da Werke der Dichtung großenteils aus fiktionaler Rede bestehen, und zwar in dem Sinne, dass wir mit einer durchgehend nicht-fiktionalen Auffassung Probleme hätten, ist die Frage, wie solche Werke trotz ihrer Fiktionalität Erkenntnis vermitteln können. Führt man Erkenntnis auf die Wahrheit von Aussagen zurück, so könnte die Antwort lauten, dass es in der Dichtung neben weder-wahr-noch-falschen und falschen Aussagen auch wahre gebe, so dass man durch einen Roman zum Beispiel historisches und geographisches propositionales Wissen erwerben könne. Nun mag es eine interessante Erfahrung sein, Dublin nach den Beschreibungen von James Joyce im *Ulysses* zu durchstreifen, als Stadtführer ist der Roman aber gewiss nicht geschrieben worden – ungeachtet seiner bis in die Details bestehenden realistischen Referenzialisierbarkeit, die Arno Schmidt von einem „Handbuch für Städtebewohner" sprechen ließ. Eine nicht ganz so schlichte Antwort lautet, dass es nicht singuläre Wahrheiten über historische Personen, Orte und Ereignisse, sondern allgemeine Wahrheiten über den Menschen und die Welt sind, die in der Dichtung zum Ausdruck gebracht werden. Beide Antworten setzen sich dem Einwand aus, dass die Dichtung etwas mitteile, das Wissenschaften wie Geschichte, Geographie, Psychologie und Soziologie direkter und genauer sagen könnten. Dieser Einwand bleibt auch dann bestehen, wenn man den Boden der wissenschaftlichen Tatsachen zu Gunsten utopischer Entwürfe oder moralischer Prinzipien verlässt; denn auch diese lassen sich in direkter diskursiver Form vortragen. Um einem solchen Verdoppelungs- oder Trivialitätseinwand zu entgehen, haben viele Theoretiker den Erkenntnisanspruch aufgegeben und der Dichtung stattdessen eine emotive Funktion zugewiesen. Nun soll der Dichtung ihre emotive Funktion nicht bestritten werden, aber deren Anerkennung impliziert nicht, den Erkenntniswert zu opfern. Hier wird relevant, dass die These vom Erkenntniswert der Dichtung keine generelle Behauptung ist, sondern auf die

Existenzbehauptung bzw. partikuläre Behauptung hinausläuft, dass es Dichtung gibt, die Erkenntnis vermittelt.

Die emotivistische Zurückweisung eines Erkenntniswerts der Dichtung ist dadurch bedingt, dass Erkenntnis auf Aussagenwahrheit festgelegt und damit ausschließlich propositional verstanden wird. ‚Was wollte uns der Dichter sagen?' ist die typische Frage einer solchen Sichtweise. Da die Aussagen aber nicht begründet werden, ergibt sich als Konsequenz der Einwand, dass Dichtung in Sachen Erkenntnis hinter den Wissenschaften zurückbleibe. Um der Dichtung einen Eigenwert zu sichern, bietet sich dann als Alternative zur kognitiven die emotive Funktion an. Der emotivistischen Konsequenz kann dadurch begegnet werden, dass ein relevanter nicht-propositionaler Erkenntnisanspruch zur Anerkennung gebracht wird.

Ein erster Schritt in die richtige Richtung ist die Feststellung, dass sich die durch Dichtung vermittelte Erkenntnis von wissenschaftlicher Erkenntnis dadurch unterscheidet, dass das Verhältnis von Text und Erkenntnis kein Mitteilungs-, sondern ein Darstellungsverhältnis ist. Schon die klassische Formulierung des Erkenntnisanspruchs der Dichtung spricht von der *Darstellung* eines Allgemeinen im Besonderen, und zwar in dem Sinne, dass ein fiktional berichtetes Geschehen aufgrund seiner Fiktionalität den Charakter des Historisch-Einzelnen verliert und auf diese Weise – zu einem exemplarischen Besonderen geworden – einen allgemeinen Sinn aufweist. Semantisch gesehen haben wir es dabei mit einer Richtungsänderung des Bedeutens im Sinne eines Übergangs von der referentiellen zur symbolischen Bedeutung zu tun.

Die Kategorie des Besonderen ist zentral für die Legitimation des Erkenntniswerts der Dichtung, sofern man die von Georg Lukács vorgenommene Engführung vermeidet. Durch komplexe Verbesonderung wird Erdichtung zur Dichtung, wird aus Fiktion literarische Fiktion oder fiktionale Literatur. In Verbindung mit der Richtungsänderung des Bedeutens, durch welche die reflektierende Urteilskraft aktiviert wird, macht die Darstellung von Allgemeinem im Besonderen auch über die Dichtung hinaus den gemeinsamen Kern der ästhetischen Konzeptionen von Baumgarten (*perceptio praegnans*), Kant (ästhetische Idee), Goethe (Symbol), Cassirer (symbolische Prägnanz) und Goodman (Exemplifikation) aus.

Die angesprochene Richtungsänderung des Bedeutens lässt sich an der Verwendung fiktionaler Eigennamen verdeutlichen. Eigennamen dienen in normaler Rede dazu, auf Individuen eindeutig Bezug zu nehmen, nämlich diese zu identifizieren, wobei der Redekontext im Zweifelsfall zu bestimmen hilft, welcher Hans etwa (unter den auch sonst noch ‚Hans' Genannten) gemeint ist. Dabei haben Eigennamen keinen Bedeutungsinhalt, der Eigenschaften des benannten Individuums beschreiben würde. Es fehlt ihnen die lexikalische Bedeutung, außer dass sie den Träger in der Regel als männlich oder weiblich charakterisieren.

Eltern bringen mit der Namensgebung für ihr Kind zwar oft Wünsche und Hoffnungen zum Ausdruck. Damit ist aber keineswegs gesagt, dass diese sich für den Namensträger auch erfüllen. Eine Verbindung zwischen dem durch die Etymologie eines Eigennamens evozierten Bedeutungsinhalt und den Eigenschaften des Referenten besteht also nicht. Eigennamen charakterisieren ihren Träger nicht und sie liefern keine Beschreibung zur Identifizierung ihres Trägers. Fiktionale Namen in der Dichtung sind dagegen häufig konnotativ sprechende, bedeutungsvolle Namen, welche die Figuren charakterisieren und sogar Voraushinweise auf deren Schicksal geben (Birus 1978: 31-51). Selbst wenn sich die Charakterisierungen im Laufe der Erzählung nicht erfüllen, so gibt auch dieser Umstand etwas zu verstehen und aktiviert unsere interpretierende reflektierende Urteilskraft.

Denken wir beispielsweise an das bedeutsame Geflecht der Eigennamen der Figuren in Goethes Roman *Wahlverwandtschaften*, das symbolisch die Beziehungen zwischen den Figuren zum Ausdruck bringt (Schlaffer 1972; Birus 1978: 41). Das Beziehungsgeflecht bildet sich in der Wiederkehr der Silbe ‚ott' in den Namen der Hauptfiguren ab. So heißt nicht nur der Hauptmann ‚Otto', sondern ursprünglich auch Eduard, der zunächst im ersten Satz des Romans – scheinbar auktorial – mit den Worten eingeführt wird „so nennen wir einen Baron im besten Mannesalter", von dem wir aber später erfahren, dass er sich diesen Namen erst nachträglich selbst zugelegt hat. Die Silbe ‚ott' ist auch Bestandteil der Namen ‚Charlotte' und ‚Ottilie', charakteristischerweise unterschiedlich als Nach- sowie als Vorsilbe, und auch das Kind der Liebesbeziehung zu viert erhält den Namen ‚Otto'. Die Bedeutsamkeit des Namenspiels wird dadurch unterstrichen, dass die anderen Figuren nicht namentlich, sondern lediglich kennzeichnend eingeführt werden als ‚der Gehülfe', ‚der Graf' usw.

Als weiteres besonders nachdrückliches Beispiel seien die Namensgebungen in E. T. A. Hoffmanns *Der Sandmann* angeführt. So lässt sich der Name der Hauptfigur ‚Nathanael' – abgesehen von der wörtlichen Bedeutung ‚Gottesgeschenk' und mit Blick darauf, dass der biblische Nathanael einer der zwölf Erschaffungsengel ist – als Portmanteau-Wort lesen. In dieser Lesart stellt sich der Name als die zusammengezogene Verbindung des lateinischen Worts ‚natus' (geboren) mit dem Namen des griechischen Todesgottes ‚Thanatos' dar. Er konnotiert geradezu ‚geborener Todesengel' und verweist somit auf das Schicksal der Figur Nathanael. Eindeutiger bringt der Doppelgängername ‚Coppelius/Coppola' (italienisch ‚coppa' bedeutet ‚Augenhöhle') den signifikanten Bezug auf den eingebildeten oder wirklichen Augenraub seines Trägers zum Ausdruck, und offensichtlich charakterisiert der Name ‚Klara' die klare Einsicht und die menschlichen Eigenschaften der Trägerfigur.

Die Richtungsänderung des Bedeutens bei fiktionalen dichterischen Eigennamen besteht darin, dass sie nicht auf die Wirklichkeit *ver*weisen (es fehlt ihnen die referentielle Bedeutung), sondern in umgekehrter Richtung eine symbolische Bedeutung *auf*weisen. Damit werden aus sonst bloß bedeutungsleeren *fiktionalen* Eigennamen bedeutungsvolle *poetische* Eigennamen.

Was hier am Beispiel dichterischer Eigennamen erläutert wurde, lässt sich verallgemeinern: Auf Grund der Richtungsänderung des Bedeutens vollzieht sich dichterische Erkenntnis weniger im Sprachmodus des propositionalen Sagens als vielmehr im Sprachmodus des vergegenwärtigenden Zeigens. Soweit auch propositionale Informationen geliefert werden, gehen diese doch über einen Wahrheitsanspruch hinaus. Betrachten wir als Beispiel die Eingangspassage von Gottfried Kellers *Der grüne Heinrich* (in der ersten Fassung):

> Zu den schönsten vor allen in der Schweiz gehören diejenigen Städte, welche an einem See und an einem Flusse zugleich liegen, so daß sie wie ein weites Tor am Ende des Sees unmittelbar den Fluß aufnehmen, welcher mitten durch sie hin in das Land hinauszieht. So Zürich, Luzern, Genf; auch Konstanz gehört gewissermaßen noch zu ihnen. (Keller o. J., Bd. 1: 9)

Die hier angeführten Städtenamen beziehen sich auf wirkliche Städte, sind also referenzialisierbar. Die Textpassage könnte geradezu in einem Reiseprospekt stehen, der zum Beispiel für einen Urlaub in Konstanz wirbt. Im vorliegenden Kontext liefert sie den Anlass zu einer Aufforderung an den Leser, eine Schiffsfahrt ‚in der Vorstellung' anzutreten: „Man kann sich nichts Angenehmeres denken als die Fahrt auf einem dieser Seen, z. B. auf demjenigen von Zürich. Man besteige das Schiff zu Rapperswyl [usw.]." Im Verlauf der imaginierten Schiffsfahrt werden Zürich und seine Umgebung in ihren historischen und geographischen Besonderheiten (über ungefähr zwei Seiten) beschreibend vergegenwärtigt. Obwohl in poetisch angereicherter Sprache abgefasst, ist diese Vergegenwärtigung – bezogen auf ihre Zeit – nicht nur referenzialisierbar (die Bezüge sind real), sondern auch verifizierbar (die Aussagen sind wahr). Sie könnte insofern durchaus ihren Platz in einem klassischen Reisebericht haben, dem es nicht nur darum zu tun ist, die Reiseroute anzugeben, sondern auch die ‚Stimmung' der Gegebenheiten einzufangen. Die Textpassage findet sich hier aber in einem Roman, und dieser Ort bestimmt unsere Einstellung zu ihr. Bei einem Reisebericht mag uns die Poesie erfreuen, auf Referenzialisierbarkeit und Wahrheit werden wir aber bestehen. In einem Roman des poetischen Realismus konstituieren Referenzialisierbarkeit und Wahrheit (im Sinne der Forderung nach realistischer Glaubwürdigkeit) den Handlungsrahmen der Figuren, ohne dass aber jede Einzelheit stimmen müsste. Wir erwarten, dass bekannten Fakten entsprochen wird, dass ihnen *Genüge* getan wird, wir erwarten aber keine *Begründungen*. Insofern mögen in solchen Fällen propositionale Wahrheiten (als Hintergrundwissen) eine gewisse Rolle spielen, im strengen Sinne behauptet werden diese aber nicht. Wir bestehen nämlich nicht auf der Einlösung des Wahrheitsanspruchs. Daher empfiehlt es sich auch nicht, in Verbindung mit fiktionaler Literatur von propositionalem Wissen zu sprechen; denn dieses verlangt gemäß der klassischen Bestimmung als „begründeter wahrer Glaube" eine Begründung. Reicher (2007: 34) vertritt eine ähnliche Auffassung, indem sie betont, dass „die Vermittlung propositionalen Wissens im Falle fiktionaler Erzählkunst [...] eine untergeordnete Rolle spielt". Sie argumentiert allerdings nicht ganz konsistent, wenn sie die auch von ihr gestärkte „kognitivistische Position" davon abhängig macht, dass in fiktionalen Werken „behauptet wird" (Reicher 2007: 38). Stellt der Sprechakt der Behauptung (gemäß Abschnitt 3.6) doch gerade den Prototyp propositionaler Wissensansprüche dar.

Schwächt man freilich den Begriff des Wissens so ab, dass der Begründungsanspruch entfällt und etwa auch das überkommene und übernommene Wissen sowie das abfragbare lexikalische Faktenwissen bereits als Wissen gilt, so ist der fiktionalen Literatur die Vermittlung propositionalen Wissens nicht zu bestreiten (so Konrad 2014: 474). Allerdings lässt sich darauf keine eigenständige Erkenntnisleistung der Dichtung gründen. Von einer poetischen Darstellung verlangen wir mehr, nämlich dass sie propositionales Wissen gerade überbietet, indem sie zum Beispiel den Faktenwahrheiten eine symbolische Bedeutung (für die Situation der Figuren im Roman) verleiht. So wird im *Grünen Heinrich* die Verbindung von See und Fluss zum Symbol des Gegensatzes zwischen Ruhe (Sammlung, Systole) und Bewegung (Aufbruch, Diastole) im Leben der Figur des Grünen Heinrich. Im Text wird diese Richtungsänderung des Bedeutens selbst thematisiert. Nach der Beschreibung der Schiffsfahrt heißt es, das Eingangsmotiv aufgreifend (Keller o. J, Bd. 1: 11):

> So haben Luzern oder Genf ähnliche und doch wieder ganz eigene Reize ihrer Lage an See und Fluß. Die Zahl dieser Städte aber um eine eingebildete zu vermehren, um in diese, wie in einen Blumenscherben, das grüne Reis einer Dichtung zu pflanzen, möchte tunlich sein: indem man durch das angeführte, bestehende Beispiel das Gefühl der Wirklichkeit gewonnen hat, bleibt hinwieder dem Bedürfnisse der Phantasie größerer Spielraum und alles Mißdeuten wird verhütet.

Das „Gefühl der Wirklichkeit" sichert die zuvor angesprochene Glaubwürdigkeit, und als „Mißdeuten" wird die referenzialisierende Lektüre zurückgewiesen. Mit dieser hat sich Keller auch sonst auseinandergesetzt. So bemerkt er zur zweiten Auflage seines *Grünen Heinrich*, dass er „allerlei hineingeflunkert" habe, um das Buch „deutlicher zum Roman zu machen". Als Begründung führt er an, dass es noch immer „Esel" gebe, „die es für bare biographische Münze nehmen" (Keller o. J., Bd. 1: 1155). Zugestanden wird damit gleichzeitig, dass *auch* biographische Elemente in den Roman eingeflossen sind. Die Verarbeitung eigener Erfahrungen versetzt den Autor produktionsästhetisch betrachtet in die Lage, diese für andere exemplarisch zu vergegenwärtigen, das Einzelne zu einem Besonderen umzugestalten. In der Vorbemerkung zum zweiten Teil von *Die Leute von Seldwyla* weist Keller (o. J., Bd. 2: 251) ironisch die referenzversessene Frage zurück, welche der Schweizer Städte „mit Seldwyla gemeint sei", indem er das fiktive Seldwyla als „ideale Stadt" gegen das „wirkliche Seldwyla" ausspielt. Ähnlich wehrt sich Goethe gegen die referenzialisierende Lektüre fiktionaler Texte:

> Da wollen sie wissen, welche Stadt am Rhein bei meinem *Hermann und Dorothea* gemeint sei! – Als ob es nicht besser wäre, sich jede beliebige zu denken! – Man will Wahrheit, man will Wirklichkeit und verdirbt dadurch die Poesie. (Goethe 1999: 192)

In realistischen, naturalistischen und historischen Romanen mögen Referenzialisierbakeit und Verifizierbarkeit in gewissen Grenzen unverzichtbar sein, sie begründen allerdings nicht den spezifischen Erkenntniswert von Literatur. Sofern es Autoren in der Verbindung von Fiktionen mit Fakten – in der so genannten Faction-Literatur – geradezu auf die Vermittlung historischer Erkenntnisse ankommt, wie etwa in den Romanen zur Zeitgeschichte von Klaus Kordon, wird man deren Wert wohl eher in didaktischer als in ästhetischer Perspektive zu bestimmen haben. Jedenfalls liegt die Eigenleistung solcher Romane nicht in der Begründung oder Prüfung neuer Wahrheiten, sondern allenfalls in der gelungenen Vermittlung bereits bekannter historischer Wahrheiten. Selbst in den Fällen, in denen fiktionale literarische Texte einen eigenständigen Wahrheitsanspruch erheben, indem sie neue propositionale Erkenntnisse – etwa Einsichten über die Lebenswirklichkeit – zu vermitteln suchen, besteht die Erkenntnisleistung doch weniger in der *Auf*stellung abstrakter, allgemeiner Propositionen oder Thesen als vielmehr in der konkretisierenden *Dar*stellung, nämlich in der adäquaten narrativen Vergegenwärtigung von deren Inhalten im Besonderen.

Als Standardbeispiel einer allgemeinen These gilt in der Literaturtheorie der Eingangssatz von Tolstois Roman *Anna Karenina*: „Alle glücklichen Familien gleichen einander, jede unglückliche Familie ist unglücklich auf ihre Art." Natürlich hat dieser Satz schon auf Grund seiner hervorgehobenen Stellung eine lektüre- und erkenntnisleitende Funktion. Es wäre aber vollkommen abwegig, in ihm allein den Erkenntniswert von Tolstois Roman ausmachen zu wollen. Auf die Frage nach dessen „Hauptgedanken" antwortet Tolstoi denn auch, dass er, um all das zu sagen, was er habe ausdrücken wollen, den gleichen Roman noch einmal schreiben müsste (Tolstoi 1978: 296 f.). Mit anderen Worten, die Erkenntnisleistung der narrativen Vergegenwärtigung ist propositional nicht einholbar.

Der Umstand, dass der Interpret Aussagen trifft, in denen er propositional zu sagen versucht, was das Werk vergegenwärtigend zeigt, darf nicht so verstanden werden, als sei diese propositionale Erkenntnisleistung dem Werk selbst zuzuschlagen. Vielmehr haben wir es hier mit textexternen propositionalen Behauptungen über textinterne nicht-propositionale Erkenntnisleistungen zu tun. Eine Aussage wie ‚Der Text vergegenwärtigt die Hilflosigkeit eines Menschen in der- und-der Situation' ist keine Aussage des Textes selbst, sondern liefert einen Hinweis zu dessen Verständnis.

Gleichwohl ist nicht auszuschließen, dass fiktionale literarische Texte eine ‚Botschaft' vermitteln wollen und können. So hat Dostojewskij in seiner philosophisch-religiösen Gedankendichtung *Die Brüder Karamasow* seine eigene Welt- und Lebensanschauung nicht nur in der Figur des Alexej Karamasow als dem „Herzstück des Ganzen" (Dostojewskij 2003: 10) dargestellt, sondern von dieser Figur auch vortragen lassen. Insofern kann man dem Text einen propositionalen Wahrheits*anspruch* nicht bestreiten. Dieser Anspruch wird allerdings nicht behauptend erhoben und dementsprechend auch nicht argumentativ eingelöst. Argumente, die von Figuren vorgetragen werden, mögen die Auffassungen des Autors wiedergeben, sie sind aber keine Argumente des Autors selbst, sondern Vergegenwärtigungen von Argumenten, die dem Leser allerdings zu denken geben sollen. Vermittelt wird somit kein propositionales Wissen im eigentlichen Sinne. Zur Analyse und Verteidigung eines nicht-behauptenden und dennoch propositionalen Wahrheitsanspruchs der Literatur siehe Gabriel (1975: 86-99).

9.4 Dichtung und Moral

Nicht-propositionale Vergegenwärtigungsleistungen fiktionaler Literatur, deren ästhetisches Gelingen an ihrer Prägnanz im Sinne einer komplexen (detailgenauen, nuancenreichen) Darstellung gemessen wird, können Anlass zu weitergehenden propositionalen Erörterungen geben, insbesondere in moralphilosophischer Absicht. Der Erkenntniswert der Fiktionen besteht hier in einer vorbereitenden exemplarischen Sensibilisierung und Kultivierung unserer moralischen Urteilskraft (Jäger 2005: 18 f.) als Voraussetzung für einen differenzierten moralischen Diskurs. Die Vergegenwärtigung von Situationen Anderer in Gestalt literarischer Figuren erweitert den Horizont unseres Verstehens, indem sie uns für die Komplexität der Lebenswirklichkeit empfänglich macht. Sie erlaubt uns eine imaginative Teilnahme an vielfältigen Handlungszusammenhängen, Motiven, Gefühlen, Haltungen, Sichtweisen und Stimmungen, die uns selbst im wirklichen Leben nicht zuteil geworden – oder auch erspart geblieben sind (Jäger 2005: 19; vgl. Wood 2011: 148-156). Dabei schließt eine stärker „emotionale Partizipation" (Teichert 1996: 211) an der Situation der Figuren bis hin zur Empathie Erkenntnis keineswegs aus, sondern kann deren Vorbereitung dienen. Eine solche Möglichkeit besteht ganz allgemein, selbst in der Ethik. Die Anerkennung der Bedeutung von Gefühlen ist auch hier mit einem Kognitivismus verträglich, sofern Gefühle nicht – wie der Emotivismus meint – die Grundlage des ethischen Urteils bilden, sondern der vorbereitenden Sensibilisierung für ethische Fragen dienen (Demmerling 2004: 31).

Die Vergegenwärtigung von Gefühls- und Stimmungslagen als eine Funktion der Dichtung zu bestimmen, läuft keineswegs auf eine emotivistische Literaturtheorie hinaus. Gefühle und Stimmungen zu vergegenwärtigen, ist etwas ganz anderes als sie kausal zu erwecken. Die Vergegenwärtigung des Gefühls der Entfremdung in den Texten Kafkas will dieses Gefühl nicht hervorrufen, sondern kognitiv verstehbar machen. Die ästhetische Vermittlung belässt es bei der *imaginativen* Vergegenwärtigung. Es geht ihr nicht um die „Produktion von Präsenz" (Gumbrecht 2004) im realen Sinn, sondern um eine – die Reflexion ermöglichende – fiktionale Re-Präsentation. Ähnlich spricht Koppe (1983: 125, 128) in einem nicht-emotivistischen Sinne von einer „Artikulation von Bedürfnissen" und einer „Vergegenwärtigung von Bedürfnissituationen". Zur Funktion der Imagination bei der Rezeption von fiktionaler Literatur vgl. ausführlich Sutrop (2000).

Der kognitive Status des moralischen Diskurses wird häufig unter Hinweis darauf in Frage gestellt, dass es keine universalisierbaren Normen gebe. Das Problem der Begründung moralischer Urteile besteht aber wohl weniger auf Seiten des Allgemeinen als vielmehr auf Seiten des Besonderen. Über sehr allgemeine moralische Normen dürfte eher eine Einigung zu erzielen sein als darüber, ob eine konkrete Situation oder Handlung *von der Art* ist, dass auf sie eine bestimmte allgemeine Norm anwendbar ist. Zur Schulung der hier erforderlichen Urteilskraft liefern Erzählungen – fiktionale und nicht-fiktionale – exemplarische „Forschungsreisen durch das Reich des Guten und Bösen" (Ricœur 1996: 201).

Mit Blick auf ihre Komplexität bleiben die abstrakten, standardisierten Beschreibungen von moralischen Entscheidungssituationen, wie man sie aus akademischen Publikationen zur Genüge kennt, gegenüber literarischen Vergegenwärtigungen zurück. Aus diesem Grund hat insbesondere Martha Nussbaum (1990) die Literatur in den moralphilosophischen Diskurs einbezogen. Bei ihr findet sich denn auch bereits die Forderung nach Kultivierung („cultivation") der Fähigkeit, „to read a situation, singling out what is relevant for thought and action", einer Fähigkeit, die man nicht als Technik lernen, sondern an Beispielen einüben müsse („one learns it by guidance rather than by a formula"). (Nussbaum 1990: 44) Damit entspricht diese Fähigkeit der Urteilskraft, die nicht auf Regeln zu bringen ist, sondern nur an Beispielen geschult werden kann. Unter Berufung auf Henry James betont Nussbaum sodann, „that novels exemplify and offer such learning", und erkennt damit an, dass fiktionale Literatur zur Ausbildung der Urteilskraft beitragen kann.

Eine Kritik dieser Konzeption hat Eva Schürmann unter der Fragestellung, ob „Literatur die bessere Moralphilosophie" sei, vorgelegt. Auf die Einwände ist hier einzugehen, weil sie indirekt auch die im vorliegenden Buch vertretene Position betreffen. So werden die „Konkretionsleistungen der Literatur" als deren Fähigkeit bestimmt, „am exemplarisch aufschlußreichen Einzelfall etwas Allgemeines und Typisches zu *vergegenwärtigen*" und dadurch zur „Schulung des moralischen Urteilsvermögens" beizutragen (Schürmann 2007: 43, Hervorhebung G. G.). Schürmann stellt diese Konzeption mit den Worten in Frage: „Belehrt das Besondere nicht nur über das Besondere? Was gestattet den Übergang auf allgemeine Regeln, welche universell gültigen Normen und kategorischen Imperative sollten sich daraus ableiten lassen?" (Schürmann 2007: 44). Der weitergehenden Warnung davor, aus literarischen Werken moralische „prescriptions" ableiten zu wollen (vgl. Schürmann 2007: 55), ist sicher zuzustimmen. Damit würde Literatur nicht nur moralphilosophisch vereinnahmt, sie wäre auch darstellungslogisch überfordert. Eine nicht-propositionale Vergegenwärtigung ist eben kein propositionales Argument. Dem Einwand Schürmanns ist genau durch diese Unterscheidung zu begegnen. Aus der Literatur lassen sich in der Tat keine moralischen Prinzipien ableiten. Umgekehrt fehlt moralphilosophischen Argumentationen aber häufig der Blick für die Komplexität lebensweltlicher Situationen. Diese adäquat zu vergegenwärtigen, stellt eine eigenständige kognitive Leistung dar. Moralische Relevanz kommt der Literatur bereits in dieser Funktion zu und nicht erst „qua philosophischer Erörterung", wie Schürmann (2007: 59) meint.

Nun wird der moralphilosophische Erkenntniswert der Literatur bei Nussbaum allerdings propositional verrechnet. Es fehlt die zentrale Unterscheidung zwischen den Darstellungsformen des propositionalen Arguments und der nichtpropositionalen Vergegenwärtigung. Daher trifft Schürmanns Kritik hier einen wichtigen Punkt, auf den noch etwas näher einzugehen ist. Positiv ist zunächst Nussbaums Feststellung zu verbuchen, dass Erzählungen aufgrund ihres „Stils" Erkenntnisse vermitteln können, die diskursiven philosophischen Texten nicht zugänglich und gerade deshalb für die *Philosophie* unverzichtbar sind. Ohne sie fehle uns „a fully adequate statement of a powerful ethical conception" (Nussbaum 1990: 27). Weiter heißt es: „The very qualities that make the novels so unlike dogmatic abstract treatises are, for us, the source of their *philosophical* interest." (Nussbaum 1990: 29, Hervorhebung im Original) Dichtung ist also *als* Dichtung, das heißt aufgrund ihres Stils oder ihrer Darstellungsform, philosophisch relevant. Treffend zeichnet Nussbaum die nuancenreiche Darstellung des Besonderen in der Dichtung gegenüber der Verwendung abstrakter Beispiele aus: „Schematic philosophers' examples almost always lack the particularity, the emotive appeal, the absorbing plottedness, the variety and indeterminacy, of good fiction." (Nussbaum 1990: 46) Als Konsequenz sollte sich hieraus ergeben, dass der propositionalen eine vergegenwärtigende nicht-propositionale Erkenntnis zu Hilfe kommen müsse.

Bei Nussbaum ist dagegen mehrfach davon die Rede, dass die literarische Erkenntnis die Form von „statements" hat und damit propositionaler Art ist. So heißt es gleich zu Beginn: „Literary form is not separable from philosophical content, but is, itself, a part of content – an integral part, then, of the search for and the *statement of truth*." (Nussbaum 1990: 3, Hervorhebung G. G.) Derartige Formulierungen ziehen sich durch den Text hindurch (vgl. Nussbaum 1990: 5, Zeile 8-10; 7, Zeile 11 und 18; 15, Zeile 32 f.). Dem ersten Teil der zitierten Behauptung, dass literarische Form und Inhalt nicht trennbar sind, ist vorbehaltlos zuzustimmen; aber gerade weil dies so ist, darf man einer nicht-propositionalen literarischen Form keinen propositionalen philosophischen Inhalt unterschieben. Die propositionalistische Tendenz setzt sich in dem späteren Buch *Upheavals of Thoughts* fort. Hier fordert Nussbaum die Einbeziehung literarischer Texte in den moralischen Diskurs, weil diese den abstrakten Texten in der Artikulation von Gefühlen überlegen seien, und fügt erklärend hinzu, „that certain *truths* about the human being can be told only in literary form" (Nussbaum 2001: 3, Hervorhebung G. G.). Gegen diese Formulierung bleibt festzuhalten, dass die literarische Darstellung als Vergegenwärtigung des Allgemeinen im Besonderen weniger einen propositionalen Wahrheits- als vielmehr einen nicht-propositionalen Adäquatheitsanspruch erhebt.

Anzumerken ist an dieser Stelle zudem, dass Nussbaum den Erkenntniswert der Literatur nicht nur propositional einzuholen versucht, sondern dass dieser auch zu sehr auf philosophische Erkenntnis eingeschränkt erscheint. Innerphilosophisch ist es zwar richtig und wichtig, die Relevanz der Literatur für ethische Fragen und damit auch für die Philosophie herauszustellen. Sich in der *conditio humana* auszukennen, ist aber gerade keine an den philosophischen Diskurs gebundene Angelegenheit. Ganz im Gegenteil ist solche Kenntnis nur zu häufig bei so genannten ‚Dilettanten' besser ausgebildet als bei akademischen Experten.

Literatur die Sensibilisierung unserer moralischen Urteilskraft zuzutrauen, heißt nicht, sie moralphilosophisch zu vereinnahmen oder gar für eine ganz bestimmte Moralvorstellung in Anspruch zu nehmen. Eine solche Funktionalisierung nimmt Richard Rorty (2001: 164) vor, wenn er die „Erweiterung der moralischen Vorstellungskraft" durch Literatur pragmatistisch in den Dienst des „moralischen Fortschritts" stellt, eines Fortschritts, den die rhetorische Überredung mehr befördere als die philosophische Reflexion. Dagegen ist zu sagen: Die gelungene literarische Vergegenwärtigung von Gefühlen, Einstellungen und Lebensformen stellt ganz unabhängig davon, ob wir diese moralisch billigen oder verabscheuen, einen Erkenntniswert dar, indem sie uns die *conditio humana* – gegebenenfalls auch in ihren Perversionen – kennen lehrt. Zu nennen sind hier etwa die Romane des Marquis de Sade und der Tatsachen-Roman *Die Wohlgesinnten* von Jonathan Littell (2008).

Mit der Rede von der *conditio humana* werden keine anthropologischen Konstanten im Sinne des ‚Allgemein-Menschlichen' unterstellt. Obwohl die hier getroffene Auswahl der Beispiele eine gewisse Vorliebe des Autors für den poetischen Realismus dokumentiert, ist der Verdacht, dass die Überlegungen auf diese Tradition beschränkt sind, zurückzuweisen (Gabriel 1991: 13 ff.). Neben moralisch bedeutsamen Vergegenwärtigungsleistungen der Literatur gibt es selbstverständlich auch solche, die moralisch irrelevant, aber ästhetisch oder epistemisch aufschlussreich sind.

9.5 Dichtung und Historie

Wie wichtig es ist, die Unterscheidung zwischen literarischen Fiktionen und historischen Fakten zu bewahren, belegt eine aktuelle Diskussion. Geht diese Unterscheidung verloren, indem Fakten zu Fiktionen erklärt werden, so braucht man sich nicht zu wundern, wenn auch umgekehrt Fiktionen als Fakten gelten und eine literarische Figur referenzialisierend mit einer historischen Persönlichkeit identifiziert wird. Das Verlangen nach Referenzialisierbarkeit entpuppt sich als Kehrseite des Fiktionalismus. Der Referenzvergessenheit im Falle von Fakten korrespondiert eine Referenzversessenheit im Falle von Fiktionen. So hat der Germanist und Journalist Jochen Hieber in der *Frankfurter Allgemeinen Zeitung* (vom 25. 4. 2014) unter dem Titel „Wir haben das Falsche gelernt" Siegfried Lenz vorgeworfen, er habe in der Hauptfigur Max Ludwig Nansen seines Romans *Deutschstunde* die „Biographie" des Malers Emil Nolde geschönt, indem er dessen Hitlerverehrung sowie dessen Antisemitismus verschwiegen habe. Wörtlich zu lesen ist, dass „Siegfried Lenz [...] die Wirklichkeit Noldes zugunsten von Nansens fiktiver Biographie schönschreibt." Wie kann, so ist hier die kategoriale Frage zu stellen, die „Wirklichkeit" einer realen Person durch eine „fiktive" Biographie verfälscht werden? Schon Hiebers Eingangsfrage „Was passiert mit einem Roman, dem [...] seine zentrale Figur abhanden kommt?" setzt mit einem Kategorienfehler ein. Eine fiktive Figur kann nicht „abhanden" kommen. „Es hilft ja nichts", so heißt es abschließend, „wenn wir den Roman mit dem naheliegenden Argument zu retten suchen, er sei eben pure Fiktion. Gerade dessen Wirkungsgeschichte belegt das Gegenteil." Nun ja, diese *verfehlte* Wirkungsgeschichte besteht eben darin, den Roman referenzialisierend zu lesen; aber dieser Fehler ist nicht dem Roman und seinem Autor, sondern allenfalls bestimmten Lesern anzulasten, und daher bleibt der Erkenntniswert des Romans von solchen Missverständnissen gänzlich unberührt. Wir haben nicht das Falsche gelernt, sondern Jochen Hieber hat falsch gelernt.

Dichtung kommt nicht nur *trotz*, sondern auch gerade *wegen* ihrer Fiktionalität ein spezifischer Erkenntniswert zu. Dabei steht die Wirklichkeitserkenntnis der Historie mit ihrer Orientierung an Fakten keineswegs über derjenigen der Dichtung. Der Lebenswirklichkeit kommt die Dichtung häufig näher als die Historie, weil es in ästhetisch zutreffenden Darstellungen nicht auf das Bestehen singulärer Tatsachen ankommt. Deren Leistung ist vielmehr eine exemplarische Vergegenwärtigung der Situation des Menschen in seiner Welt. In diesem Sinne mag es die Dichtung zwar mit derselben Wirklichkeit zu tun haben wie die Wissenschaft, aber nicht mit bloßen Tatsachen, sondern mit der Sicht der Wirklichkeit aus menschlicher Perspektive. Denken wir etwa an den Unterschied zwischen einer historischen Darstellung der Rolle des Bildungsbürgertums im Dritten Reich und der literarischen Vergegenwärtigung der bildungsbürgerlichen Perspektive in der Figur des Erzählers Serenus Zeitblom in Thomas Manns Roman *Doktor Faustus*.

Die Überlegenheit der Dichtung gegenüber der Historie erwächst insbesondere aus der Möglichkeit, Innenansichten darstellen zu können, bis hin zur Nutzung der Erzählform des inneren Monologs und der Darstellung von Bewusstseinsströmen, was der eher behavioristisch verfahrenden Historie aus methodologischen Gründen versagt bleibt, weil sie keinen direkten Zugang zum Psychischen historischer Personen hat. Jedenfalls gilt dies für die Historie als Geschichts*wissenschaft*, der es freilich unbenommen bleibt, Aufzeichnungen von Zeitzeugen – erlebte Geschichte aus persönlicher Perspektive – als dokumentarische Quellen ernst zu nehmen. Zu nennen sind hier etwa die *Tagebücher* des jüdischen Romanisten Victor Klemperer, die aufgrund ihrer narrativen Vergegenwärtigungsleistungen zu einem klassischen Text der Erinnerungskultur geworden sind und ein nachdrückliches Beispiel für nicht-fiktionale Literatur abgeben.

Der Unterscheidung zwischen Fakten und Fiktionen bedürfen wir nicht nur um der Historie willen, sondern auch, um dem Eigenwert der Dichtung gerecht zu werden. In dieser Unterscheidung können nur diejenigen eine Abwertung der Dichtung sehen, welche die szientistische Beschränkung des Erkenntnisbegriffs auf propositionales Tatsachenwissen noch nicht überwunden haben. Demgegenüber sind als gleichberechtigte Formen der Erkenntnis zu unterscheiden:

(1) die propositionale wissenschaftlich-apophantische Beschreibung der Faktenwirklichkeit,
(2) die nicht-propositionale literarisch-fiktionale Vergegenwärtigung der Lebenswirklichkeit.

Es versteht sich, dass diese Gegenüberstellung nicht erschöpfend ist. Für die Dichtung als fiktionale Literatur ist festzuhalten, dass ihr ein Erkenntniswert im zweiten Sinne zukommt, ein Erkenntniswert, der nicht mit Aussagenwahrheit zusammenfällt. Vergegenwärtigungen, seien diese nun fiktional oder nichtfiktional, machen keine Aussagen, sondern machen uns mit etwas bekannt. Zu unterscheiden ist zwischen propositionaler Erkenntnis, *dass* etwas der Fall ist, und nicht-propositionaler Erkenntnis, *wie* es ist, sich in der-und-der Situation, Gefühlslage oder Stimmung zu befinden oder die-und-die Einstellung oder Sichtweise einzunehmen. Hier kann die Unterscheidung zwischen Erkennen und Kennen (vgl. Kapitel 5) herangezogen werden, indem man statt von einem Erkenntniswert von einem Kenntniswert der Literatur spricht. Abstand zu nehmen ist dabei allerdings, wie im folgenden Abschnitt deutlich wird, von dem Gedanken eines unmittelbaren Kontakts, der mit dem Begriff des Kennens meist verbunden ist.

9.6 Wissensvermittlung durch Literatur?

In der gegenwärtigen Diskussion findet über eine *Erkenntnis*-wie-es-ist hinaus sogar ein *Wissen*-wie-es-ist für die Literatur Anerkennung. In Analogie zum phänomenalen Wissen (Abschnitt 5.2) wird es als ein Wissen durch „Bekanntschaft mit Erlebnisqualitäten" bestimmt (Reicher 2007: 28). Es gibt allerdings auch Gegenstimmen. Für Gittel (2013: 316) erweisen sich nicht nur die Argumente für propositionales, sondern auch für nicht-propositionales „Wissen-aus-Literatur" als nicht überzeugend. Diese Einschätzung dürfte dadurch bedingt sein, dass er nicht zwischen den Begriffen ‚Wissen' und ‚Erkenntnis' unterscheidet, sondern beide als „austauschbar" verwendet (Gittel 2013: 11). Auch wenn die Vermittlung von *Wissen* durch Literatur strittig sein mag, so entfällt damit nicht deren Erkenntniswert, wie wir sehen werden. Köppe (2007: 269 f.) gesteht der Literatur zwar zu, dass sie emotionale „Erlebnisqualität" zu vermitteln vermag, indem sie „anschauliche Vorstellungen" hervorruft, die „mit dem Haben von Gefühlen verbunden sind", er bestreitet aber, dass man hieraus einen nicht-propositionalen Erkenntniswert der Literatur ableiten könne. Gleichwohl verteidigt Köppe die kognitive Funktion der Literatur, indem er für diese den propositionalen Wissensbegriff in Anspruch nimmt (Köppe 2008). Seine Position entspricht Schlicks Gegenüberstellung von nicht-kognitiven Erlebnissen und propositionalen Erkenntnissen. Gegen Köppes Beschreibung der Vermittlung von Erlebnisqualitäten ist einzuwenden, dass es gerade nicht um das „Haben von Gefühlen" geht. Gefühle oder Erlebnisse werden durch ihre literarische Vergegenwärtigung nicht kausal hervorgerufen, sondern einem genaueren kognitiven Verstehen zugeführt.

Dabei sind auch Prädikationen im Spiel, deren illokutionäre Funktion ist es aber nicht, Situationen propositional als bestehend zu beschreiben, sondern mit diesen imaginativ bekannt zu machen. Unabhängig davon, ob man den Erlebnisbegriff nun eher emotiv, eher kognitiv oder – wohl am adäquatesten – als eine Verbindung von beidem im Sinne einer emotiv gefärbten Erkenntnis versteht, es ist ohnehin über ihn hinauszugehen. Die Fokussierung auf Erlebnisqualitäten ist zu eng, um den kognitiven Leistungen von Literatur in Gänze gerecht zu werden. Der Erkenntnis- oder Kenntniswert der Literatur erstreckt sich, wie die obige Aufzählung von Befindlichkeiten deutlich macht, auf weit mehr und letztlich auf die Bekanntschaft mit der *conditio humana* in all ihren Aspekten, unter Einschluss ihrer dunklen Seiten.

Neben dieser Erweiterung ist auch eine Einschränkung vorzunehmen. Eine *wirkliche* Bekanntschaft im Sinne eines direkten, unmittelbaren epistemischen Kontakts mit der Wirklichkeit, den ein *Wissen* durch Bekanntschaft verlangt und der etwa im Falle des phänomenalen Wissens auch besteht, kann durch literarische Vergegenwärtigung nicht erreicht werden. Die Distanz zur Wirklichkeit stellt sich aus der Sicht der Literatur aber nicht als Mangel dar. Der portugiesische Dichter Fernando Pessoa nimmt geradezu eine Umwertung vor. Für ihn ist Literatur „eine mit dem Denken vermählte Kunst und eine Verwirklichung ohne den Makel der Wirklichkeit", und er setzt noch eins drauf mit dem pointierten Satz: „Die Felder sind grüner in der Beschreibung als in ihrem Grün." (Pessoa 2008: 35) Damit wird der poetischen Beschreibung zugetraut, uns die Dinge prägnanter vor Augen zu führen als deren tatsächliche Präsenz es vermag. Literarische Vergegenwärtigung wird gegen reale Gegenwart ausgespielt. Der Widerspruch zwischen poetischem Anspruch und philosophischer Analyse lässt sich auflösen. Zwar kann die poetische Beschreibung der grünen Felder die Wahrnehmung des Grün nicht ersetzen, sie kann sie aber überbieten: Das Grün der Felder wird insofern grüner, als es erst der poetischen Vergegenwärtigung gelingt, die qualitativen Phänomene zu erschließen und sie damit gewissermaßen wahr-nehmbar zu machen. Die eigentlich unmögliche Steigerung eines Farbworts betont die größere Intensität der jeweiligen Farbe und steht hier im übertragenen Sinne für nuancenreichere Anschaulichkeit. Diese Übertragung besagt ausbuchstabiert: Literatur bietet zwar keinen direkten epistemischen Kontakt mit dem Dasein des Lebens selbst, die poetische Artikulation der *conditio humana* bringt uns diese aber in ihrem besonderen Sosein allererst zu Bewusstsein. Auch wenn ein direktes Er-leben und Durch-leben nicht erfolgt, so hat dieser Umstand doch auch seine positiven Seiten; denn wer wollte all das wirklich erfahren, was uns Literatur vergegenwärtigt. Vermittelt wird uns Erkenntnis auch über solche Situationen des Lebens, in denen wir uns selbst gerade nicht vorfinden möchten und von denen wir daher hoffen, dass uns die unmittelbare Bekanntschaft mit ihnen erspart bleibt.

Die gelungene (adäquate) literarische Vergegenwärtigung einer Situation ermöglicht es dem Leser, sich in diese Situation imaginativ und empathisch zu versetzen. Imaginative Empathie führt aber nicht dazu, dass man wirklich *weiß*, wie es ist, sich in dieser Situation zu befinden. Aus diesem Grunde ist es angemessener, nicht von einem *Wissen*-wie-es-ist, sondern von einem *Erkennen*-wie-es-ist zu sprechen. Wie es ist, eine Depression zu haben, weiß wohl nur derjenige, der selbst in einer solchen Situation gewesen ist und die Depression am eigenen Leibe erlebt und in der eigenen Seele gefühlt hat. Dann erst kennt man sie *wirklich*. Auf der anderen Seite fehlt uns in der Situation der wirklichen Bekanntschaft die reflexive Distanz, diese zu begreifen. Dazu verhilft uns erst die imaginative Vergegenwärtigung der Situation eines anderen, in der wir unsere eigene Situation möglicherweise wiedererkennen und diese dadurch besser zu verstehen lernen.

Die Aktivierung der Imagination verlangt nicht, dass diese im wörtlichen Sinne als Ein*bild*ungskraft mentale Bilder erzeugt. Das Verstehen eines literarischen Textes mag von bildlichen Vorstellungen begleitet sein. Es ist aber nicht davon abhängig, dass gewissermaßen ein innerer Vorstellungsfilm abläuft. Selbst die Aufforderung ‚sich etwas vorzustellen', zum Beispiel in Berlin zu sein, verlangt ja nicht, ein mentales Berlin-Bild zu entwerfen und in diesem Bild aufzutreten. Sich imaginativ in die Situation einer literarischen Figur zu versetzen, impliziert demgemäß nicht, in einem Vorstellungsbild oder Vorstellungsfilm deren Platz einzunehmen. Ein imaginatives Rollenspiel ist möglich, aber keine notwendige Bedingung für ein angemessenes Verständnis fiktionaler Literatur. Möglicherweise verhindert eine solche ‚Identifikation' sogar die reflexive Einstellung und damit weitergehende Erkenntnis.

Die Unterscheidung zwischen (nicht-propositionalem) Wissen-wie-es-ist und (nicht-propositionalem) Erkennen-wie-es-ist schließt ein, dass die Intensitäten der Betroffenheit wesentlich verschieden sind. Damit beantwortet sich auch die gegenwärtig viel diskutierte Frage der Gefühlsqualität der Tränen, die mitunter bei der Lektüre fiktionaler Literatur vergossen werden. Man wird zugestehen können, dass es sich nicht nur in physischer, sondern auch in psychischer Hinsicht um echte Tränen handelt. Es sind also keine ‚Krokodilstränen', die Gefühle in heuchlerischer Absicht vortäuschen. Es handelt sich auch nicht bloß um Als-ob-Tränen, wie sie etwa der Schauspieler erzeugt. Dennoch sind es keine Tränen wie im wirklichen Leben, weil die Gefühle, von denen sie ausgelöst werden, weniger nachwirken und leichter ‚abgeschüttelt' werden können. Die kathartische Wirkung ist ja gerade an das Abklingen der Gefühle gebunden. Es versteht sich übrigens, dass eine tränenreiche Anteilnahme auf Seiten der Rezipienten nicht schon als Anzeichen *ästhetisch* gelungener Vergegenwärtigung auf Seiten des Werkes zu werten ist.

Festzuhalten bleibt, dass es sich nicht empfiehlt, von einer *Wissens*vermittlung durch fiktionale Literatur zu sprechen: Propositionales Wissen verlangt eine Begründung, die der Dichtung fremd ist, und nicht-propositionales Wissen im Sinne eines Wissens durch Bekanntschaft setzt einen direkten epistemischen Kontakt voraus, während Dichtung eine imaginative und damit indirekte Bekanntschaft vermittelt. Ihre Erkenntnis- oder Kenntnisvermittlung erfolgt nicht durch Gegenwärtigung (Präsenz), sondern *Ver*gegenwärtigung (Re-Präsentation).

Die Darstellungsform der Vergegenwärtigung hat sich als wesentlicher Grundzug literarischer Texte erwiesen. Vergegenwärtigungen sind aber nicht auf fiktionale und nicht-fiktionale Literatur im engeren Sinne beschränkt. Auch die Philosophie bedient sich dieser Darstellungsform und steht damit sozusagen ‚mit einem Bein' im Bereich der Literatur. Darüber hinaus zeichnet sich die Philosophie durch weitere Darstellungs- und Sprachformen aus, die auf ihren Erkenntniswert zu untersuchen sind. Zu klären bleibt insbesondere, wie der immer wieder erhobene Einwand zu beurteilen ist, dass sich die Philosophie, vor allem die Metaphysik, als eine Art Begriffsdichtung, als Zwitterwesen zwischen Wissenschaft und Dichtung mit fragwürdigem Erkenntniswert entpuppt habe.

10 Erkenntnisformen der Philosophie

Die bisherigen Untersuchungen haben deutlich gemacht, dass die Philosophie nicht einfach eine Wissenschaft unter anderen ist, sondern dass sie sowohl in methodischer Hinsicht als auch in ihrem Verhältnis zu anderen Wissenschaften eine Sonderstellung einnimmt. Der philosophische Diskurs ist wesentlich kategorialer Art, und als solcher ist er nicht an eine bestimmte Disziplin gebunden. Er braucht also auch nicht ausschließlich innerhalb der Philosophie geführt zu werden. Andererseits kommt die Philosophie nicht umhin, sich in die Grundlagendiskurse der anderen Wissenschaften einzumischen, weil es in der Auseinandersetzung um die kategorialen Grundbegriffe stets auch um ihre eigenen Belange geht. Wissenschaftler, die sich in ihren Disziplinen des kategorialen Diskurses annehmen, betätigen sich damit als Philosophen außerhalb der Philosophie. Als Musterbeispiel ist hier der Mathematiker Gottlob Frege zu nennen. Steht die Philosophie daher mit einem Bein immer auch auf dem Boden der Einzelwissenschaften, so verlässt sie diesen andererseits mitunter in Richtung Literatur. Dieser zweiten Tendenz sind die folgenden Überlegungen gewidmet.

Die Sonderstellung der Philosophie kommt besonders darin zum Ausdruck, dass sie sich einer Vielfalt von Darstellungsformen bedient, wie sie sonst nirgends zu finden ist. Diese Vielfalt reicht vom logischen Beweis auf der einen bis hin zur literarischen Vergegenwärtigung auf der anderen Seite. Die Philosophie erweist sich damit als eine Disziplin, die zwischen Logik und Literatur angesiedelt ist. Dabei markiert der Ausdruck ‚zwischen' keinen bestimmten Ort, sondern die Bandbreite von Möglichkeiten zwischen polarkonträren Gegensätzen. Soweit bestimmte Darstellungsformen Erkenntnisformen sind, ist deren Pluralität daher nicht nur Thema der Erkenntnistheorie, sie entspricht auch der Situation der Philosophie selbst. Wir haben uns auf einen Pluralismus einander ergänzender philosophischer Erkenntnisformen einzustellen.

In erster Linie sind unter Darstellungsformen der Philosophie *schriftliche* Formen zu verstehen. Die Schriftlichkeit der Philosophie ist aber keineswegs selbstverständlich. Seit der Antike hat es Philosophen gegeben, die die schriftliche Darstellung problematisiert und sogar verweigert haben, sei es, dass sie das philosophische Wissen als ein höheres oder geheimes Wissen nicht öffentlich machen wollten, sei es, dass sie befürchteten, es könne in der schriftlichen Form missverstanden werden. In beiden Fällen klingt die prinzipielle Frage nach der Sagbarkeit oder Mitteilbarkeit philosophischer Erkenntnis an. Aus der Auseinandersetzung mit dieser Frage sind dann auch besondere schriftliche Darstellungsformen entstanden.

10.1 Philosophie und Literatur

Soweit die Philosophie als akademische Disziplin verstanden wird, ist sie auf bestimmte Darstellungsformen eingeschränkt. Es gelten Richtlinien des wissenschaftlichen Arbeitens. Mit diesen werden Studierende bereits im ersten Semester in Hilfsmittelkursen vertraut gemacht. Dort erfahren sie, dass benutzte Texte anzugeben sind, wie und nach welchen Ausgaben man richtig zitiert, wie man bibliographiert, welche Zeitschriften und Nachschlagewerke für welche Zwecke die wichtigsten sind usw. Gefordert wird, dass die Darstellung argumentativen Ansprüchen hinsichtlich des Zusammenhangs, der Stringenz und der Plausibilität der Gedankenführung zu genügen hat. Die äußere Form, die es hier einzuhalten gilt, darf ihrerseits aber nicht absolut gesetzt werden. Stellenangaben, Fußnoten, Anmerkungen und Literaturverzeichnisse sind Darstellungsformen, die sich erst in den hermeneutischen Textwissenschaften herausgebildet haben. Die Philosophie ist hier insoweit einbezogen, als sie es als akademische Philosophie auch mit Texten philosophischer Klassiker zu tun hat. Sofern diese Texte zu interpretieren und in einen historischen Zusammenhang zu stellen sind, sind Philosophiehistoriker in einer ähnlichen Situation wie Literaturhistoriker. Beide versuchen in wissenschaftlichen Texten andere Texte zu erschließen, die ihrerseits von ganz anderer Art sein können. Diesem Sachverhalt wird man durch die Unterscheidung zwischen Sekundär- und Primärliteratur gerecht. Wissenschaftliche Sekundärliteratur über ein Gedicht (als Primärliteratur) darf nicht selbst ein Gedicht sein. Natürlich ist nicht auszuschließen, dass ein solches Meta-Gedicht ein reizvolles ästhetisches Gebilde sein kann, es erfüllt aber nicht die Kriterien, die üblicherweise an eine wissenschaftliche Arbeit gestellt werden.

Wie es sich als problematisch erweist, wenn die Sprache des Literaturwissenschaftlers sich der Sprache des von ihm interpretierten literarischen Textes anverwandelt, so ist auch die Interpretation eines philosophischen Klassikers in dessen Sprache als problematisch anzusehen. Es fehlt derartig immanenten Arbeiten die Übersetzungsleistung. Trotz solcher Entsprechungen ist das Verhältnis des Philosophen zum philosophischen Text ein anderes als das des Literaturwissenschaftlers zum literarischen Text. Zwischen Literaturwissenschaft und Literatur tut sich in den meisten Fällen eine darstellungslogische Kluft auf. Da in literaturwissenschaftlichen Texten Behauptungen aufgestellt werden, die begründet werden müssen und gegebenenfalls auch widerlegt werden können, gehören sie einer anderen Textgattung an als etwa dichterische Texte, in denen nicht behauptet wird. Obwohl in der gegenwärtigen kulturwissenschaftlichen Ausrichtung der Literaturwissenschaft die Tendenz besteht, diese Differenz zu verwischen, haben wir doch gesehen, dass es für eine angemessene Würdigung des Erkenntniswerts der Literatur unverzichtbar ist daran festzuhalten. Die Aufhebung der Differenz zwischen literarischer Primär- und literaturwissenschaftlicher Sekundärliteratur lässt vergessen, dass die literaturwissenschaftliche Erkenntnis im Dienste der literarischen Erkenntnis steht, selbst also eine nachgeordnete Vermittlungsfunktion zu erfüllen hat. Letztlich dürfte die kulturwissenschaftliche Wende der Literaturwissenschaft auf das Motiv zurückzuführen sein, sich mit dieser dienenden Rolle nicht abfinden zu wollen.

Für die Philosophie besteht die Differenz zwischen Primär- und Sekundärliteratur nicht in der gleichen Weise. Der *philosophische* Umgang mit philosophischen Texten kann nicht auf deren Interpretation beschränkt bleiben. Den Ansprüchen philosophischer Texte werden wir nur gerecht, wenn wir zu einer Prüfung ihrer systematischen propositionalen und nicht-propositionalen Erkenntnisansprüche übergehen. In dieser Hinsicht steht jeder Leser eines philosophischen Werkes aus prinzipiellen Gründen mit dessen Autor auf derselben Stufe, indem er berechtigt ist, die Angemessenheit der Unterscheidungen, die Wahrheit der Voraussetzungen und die Schlüssigkeit der Argumentationen zu prüfen und in Frage zu stellen. Allerdings sollte er dazu auch in der Lage sein. Ein problemorientierter Umgang mit der Geschichte der Philosophie ist das geeignete Mittel, um sich vor allzu naiver Kritik zu bewahren. Hierzu gehört auch ein Verständnis für die Darstellungsformen derjenigen Texte, mit denen man sich auseinandersetzt. Häufig bleibt der angemessene Zugang bereits durch ein Verkennen der methodischen Funktion der Form verstellt.

Zu erinnern ist daran, dass sich die wissenschaftliche, am propositionalen Erkenntnisbegriff orientierte Form des Philosophierens aus dem Mythos herausdifferenziert hat. Bis heute ist dieser Entwicklungsprozess vom Mythos zum Logos immer wieder in Frage gestellt worden, insbesondere von Autoren wie Schelling, Nietzsche und Heidegger, die in Sachen Welterschließung der Literatur und der Kunst mehr zutrauen als der Wissenschaft. Bei Nietzsche finden sich allerdings auch Bemerkungen, die im Sinne eines komplementären Ergänzungsverhältnisses von Wissenschaft und Kunst verstanden werden dürfen:

> Vielleicht gibt es ein Reich der Weisheit, aus dem der Logiker verbannt ist? Vielleicht ist die Kunst sogar ein notwendiges Korrelativum und Supplement der Wissenschaft? (Nietzsche 1973a: 82)

Indem die Philosophie im Spannungsfeld zwischen Logik und Literatur angesiedelt ist und mit einigen ihrer Darstellungsformen auf Seiten der Literatur steht, ist insbesondere zu prüfen, wieweit sie Anteil an deren nicht-propositionalen Erkenntnisformen hat. Um den Rahmen der folgenden Analysen näher zu bestimmen, empfiehlt es sich, einige allgemeine Überlegungen zur Rolle der Darstellungsformen in der Philosophie vorauszuschicken.

10.2 Die Vielfalt der Darstellungsformen

Der Begriff der Darstellungsform ist hier so weit gefasst, dass er den ganzen Bereich von den Großformen oder Gattungen bis zu den Sprachformen im Kleinen im Sinne der rhetorischen Figuren- und Stillehre einschließt. Dabei gibt es bestimmte Abhängigkeiten zwischen Gattung, Stil und Methode. Wo eine Definition gefragt ist, wird man sich nicht mit einem bildlichen Vergleich oder einer Metapher begnügen, und die Pointe eines treffenden Vergleichs oder einer Metapher kann nicht durch eine exakte Definition ersetzt werden. Zu fragen bleibt, wo welche Ausdrucksweise angemessen ist. Diese Frage aber gehört traditionellerweise in das Gebiet der Rhetorik, ein Umstand, der den Umgang mit Fragen der Darstellung in der Philosophie keineswegs leichter macht; denn Philosophie und Rhetorik stehen seit der Auseinandersetzung Platons mit den Sophisten im Widerstreit miteinander.

Um die Legitimation rhetorischer Sprachformen in der Philosophie hat sich ein Streit entzündet, der insbesondere die Verwendung von Vergleichen und Metaphern betrifft. Die Auseinandersetzung ist dadurch bestimmt, dass die einen (die Vertreter einer wissenschaftlichen Philosophie) um der Wahrheit willen fordern, Metaphern in der Philosophie zu vermeiden, während die anderen (die Vertreter der Dekonstruktion) versuchen, diese Forderung dadurch ad absurdum zu führen, dass sie den Metapherngegnern einen verkappten Metapherngebrauch nachweisen. Nun haben wir gesehen (Abschnitt 4.4), dass insbesondere im Felde kategorialer Unterscheidungen auf Metaphern zurückgegriffen wird und zurückgegriffen werden muss. Als Beleg diente Freges aus Ausdrucksnot geborene Erläuterung des Unterschieds zwischen den logischen Kategorien ‚Funktion' und ‚Gegenstand' mit Hilfe des aus der Chemie übernommenen Metaphernpaares ‚ungesättigt – gesättigt'. Wenn sogar der Logiker – in Ermangelung einer Definition – zwangsläufig zum Metaphoriker wird, dann tut man gut daran, die Zulässigkeit des Gebrauchs von Metaphern in der Philosophie nicht zu bestreiten. Gleichwohl liefert dieses Zugeständnis keinen Grund, der Dekonstruktion zu folgen und etwa mit Paul de Man (1983: 437) den Erkenntnisanspruch der Philosophie subversiv in Frage zu stellen. Dazu besteht schon deshalb kein Anlass, weil gelungenen, treffenden Metaphern ja ein Erkenntniswert zukommt. Die Frage nach den angemessenen Sprachformen der Philosophie ist allerdings unabhängig von der dekonstruktiven Provokation virulent. Hat sie doch auch die Auseinandersetzung zwischen kontinentaler und analytischer Philosophie wesentlich mitgeprägt. Exemplarisch lässt sich dies an Carnaps Kritik an Heidegger verdeutlichen (vgl. dazu Abschnitt 10.4).

Das Faktum literarischer Darstellungsformen in der Philosophie hat die Dekonstruktion zum Anlass genommen, die Grenze zwischen Philosophie und

Literatur aufzuheben. Eine *scharfe* Grenze lässt sich in der Tat nicht ziehen. Texte wie Nietzsches *Zarathustra* und Musils *Der Mann ohne Eigenschaften* sind sicher Mischformen: Nietzsche im Übergang von der Philosophie zur Literatur und Musil im Übergang von der Literatur zur Philosophie. Um beiden Arten des Übergangs gerecht zu werden, ist zwischen Philosophie *als* Literatur (Gabriel/Schildknecht 1990; Schildknecht 1990) und Philosophie *in* Literatur (Schildknecht/Teichert 1996) zu unterscheiden. Im ersten Fall haben wir es mit literarischen Formen philosophischer Inhalte, im zweiten mit philosophischen Inhalten literarischer Texte zu tun.

Was literarische Texte philosophischen Inhalts anbelangt, so ist hier insbesondere auf die ethische Dimension zu verweisen (vgl. Abschnitt 9.4). Gerade moralphilosophische Argumentationen bedürfen als materiale Grundlage einer differenzierten Kenntnis der komplexen Situation des Menschen in seiner Welt, einer Kenntnis, die eher durch die Lektüre einer lebensweltlich gesättigten Literatur als durch die Kasuistik abstrakter Standardbeispiele und Dilemmata vermittelt wird.

Die Tatsache, dass es Grenzgänger zwischen Philosophie und Literatur gibt, sollte nicht dazu verleiten, die Gegensätze überhaupt zusammenfallen zu lassen. Zwischen Philosophen wie Aristoteles, Kant oder Frege auf der einen und Platon, Kierkegaard und Nietzsche auf der anderen Seite bestehen so gravierende Unterschiede, dass eine Gleichmacherei völlig abwegig erscheint. Vielmehr kommt es in Zusammenarbeit von Philosophie und Literaturwissenschaft darauf an, eine differenzierte Sicht zu entwickeln, die sowohl Gemeinsamkeiten als auch Unterschiede herausarbeitet und so zu einer angemessenen Bestimmung des Verhältnisses von Philosophie und Literatur kommt. Solche Untersuchungen zeigen, dass es gelungene Verbindungen gibt, wie die Schriften Wittgensteins, und weniger gelungene, wie die *Ästhetische Theorie* Adornos. Sie werden aber kaum einen Anlass liefern, die romantische Idee der Universal-Poesie als Einheit von Dichtung, Philosophie und Wissenschaft wiederzubeleben. In dem Roman *Nachtzug nach Lissabon* von Pascal Mercier (2006: 385 f.) wird die Hauptfigur Amadeu de Prado (von Jorge O'Kelly) mit den Worten zitiert: „Weißt du, das Denken ist das Zweitschönste. Das Schönste ist die Poesie. Wenn es das poetische Denken gäbe, und die denkende Poesie – das wäre das Paradies." Das mag sein, gesprochen ist es aber im Irrealis!

Gegen eine „Einebnung des Gattungsunterschiedes zwischen Philosophie und Literatur" ist bereits von Habermas (1985) Einspruch erhoben worden, allerdings von einem einseitig wahrheitsorientierten Standpunkt aus, der den Erkenntnisleistungen literarischer Formen nicht gerecht zu werden vermag. Es ist erstaunlich, dass jemand, der bei Adorno in die Schule gegangen ist, sich so einseitig auf den propositionalen Erkenntnisbegriff festlegt. Erneut erweist es sich als notwendig, die traditionelle Gleichsetzung von Erkenntnis und Aussagenwahrheit aufzugeben und eine Erweiterung des Erkenntnisbegriffs vorzunehmen, die es erlaubt, die Erkenntnisvermittlung literarischer und rhetorischer Sprach- und Darstellungsformen zu sichern. In seiner Kritik der „doktrinären Philosophie" fordert auch Hampe (2014: 13 f.), die Fixierung auf die apophantische Darstellungsform in der Philosophie aufzugeben, wobei er *alternativ* auf die Darstellungsform der Narration setzt. Im Unterschied zu einer solchen ausschließenden Gegensatzbildung liegt den folgenden Überlegungen der Gedanke der Komplementarität, der wechselseitigen *Ergänzung* unterschiedlicher Erkenntnisformen zu Grunde. Dieser Gedanke ist nun weiter zu entfalten.

Was die Rolle der Großformen oder Gattungen in der Philosophie anbelangt, so fehlt mitunter überhaupt ein Bewusstsein für deren Vielfalt. Außer dem Dialog sind beispielsweise zu nennen: Lehrgedicht (Parmenides, Empedokles), Brief (Epikur, Seneca), Autobiographie (Augustinus' *Confessiones*, Descartes' *Discours de la Méthode*), Meditation (Descartes' *Meditationes de prima philosophia*), Lehrbuch (Wolff, Bolzano), Aphorismus (die französischen Moralisten, Lichtenberg, Novalis, Nietzsche, Wittgenstein, Adorno), Essay (Montaigne, Adorno), Wörterbuch (Bayle, Mauthner). Diese Aufzählung mit der Nennung von Lehrbuch und Wörterbuch lässt erkennen, dass nicht alle Text- oder Darstellungsformen literarische Formen in dem engeren Sinne sind, dass sie ‚Literarizität' beanspruchen könnten. Der Ausdruck ‚literarische Formen' wird allerdings auch weiter gefasst und gleichbedeutend mit ‚Darstellungsformen' verwendet. Im Folgenden sind mit literarischen Formen der Philosophie spezifisch *literarische* Darstellungsformen gemeint.

In der Vielfalt ihrer Darstellungsformen unterscheidet sich die Philosophie von Disziplinen wie der Geschichtswissenschaft oder der Physik. Auch in diesen gibt es unterschiedliche Darstellungs- als Publikationsformen, wie Lehrbuch, Zeitschriftenaufsatz und Forschungsbericht. Insgesamt sind die Möglichkeiten aber begrenzter, und zwar aufgrund von historisch gewachsenen und normativ festgelegten Regeln einer wissenschaftlichen Gemeinschaft. Innerhalb der Philosophie scheiden sich hier bereits die Geister, weil keine Einigkeit in der Frage herrscht, ob die Philosophie überhaupt eine Wissenschaft ist und sein sollte. Wie eine solche Antwort ausfällt, hängt wesentlich davon ab, welche Funktion man ihr zuweist. Die Form des Philosophierens ist nicht unabhängig davon, was man als ihr Ziel bestimmt. Logische Sprachanalyse, wissenschaftliche Welterklärung, Anweisung zum glücklichen Leben oder Überwindung der Welt durch Versenkung in Gott, das sind so verschiedene Dinge, dass es nicht verwundern kann, wenn sie in unterschiedlichen Darstellungsformen erscheinen. Einen geschichtlichen Überblick von den Vorsokratikern bis zu Nietzsche bietet Koch (2014).

Stärker als in anderen Disziplinen gehen denn auch die Auffassungen über mögliche oder zulässige Darstellungsformen weit auseinander, und in den unterschiedlichen Antworten kommen unterschiedliche Verständnisse der Philosophie und ihrer Aufgabe zum Ausdruck. Angesichts der Vielfalt vergangener Darstellungsformen wird deutlich, dass Philosophie jedenfalls nicht einfach identisch ist mit derjenigen Diszplin, wie sie heute an den Universitäten von Professoren der Philosophie als Wissenschaft gelehrt wird. Innerhalb der akademischen Philosophie gelten zwar die Standards wissenschaftlicher Darstellung, man sollte allerdings nicht den Fehler begehen, aus einer Auflage für wissenschaftliches Arbeiten eine Bestimmung für die Philosophie selbst abzuleiten. Philosophie fällt nicht mit akademischer Philosophie zusammen. Zu erinnern ist auch daran, dass zahlreiche Philosophen keine Professoren der Philosophie waren.

Die akademischen Textformen sind im Übrigen recht späte Erscheinungen, denen sich bedeutende Philosophen auch gezielt entzogen haben. Geradezu eine Verweigerung akademischer Gepflogenheiten finden wir in den Texten Wittgensteins. Bereits im Vorwort zum *Tractatus* schreibt der Autor, dass er „keine Quellen" angebe, „weil es mir gleichgültig ist, ob das, was ich gedacht habe, vor mir schon ein anderer gedacht hat". Man stelle sich vor, ein solcher Satz stünde in der Einleitung einer Dissertation. Wittgenstein ist gleichwohl – unter Anwendung eines ungeschriebenen Genieparagraphen – in Cambridge mit dem *Tractatus* notpromoviert worden, um die akademischen Voraussetzungen für die Übernahme einer Stelle zu schaffen. Die mündliche Prüfung bestand darin, dass Wittgenstein aufgefordert wurde, einige Sätze aus seinem *Tractatus* zu erläutern. Anschließend soll der Kandidat seinen Prüfern Russell und Moore bescheinigt haben, dass sie ihn doch nie verstehen würden (Monk 1993: 292). Wittgenstein dürfte der einzige Fall sein, dass jemand mit einer Arbeit in literarischer Form in Philosophie promoviert worden ist. Handelt es sich bei den Sätzen des *Tractatus* doch um Aphorismen, die gleichsam wie Sprossen einer Leiter angeordnet sind, einer Leiter, die den Aufstieg zur richtigen Sicht der Welt ermöglichen soll. Studierende sind vor dem Versuch einer Nachahmung zu warnen: *quod licet Jovi, non licet bovi* („Was Jupiter erlaubt ist, ist nicht jedem Ochsen erlaubt").

Die These, dass die Philosophie mit ihrem Pluralismus der Erkenntnisformen methodologisch zwischen Logik und Literatur steht, ist ersichtlich systematischer Art, wenn auch metaphilosophischen Zuschnitts. Widersprochen wird mit ihr der einseitigen Festlegung der Philosophie auf den apophantischen Logos, aber auch Versuchen, den Erkenntniswert der Philosophie durch Aufhebung des Unterschieds zwischen Philosophie und Literatur dekonstruktiv in Frage zu stellen. Die Argumentation geht genau in die umgekehrte Richtung. Ist der Erkenntniswert der Literatur gesichert, sprechen auch literarische Elemente in der Philosophie nicht gegen deren Erkenntnisanspruch.

Nun gibt es auch die Tendenz, Darstellungsformen der Philosophie zu vernachlässigen. Sie ist besonders unter analytischen Philosophen verbreitet, die auch schon mal erklären, dass selbst die Dialogform bei Platon inhaltlich irrelevant sei. Eine solche Sicht ist sozusagen die Umkehrung des dekonstruktiven Versuchs, die Unterschiede zwischen Philosophie und Literatur insgesamt einzuebnen. In bestimmter Hinsicht spielt die Dialogform tatsächlich keine Rolle, wenn man nämlich die Argumente aus ihrem Kontext herauslöst und sie als solche einer systematischen Bewertung unterzieht. In einem rein apophantischen Verständnis von Philosophie zählt nur das Argument, egal, wer es vorbringt, der Autor selbst oder eine seiner Figuren, ob es das letzte Wort des einen oder des anderen ist oder ob man sich vertagt. Dieser Einstellung folgend werden die Platonischen Dialoge als Steinbruch für den Bau des eigenen argumentativen Gebäudes oder als Bestätigung der eigenen Auffassung verwendet. In gewissen Grenzen ist dies, soweit es nicht um Fragen der richtigen Interpretation geht, sogar legitim, allerdings nur, solange keine wesentlichen Einsichten verloren gehen. Die Berücksichtigung der literarischen Form ist nicht nur hermeneutisch, sondern darüber hinaus auch systematisch relevant, wenn durch sie Erkenntnisse vermittelt werden, die nicht in propositionalem, durch Argumente herbeigeführtem Wissen aufgehen, und zu diesen Erkenntnissen gehört insbesondere die Metaeinsicht in nicht-propositionale Bedingungen philosophischer Einsicht. Wo sonst als in der Philosophie gibt es so zahlreiche grundsätzliche selbstreflexive Thematisierungen der eigenen Erkenntnismethode in Verbindung mit Fragen der Darstellung. Eine generelle Ausblendung der literarischen Form wäre nur dann berechtigt, wenn philosophische Erkenntnis ausschließlich eine propositionale apophantische Form hätte.

Legitim ist die Nichtberücksichtigung der Form beispielsweise, wenn Frege (1969: 273) als Bestätigung für seine Erkenntnis, dass Zahlaussagen im Sinne von Anzahlaussagen Aussagen von Begriffen sind, Platons Dialog *Hippias maior* (300e ff.) anführt. Sokrates meint hier, es sei möglich, „daß eine Beschaffenheit, die weder mir noch andererseits dir zukommt, darum doch uns beiden zukomme; hinwiederum aber andere Beschaffenheiten, die uns beiden zukommen, keinem von uns für sich zukommen". Hippias kontert mit dem Hinweis auf die Verwendung von Eigenschaftswörtern: „[W]enn wir beide gerecht sind, wird es da nicht auch jeder von uns beiden sein?" Daraufhin führt Sokrates als Gegenbeispiel an: Daraus, dass „wir beide zwei sind", folge keineswegs, dass „auch jeder von uns zwei sei" (Platon 1967, Bd. 1: 649 f.). Ausgeschlossen wird damit, dass ‚zwei zu sein' (wie ‚gerecht zu sein') eine Eigenschaft von Gegenständen (Individuen) ist. Die Aussage, dass „wir beide zwei sind", ist elliptisch zu verstehen, indem ausgelassen worden ist, von welcher Art wir zwei sind. Es handelt sich um eine Aussage der Form, dass wir beide zwei so-und-so sind, wobei der Ausdruck ‚so-und-so' einen sortalen Begriff, wie zum Beispiel ‚Person' oder ‚Mensch', vertritt. Die Rede ist also etwa davon, dass wir beide zwei Personen oder Menschen sind. Zahlangaben beziehen sich demnach auf Begriffe. Sie geben an, mit wie vielen Gegenständen einer bestimmten Art man es zu tun hat, das heißt, wie viele Gegenstände unter einen bestimmten Begriff fallen. Dies ist gemeint, wenn Frege Zahlaussagen als Aussagen von Begriffen bestimmt. Danach sind Zahlwörter wie ‚zwei' keine Prädikatoren von Gegenständen, sondern gemäß logischer Auffassung Quantoren. Dieser Gedanke findet sich im *Hippias maior* zumindest angesprochen.

Es versteht sich, dass die Geltung des zuvor analysierten kategorialen Arguments unabhängig davon ist, ob es sich tatsächlich um ein Argument des historischen Sokrates handelt, ob Platon dieses Argument selbst vertreten hat oder ob er es nur seiner Figur in den Mund gelegt hat, ja, ob der Dialog überhaupt echt oder (wie vermutlich im vorliegenden Fall) nicht echt ist. Jeder kann sich mit Frege das Argument in der Weise, wie es erläutert wurde, zu eigen machen, indem er es mit behauptender Kraft ausspricht, ohne die literarische Form des Dialogs zu beachten.

Den Hinweis auf die *Hippias*-Stelle hat Frege mit Sicherheit dem Altphilologen Rudolf Hirzel zu verdanken, der in Jena viele Jahre bei ihm zur Miete wohnte. Hirzel ist der Verfasser des bekannten zweibändigen Werks *Der Dialog*, in dem auch die literarischen Qualitäten der Platonischen Dialoge gewürdigt werden (Hirzel 1895). Die unterschiedlichen Lektüren von Platons Dialogen finden wir in Frege und Hirzel stellvertretend dokumentiert. Auch wenn Philosoph und Philologe, Systematiker und Historiker, unter dem Dach derselben Fakultät lehren und, wie in unserem Fall, sogar unter einem Dach wohnen, gehen ihre Interessen doch auseinander. Für den systematischen Kopf haben die literarischen Formen der Philosophie meist keine Bedeutung. Ihm geht es um Fragen der Geltung und nur der Geltung, egal, in welchem literarischen Kleid die Argumente daherkommen. So wird es zum Beispiel vielfach nicht einmal für erwähnenswert gehalten, dass der ontologische Gottesbeweis des Anselm von Canterbury im *Proslogion* in ein Gebet eingebettet ist, obwohl dieser Sachverhalt doch relevant sein möchte für eine angemessene Interpretation von Anselms Verständnis des Verhältnisses von Glaube und Einsicht mit Blick auf den Kernsatz *fides quaerens intellectum*.

Der Ausdruck ‚literarisches Kleid' suggeriert ein Verständnis von literarischer Form, wonach diese dem *ornatus*, dem Redeschmuck zuzuweisen ist. Danach wäre die literarische Form lediglich eine Sache gefälliger Vermittlung. Es käme ihr aber – und das ist der entscheidende Punkt – keine methodische Funktion für die Erkenntnisgewinnung zu. Mit dem Hinweis auf den Gebetskontext des ontologischen Gottesbeweises soll nicht behauptet werden, dass Anselm der Auffassung war, der Glaube sei eine notwendige Bedingung von Einsicht. Diese Interpretation ist zumindest umstritten. Von der Frage nach der besonderen Verbindung zwischen Glaube und Einsicht im Falle Anselms abgesehen kann uns dieses Beispiel in allgemeiner und neutralerer Hinsicht allerdings Anlass sein zu bedenken, ob es nicht für bestimme Einsichten der richtigen, angemessenen *Einstellung* bedarf. Der intuitionistische Mathematiker Brouwer hat derlei sogar für mathematische Beweise behauptet und damit insbesondere der Position des Logizismus widersprochen, nach der arithmetische Einsichten durch rein logische Deduktionen aus logischen Grundgesetzen zu gewinnen sind. Was die Philosophie anbelangt, so hängt die Akzeptanz von Argumenten wesentlich davon ab, ob man die entsprechenden Argumentationsformen überhaupt anerkennt. Nicht umsonst sagt man von bestimmten Leuten, die sich der Einsicht in transzendentale Argumente ‚verweigern', sie seien mit ‚transzendentaler Blindheit' geschlagen, und damit ist ja nicht gemeint, dass sie zu *dumm* sind, solchen Argumenten zu folgen.

10.3 Argumentation und Vergegenwärtigung

Begründen lässt sich die These, dass Darstellungsformen in der Philosophie ein Erkenntniswert zukommt, nur anhand von historischen Beispielen. Nun können Beispiele keine allgemeinen Behauptungen verifizieren, sie könnten sie allenfalls als Gegenbeispiele falsifizieren. Es wird aber auch keine allgemeine Behauptung, sondern – wie in den Fällen der Verteidigung des Erkenntniswertes von Kunst und Literatur – lediglich eine partikuläre Existenzbehauptung aufgestellt, dass es nämlich einige erkenntnisrelevante Darstellungsformen gibt. Die ganze Vielfalt philosophischer Darstellungsformen ist daher nicht abzuschreiten.

In erkenntnistheoretischer Perspektive richtet sich das besondere Augenmerk auf solche Darstellungsformen, die argumentative Rede verwenden, diese aber durch Vergegenwärtigungen überbieten. An der Darstellungsform der Vergegenwärtigung hatten wir den Erkenntniswert der Literatur festgemacht und dargelegt, wie literarische Texte die philosophisch-ethische Diskussion befruchten können. Nunmehr geht es nicht um den Erkenntniswert von literarischen Vergegenwärtigungen *für* die Philosophie, sondern darum, welcher Erkenntniswert Vergegenwärtigungen *innerhalb* der Philosophie zukommt.

Die folgende exemplarische Auswahl behandelt mit der Verwendung der Dialogform bei Platon und der Verweigerung des Sprechakts des Behauptens im Pyrrhonismus zwei gegensätzliche Darstellungsformen der antiken Philosophie. Deren Rezeption in der neuzeitlichen Philosophie wird an der Dialogform bei Leibniz und Berkeley sowie am Einsatz der pyrrhonischen Skepsis bei Descartes vorgeführt. Die zentrale Frage ist stets, in welchem Verhältnis Argumente und die literarische Form der Vergegenwärtigung zueinander stehen.

10.3.1 Die Dialogform bei Platon

Die Platonischen Dialoge scheinen das beste Beispiel dafür abzugeben, dass wir nicht nur von einer Verträglichkeit zwischen argumentativem Gehalt und Darstellungsform ausgehen dürfen, sondern dass beide sogar eine Einheit bilden können. Dabei gilt es freilich zu bedenken, dass zwischen der *Vor*führung und der *Durch*führung einer Argumentation zu unterscheiden ist. In den Platonischen Dialogen werden ohne Frage Argumentationen *vor*geführt, wenn auch nicht immer zu Ende geführt. Sie werden aber Figuren, insbesondere der Figur des Sokrates, in den Mund gelegt und nicht von einem wirklichen Sprecher mit Wahrheitsanspruch *durch*geführt. Sie werden von einem Autor, der selbst nicht in Erscheinung tritt, *an*geführt, aber – da er nicht in Erscheinung tritt – eben nicht vertreten. Sprechakttheoretisch betrachtet handelt es sich um eine *Erwähnung* von Argumenten und nicht um deren apophantischen *Gebrauch*. Es fehlt, wie Frege sagen würde, die „behauptende Kraft" (Frege 1918: 62f., Frege 1969: 214, 252). Die Argumente werden allerdings nicht schlicht erwähnt, nämlich nicht bloß zitiert, sondern sie werden inszeniert, mehr oder weniger dramatisch in Szene gesetzt. Letztlich handelt es sich bei den Platonischen Dialogen, ungeachtet der Verwendung referenzialisierbarer historischer Eigennamen, um fiktionale Texte. Wir haben es mit einer (in Dialogform dargestellten) mimetischen *Vergegenwärtigung* von Argumenten zu tun. Wegen ihres mimetischen Charakters werden die „sokratischen Schriften" und damit auch die Platonischen Dialoge bereits von Aristoteles (*Poetik* 1447a28 ff.) der Dichtung zugerechnet, wodurch Platons Dichterkritik eine ironische Selbstanwendung und damit Aufhebung erfährt. Um Vergegenwärtigungen und deren Erkenntnisfunktion soll es im Wesentlichen gehen, wobei die besondere Aufmerksamkeit der Frage gilt, ob und inwieweit Vergegenwärtigungen Argumente kognitiv zu ergänzen oder gar zu überbieten vermögen. Die Untersuchung des Verhältnisses von Argument und literarischer Form in der Philosophie betrifft letztlich die Frage nach der Komplementarität von logisch präziser und rhetorisch prägnanter Erkenntnis. Im vorliegenden Fall geht es um Texte, die beide Erkenntnisweisen miteinander verbinden, indem sie prägnante Vergegenwärtigungen präziser Argumente vornehmen.

Fragt man danach, warum Platon Dialoge geschrieben hat, so stellt sich sogleich die philologische Gretchenfrage: Wie hast du's mit der ungeschriebenen Lehre? Wir brauchen uns hier nicht ausführlich auf den Familienstreit unter Platon-Forschern über dieses Thema einzulassen; aber man kommt doch nicht umhin, den *casus* zumindest zu sortieren. Zentral für die ganze Frage ist die Einschätzung der Rolle von Platons Schriftkritik. Erwähnung verdient, dass sich hierzu überraschende Parallelen bei Wittgenstein finden. Platon klagt im *Siebten Brief* (341d) darüber, dass seine „Gedanken entstellt in die Welt hinausgeschrieben worden sind" (Platon 1967, Bd. 3: 743). Ganz ähnlich beschwert sich Wittgenstein im Vorwort zu den *Philosophischen Untersuchungen* darüber, dass die „Ergebnisse" seiner Philosophie „vielfach mißverstanden, mehr oder weniger verwässert oder verstümmelt im Umlauf waren". Ein ausgeprägtes Unbehagen am schriftlichen Ausdruck überhaupt ist ebenfalls bei Wittgenstein belegt. Die Verschriftlichung dessen, was er im Gespräch gesagt hatte, konnte er nicht ertragen. Ein schmerzliches Lied wusste Friedrich Waismann davon zu singen, dessen Nachschrift und Bearbeitung von Wittgensteins mündlichen Ausführungen permanent verworfen wurden. Charakteristisch ist Wittgensteins Ringen um den passenden Ausdruck, das sich auch darin niederschlägt, dass die Manuskripte ständig Parallelformulierungen mitführen und Umformulierungen vornehmen. Wittgensteins Unbehagen erstreckt sich wie bei Platon im *Siebten Brief* mitunter sogar auf die mündliche Rede, erwachsen aus dem Gefühl der Unzufriedenheit, nicht sagen zu können, was er meint. Angesprochen ist damit auch das Problem prinzipieller Unsagbarkeit, das vor allem im *Tractatus* eine zentrale Rolle spielt (vgl. 4.113-4.115, 4.1212, 5.6-5.62, 6.52-6.522).

In der Interpretation Platons besteht in einem Punkt Einigkeit zwischen den Vertretern der Dialogtheorie in der Tradition Schleiermachers, Vertretern des nicht-propositionalen Wissens, Neuplatonikern und Vertretern der ungeschriebenen Lehre: Die eigentliche Form der Philosophie ist für Platon die *mündliche* Unterredung. Vertreter der ungeschriebenen Lehre heben zu Recht hervor, dass es bei Platon keinen Hinweis darauf gibt, dass der schriftliche Dialog die Mängel der Schriftlichkeit kompensieren und „die Aufgabe des mündlichen Logos adäquat erfüllen könnte" (Szlezák 1993: 64), die schriftlichen Dialoge also von der Schriftkritik ausgenommen wären. Es ist auch richtig, dass es nicht angeht, dem geschriebenen Dialog die Aufgabe zuzuweisen, „die Platon dem mündlichen Philosophieren vorbehält." Eine solche Auffassung sieht Szlezák (1993: 148) bei Schleiermacher und der „moderne[n] Theorie des Platonischen Dialogs". Dennoch lässt sich sagen, dass die Dialogform dem pragmatischen Paradox, schriftlich darzustellen, was sich der schriftlichen Mitteilung eigentlich entzieht, noch am ehesten gerecht wird. Für Platon ist der geschriebene Dialog „die *verhältnismäßig* beste Kopie lebendigen Philosophierens" (Hoffmann 1950: 12f., Hervorhebung G. G.). Es versteht sich, dass eine Kopie nicht die Sache selbst ist. Erst recht wird man den ontologischen Status einer Kopie vor dem Hintergrund der Platonischen Einstellung zur Mimesis nicht überbewerten.

In den Platonischen Dialogen wird, wie wir bereits gesehen haben, die *Durchführung* von Argumentationen *vorgeführt*. Die Dialogform ermöglicht es, die (für Platon) richtige Weise des Philosophierens, nämlich das lebendige mäeutische, argumentative Gespräch, szenisch zu vergegenwärtigen. Um symmetrische Gespräche unter Gleichen handelt es sich bekanntlich nicht, daher sollte man das Dialogische in Platons Dialogen auch nicht überbetonen. Es ist auch klar, dass selbst die literarisch gelungenste Vergegenwärtigung eines Gesprächs nicht selbst ein Gespräch ist; aber die Vergegenwärtigung kann doch durch Beispiele protreptische Hinweise geben, wie philosophische Gespräche zu führen sind – und dies auch durch negative Beispiele des Scheiterns. Die ontologische Differenz zwischen fiktionaler Vorführung und tatsächlicher Durchführung gelingender Gespräche bleibt dabei unüberwindbar. Wenn somit der Modus der Vergegenwärtigung die Pointe der literarischen Form der Platonischen Dialoge ist, dann bleibt zu fragen, woran sich nach Platon ein gelungenes Gespräch orientiert.

Wie steht es mit dem Mehr oder Wertvolleren, von dem bei Platon als „höheren Wahrheiten" die Rede ist, das nicht schriftlich mitgeteilt, sondern zurückgehalten wird und auch in mündlichen Unterredungen nur zum Einsatz kommt, wenn es sich um geeignete Gesprächspartner handelt, für die ein „Wink" (ἔνδειξις) genügt, „selbst zu finden" (*Siebter Brief* 341e)? Für die Vertreter der ungeschriebenen Lehre ist es eine Lehre. Bedeutet dies, dass es sich um höhere (göttliche) Wahrheiten handelt, die man als Perlen nicht vor die unverständigen Säue wirft, oder als Trümpfe in der Hinterhand behält, um dann den entscheidenden argumentativen Stich zu machen? Die wesentliche Frage ist, ob es sich überhaupt um Wahrheiten im *propositionalen* Sinne handelt. Besteht das Wertvollere aus wahren Aussagen, so ist es letztlich propositional verfügbar und könnte auch propositional zum Einsatz kommen. In diesem Sinne spricht denn auch Szlezák (1993: 140, 158) von „prinzipiell" schriftlich mitteilbaren, aber bewusst zurückgehaltenen, nämlich aus der Schrift herausgehaltenen „Theoremen".

Unterstellt, dass der *Siebte Brief* echt ist, so spricht Platon hier allerdings die Auffassung aus, dass philosophische Einsicht gerade nicht propositional bereit liegt, sondern „aus häufiger familiärer Unterredung [...] sowie aus innigem Zusammenleben entspringt," und zwar „plötzlich". Sie wird also nicht zielgerichtet herbeigeführt, sondern sie stellt sich ein – gewissermaßen als Geschenk. Unterstrichen wird die Unverfügbarkeit dadurch, dass es anschließend unter Verwendung der Lichtmetaphorik heißt, die Einsicht oder „Idee" breche sich dann „selbst" weiter ihre Bahn (*Siebter Brief* 341c-d, Platon 1967, Bd. 3: 742). Wenn wir dies so verstehen dürfen, dass es sich hier nicht um eine Lehr- und Lernsituation handelt, in der einer einem anderen etwas vermittelt, was er selbst bereits weiß, sondern dass eine Einsicht *gemeinsam* gewonnen wird, so war diese Einsicht keinem der Gesprächspartner zuvor propositional verfügbar.

Gleichwohl könnte sich philosophische Einsicht in gemeinsamem Bemühen propositional erschließen. Noch grundsätzlicher ist daher zu fragen, ob das Ideenwissen überhaupt propositional ausbuchstabiert werden kann. Auch wenn die neuplatonische (Plotin'sche) Lesart Platons einseitig sein mag, die Tradition des kontemplativen Platonismus scheint mir mit ihrer Deutung, nicht nur philologisch, sondern auch philosophisch, nicht ganz falsch zu liegen. Das Ideenwissen beruht danach auf einer Schau und wäre dementsprechend ein Unterscheidungswissen kontemplativer Art, eine intellektuelle Anschauung der Unterschiede, die sich in begrifflichen Unterscheidungen niederschlägt, in diesen aber nicht aufgeht. Die angemessene Definition des Begriffs fällt danach noch nicht mit dem Erfassen der Idee zusammen (*Siebter Brief* 341d ff.). Dabei sind die Platonischen Ideen gerade keine bloß regulativen Ideen im Sinne Kants, sondern anscheinend Objekte der Kontemplation, deren Schau aber einen regulativen Maßstab für die Unterscheidungstätigkeit des Dialektikers liefert. Das Ungeschriebene bei Platon wäre dann nicht eine ungeschriebene *Lehre*, sondern überhaupt etwas Unaufschreibbares im Sinne einer Fähigkeit, die propositional gar nicht vermittelbar ist (Wieland 1982, Schildknecht 1990: Teil I).

Nun ist es ganz richtig, wenn Szlezák (1990: 46) darauf verweist, dass es bei dem Höheren nicht um die „Tätigkeit des Diskutierens" als solche gehen kann. Bloßes Diskutieren kann es freilich nicht sein. Diese Tätigkeit kann leer laufen und insofern völlig belanglos sein. Daraus folgt aber nicht, dass es um propositionale Inhalte gehen muss; denn es gibt noch die Möglichkeit, dass das Wissen um das Höhere ein praktisches Wissen theoretischer Art im Sinne eines intellektuellen Könnens ist, nicht ein propositionales Wissen, *dass* etwas der Fall ist, sondern ein nicht-propositionales Wissen, *wie* Unterscheidungen zu treffen und Argumente vorzutragen sind. Darin besteht das spezifische Können des Dialektikers, und dieses Können wird in den Dialogen vergegenwärtigt. Vergegenwärtigend gezeigt wird zudem, dass echtes Wissen nicht durch Information vermittelt wird, sondern nur im Selbstvollzug erworben werden kann (vgl. Blößner 2013: 53 f., Ricken 2013: 176 f.).

Eine „exemplarische Vergegenwärtigungsleistung" schreibt auch Mittelstraß (1982: 155) den Platonischen Dialogen zu, bezieht diese Leistung allerdings auf „vernünftige Orientierungen" (Mittelstraß 1982: 141). Praktisches Wissen besteht aber nicht nur im Besitz praktischer Vernunft und moralischer Urteilskraft, also in dem Vermögen zwischen dem ethisch Guten und Bösen unterscheiden und entsprechend handeln zu können, sondern auch in einem theoretischen Können, nämlich in der Fähigkeit zu unterscheiden und zu argumentieren.

Auch wenn man Platon eine ungeschriebene Lehre zugesteht, so ist damit noch nicht erklärt, warum Platon vorwiegend Dialoge geschrieben hat. Wissen zurückzuhalten ist ja überhaupt ein rhetorisch-didaktisches Gebot der Rücksichtnahme, das nicht dialogspezifisch ist, sondern allgemein auch in monologischen Vorlesungen oder Schriften mit Blick auf die jeweilige Hörer- oder Leserschaft einzuhalten ist. Andeutungen und Aussparungen, die darauf verweisen oder zu verstehen geben, dass nicht alles *aus*gesprochen, sondern manches Höhere oder Wertvollere nur *an*gesprochen wird, finden wir in vielen anderen Texten der Tradition der indirekten Mitteilung. So zum Beispiel in den Aphorismen von Wittgensteins *Tractatus* und auch in Wittgensteins Zwiegespräch mit sich selbst in den *Philosophischen Untersuchungen*. Egal nun, wie es mit der ungeschriebenen Lehre steht, sie liefert, soweit etwas dran ist, lediglich eine Ergänzung zur Sache. Entscheidend bleibt die besondere Vergegenwärtigungsleistung der Dialoge.

10.3.2 Die Dialogform bei Gottfried Wilhelm Leibniz und George Berkeley

Nicht alle Texte der Dialogform weisen eine so subtile literarische Struktur auf wie die Dialoge Platons. Insgesamt präsentiert das bereits erwähnte Werk Hirzels über den Dialog in literarischer Perspektive eher eine Verfallsgeschichte der Gattung (vgl. aber ergänzend Hösle 2006). Diese Bewertung betrifft natürlich nicht den systematischen philosophischen Wert. Leibnizens in Dialogform abgefasstes Werk *Neue Abhandlungen über den menschlichen Verstand* (*Nouveaux essais sur l'entendement humain*) bleibt ein klassisches Werk der Philosophie, obwohl die literarische Form für seinen Inhalt nicht relevant ist. Die Dialogform dient hier lediglich dazu, in Auseinandersetzung mit Lockes *Versuch über den menschlichen Verstand* (*Essay Concerning Human Understanding*) Argumente und Gegenargumente um der besseren Übersichtlichkeit willen auf zwei Gesprächspartner zu verteilen, wobei die Zuordnung der Sprecher eindeutig ist: Der ‚Wahrheitsfreund' Philalethes ist der Vertreter der Locke'schen und der ‚Gottesfreund' Theophil der Vertreter der Leibniz'schen Position. Leibniz (1961, Bd. 1: IX) erklärt denn auch selbst, er beanspruche nicht, „das Anmutige des dialogischen Vortrages zu treffen," und fügt hinzu, er hoffe, „daß der Inhalt das Mangelhafte der Form gut machen wird". Diese Formulierung macht deutlich, dass für Leibniz der philosophische Inhalt von seiner literarischen Form abtrennbar ist. Anders als bei Platon findet sich die Auffassung des Autors in den Argumenten seines Sprechers repräsentiert. Was Theophil als Argument vorbringt, will der Autor Leibniz nicht nur zu bedenken geben, sondern er behauptet es auch. Leibnizens Lehren sind als *seine* identifizierbar, und es sind tatsächlich auch *Lehren*, die propositional vermittelt werden.

Auf den ersten Blick scheinen Berkeleys *Drei Dialoge zwischen Hylas und Philonous* (*Three Dialogues between Hylas and Philonous*) demselben Muster zu folgen. Auch hier werden Argumente und Gegenargumente von zwei Gesprächspartnern vorgetragen. Der Sprecher Lockes (Hylas) hält, wie der Name zu verstehen gibt, an der Existenz von Materie fest, ohne allerdings Materialist zu sein. Der Sprecher Berkeleys (Philonous) tritt seinem Namen entsprechend als Freund des Geistes auf. Auch hier gilt, dass die Argumente von Philonous die Argumente Berkeleys sind. Wie im Falle des Textes von Leibniz sind die Dialoge keine offenen Dialoge, sie haben eindeutig apologetischen Charakter. Da Berkeley seine Lehre des Immaterialismus bereits zuvor in *Eine Abhandlung über die Prinzipien der menschlichen Erkenntnis* (*A Treatise Concerning the Principles of Human Knowledge*) dargelegt und ausführlich gegen mögliche Einwände verteidigt hatte, liegt die häufig geäußerte Vermutung nahe, auch er habe – wie Leibniz – die Dialogform nur deshalb gewählt, um die jeweiligen Argumente auf Proponent und Opponent verteilen zu können. Zu denken gibt allerdings der Umstand, dass Berkeley durch eine intensive Lektüre Platons angeregt wurde, die Dialogform zu wählen. Zumindest in literarischer Hinsicht ist den *Dialogen* denn auch von Interpreten bescheinigt worden, dass sie mehr zu bieten haben. Verbucht wurde dieses ‚Mehr' allerdings eher auf der Seite des Redeschmucks als des Erkenntnisgewinns. Eine genauere Betrachtung zeigt, dass Berkeley angesichts der kritischen Aufnahme seines *Treatise* zu der Überzeugung gekommen ist, dass Einsichten beim Leser nicht durch den „Zwang der *Logik*" allein erreicht werden können (Berkeley 1980: 7). Er gibt sogar aus sprachkritischen Gründen den Anspruch auf, dass seine Texte die Wahrheit lehren können: „I do not [...] pretend that my books can teach truth." Beansprucht wird lediglich, Winke für denkende Menschen („hints to thinking men") zu geben (Berkeley 1949: 281f.), die einen Erkenntnisprozess auf Seiten der nach Wahrheit Forschenden veranlassen, einen Erkenntnisprozess, den diese aber *selbst* vollziehen müssten „by consulting *their own* minds, and looking into *their own* thoughts" (Berkeley 1949: 282; Hervorhebungen G. G.). Hier besteht eine bemerkenswerte Parallele zu Platons bereits erwähnter Betonung des Einsatzes von „Winken" (*Siebter Brief* 341e).

Die literarische Darstellungsform des Dialogs trägt dem hinführenden (anagogischen) Charakter von Berkeleys Bemühungen in besonderer Weise Rechnung. Dabei werden die Schwierigkeiten der Leser, die neue Sicht der Dinge anzunehmen, in dem Zögern des Hylas vergegenwärtigt. Obwohl diesem die Argumente bereits ausgegangen sind, bemerkt er noch verwundert: „Nun bleibt allein eine Art unerklärlichen Widerstrebens zu überwinden, das ich gegen deine Ansichten bei mir verspüre." (Berkeley 1980: 137; vgl. die Thematisierung des Zögerns des Simmias in der Anerkennung der Unsterblichkeit der Seele in Platons *Phaidon* 107a-d). Und nachdem Hylas sein Widerstreben überwunden hat, begreift er doch nicht, auf welchem Wege dieser Zustand des Überzeugtseins erreicht worden ist (Berkeley 1980: 146). So sichert die Dialogform dem Gedankengang durch ihre Vergegenwärtigungsleistung, durch die *Vor*führung einer *Hin*führung, ein zusätzliches reflexives Moment, indem deutlich wird, dass grundlegende Einsichten, die unsere gesamte bisherige Weltauffassung umkrempeln, durch Argumente alleine nicht zustande kommen, also argumentativ nicht erzwingbar sind.

10.3.3 Die Darstellungsform der pyrrhonischen Skepsis

Als weiteres antikes Beispiel betrachten wir die Darstellungsform der pyrrhonischen Skepsis, wie sie von Sextus Empiricus (1993) beschrieben wird. Danach tragen die Pyrrhoneer Argumente vor, ohne sie selbst zu behaupten. Wie bei Platon haben wir es also mit einer Vergegenwärtigung von Argumenten zu tun. Die Argumente werden nicht apophantisch durchgeführt, sondern lediglich als apophantische vorgeführt. Allerdings ist das Ziel ein ganz anderes. Man wird nicht mit der angemessenen Weise des Argumentierens exemplarisch bekannt gemacht, sondern die Argumente werden als Gegenargumente zu bereits bestehenden Argumenten in die Waagschale geworfen, um das argumentative Gleichgewicht als ‚Ausgewogenheit' zwischen Für und Wider (pro und contra) herzustellen und so beim Leser eine Urteilsenthaltung (ἐποχή) zu erzeugen. Das Ziel dieses Vorgehens ist ein praktisches, die Erlangung der Ataraxie durch epistemische Gleichgültigkeit. Die gleiche Gültigkeit der Argumente, wie auch die Gleichgültigkeit als Lebenseinstellung, werden in der pyrrhonischen Tradition bis in die Neuzeit durch das treffende Bild der ausgeglichenen Waage zum Ausdruck gebracht. Mit Blick auf die Rolle literarischer *Sprach*formen lässt sich dieses Bild als Beispiel dafür anführen, dass Erkenntnis nicht nur durch präzise Begriffe, sondern auch durch prägnante Metaphern vermittelt wird.

Zu betonen ist, dass die pyrrhonische Skepsis entgegen einem häufig vorgebrachten Einwand nicht den performativen Widerspruch begeht, Wahrheit einerseits für sich in Anspruch zu nehmen und die Möglichkeit von Wahrheit andererseits zu bestreiten. Die Vergeblichkeit der Erkenntnisbemühungen wird nämlich gar nicht behauptet, sondern zu vergegenwärtigen versucht. Der Widerspruch käme nur zustande, wenn die Pyrrhoneer ihre Skepsis ernsthaft mit behauptender Kraft, also mit Wahrheitsanspruch, vortragen würden. Es gilt die Darstellungsform zu beachten, die nicht dem apophantischen Verständnis der Philosophie folgt, sondern einem *therapeutischen* Zweck dient.

Da der Pyrrhonismus ein praktisches Ziel verfolgt, spielt das Moment der Übung als Einübung in die Urteilsenthaltung eine wichtige Rolle. Ein geschriebener Text kann nicht einüben. Er kann keine Übungen durchführen, sondern lediglich für Übungen protreptisch werben, auf sie einstimmen und Anleitungen zu deren Ausführung geben (vgl. Wiesing 2009: 95-101). Darüber hinaus kann er aber Übungen exemplarisch vergegenwärtigen. In dieser Weise wird die pyrrhonische Skepsis in Descartes' *Meditationen* eingesetzt, dabei freilich im Sinne des methodischen Zweifels umgemünzt. Die Einübung in die Urteilsenthaltung, für die auch Descartes das Bild der Waage verwendet, dient hier lediglich als Durchgangsstadium, von dem aus versucht wird, eine umso sicherere Letztbegründung in Angriff zu nehmen, die selbst einer so radikalen Skepsis wie der pyrrhonischen standhält.

10.3.4 Die Meditation bei René Descartes

Descartes' *Meditationen* werden meistens als rein apophantisch-argumentativer Text gelesen. Übersehen wird dabei, dass sie auch fiktionale Passagen enthalten. Streng genommen haben wir es sogar insgesamt mit einem fiktionalen Text zu tun. Dargestellt ist ein innerer Monolog. Dieser ist aber nicht das Protokoll eines wirklichen inneren Monologs, der zu einer bestimmten Zeit und an einem bestimmten Ort stattgefunden hat. Vielmehr tut der Autor nur so, *als ob* sich sein meditativer Denkprozess so vollzogen habe, wie er im Text vergegenwärtigt wird. Wir werden nicht im Ernst glauben, dieser Denkprozess habe tatsächlich in der Weise stattgefunden, wie der Autor es in den Eingangspassagen vorgibt (Descartes 1986: 63). Die dortige Situationsbeschreibung haben wir nicht als autobiographischen Bericht aus Descartes' Leben zu lesen. So ist es eine Fiktion, dass der Text als Mitschrift oder Niederschrift eines einsamen Nachdenkens im Vollzug eben dieses Denkens selbst entstanden ist. Diese Fiktion wird durch den Hinweis erzeugt, „daß ich *dieses Papier* hier mit den Händen berühre" (Descartes 1986: 65, Hervorhebung G. G.). Die Vergegenwärtigung der Entstehungsgeschichte der *Meditationen* ist eine Inszenierung, eine *Selbst*inszenierung, freilich nicht die Inszenierung eines individuellen Selbst. Der Gebrauch des Personalpronomens ‚ich' ist nicht referentiell gemeint, das Ich des Textes steht nicht für den historischen Autor Descartes, es ist vielmehr ein stellvertretendes Ich. Das Cartesische Subjekt fungiert als Platzhalter für *andere* Subjekte, die aufgefordert sind, die Denkbewegung der *Meditationen* für sich nach- und mitzuvollziehen.

Zum situativen Rahmen der meditativen Denkbewegung gehört die Einbettung in Raum und Zeit, aber nicht mittels intersubjektiver kontextfreier Raum- und Zeitangaben, die wiederum als referentielle Bestimmungen zu lesen wären, sondern mittels Raum- und Zeitdeiktika, die eine ich-zentrierte Perspektive anzeigen, ohne sich auf die Perspektive eines bestimmten individuellen Ichs festzulegen. Die indexikalischen Ausdrücke, wie ‚ich', ‚hier', ‚dies', ‚jetzt', zeigen aber nicht nur eine Ich-Perspektive an, sie geben zudem den situativen Rahmen in der Sprache der Gegenwart, dem Präsens, als präsentischen vor und erzeugen damit eine fiktionale Vergegenwärtigung. Die indexikalisch besonders aufgeladenen Eingangspassagen (Descartes 1986: 63-67) dienen zunächst der Inszenierung von sinnlicher Präsenz und deren scheinbarer Evidenzgewissheit, die sodann methodisch in Zweifel gezogen wird. Im weiteren Verlauf der *Meditationen* zeigen die indexikalischen Ausdrücke den Vollzugscharakter eines Denkens im Hier und

Jetzt an und unterstreichen damit den häufig betonten performativen Zuschnitt des Cartesischen *cogito ergo sum*. Diesen Vollzugscharakter bestätigen die permanenten *Selbst*ermahnungen, *Selbst*aufforderungen und *Selbst*vergewisserungen, besonders in den ein- oder ausleitenden Übergangssätzen am Anfang und Ende der einzelnen Meditationen. Hier bedient sich Descartes der Form der Exerzitienliteratur. Die Anweisungen des Ignatius von Loyola waren ihm durch seine Ausbildung bei den Jesuiten bekannt (Nolte 1995). Deren religiöse Dimension wird erkenntnistheoretisch funktionalisiert, indem geistliche in geistige Übungen transformiert werden. Die Vergegenwärtigung des Übungscharakters der Meditationen unterstreicht, dass hier ein praktisches Moment des Vollzugs als propositional nicht einholbar anerkannt wird.

In Descartes' *Meditationen* erbringen narrative Fiktionen Vergegenwärtigungsleistungen, die die situativen Voraussetzungen dafür schaffen, dass der argumentative philosophische Diskurs beim Leser einen Ansatz für die Überzeugungsarbeit findet. Dabei haben wir es mit einer Vergegenwärtigung durch die Schrift zu tun, die den Leser zu einem selbsttätigen Nachvollzug einlädt. Ähnlich können auch bestimmte phänomenlogische Texte gelesen werden. Sie bedienen sich der Methode der Vergegenwärtigung als protreptischer Anleitung für Leser, die zu den Einsichten, die der Autor selbst gewonnen hat, hingeführt werden sollen (Wiesing 2009: 95 ff.).

In mündlicher Rede ist über eine *Ver*gegenwärtigung hinaus sogar eine Gegenwärtigung im Sinne eines Rekurses auf die unmittelbare Gegenwart im Hier und Jetzt möglich. In der Schrift lässt sich eine solche Performance nicht durchführen, weil die schriftlich vergegenwärtigte Situation aus der Sicht des Lesers eine bereits vergangene ist. Eine Neuinszenierung ist allerdings möglich, indem man es nicht dabei belässt, sich als Leser in die Situation des Ichs des Textes zu versetzen, sondern als Sprecher in mündlicher Rede in dessen Rolle schlüpft. In dieser Weise ist zum Beispiel Moores Versuch eines performativen Beweises einer Außenwelt realisierbar, indem man vorführt, was Moore anführt:

> Ich kann jetzt z. B. beweisen, daß zwei menschliche Hände existieren. Wie? Indem ich meine beiden Hände hochhebe, mit der rechten Hand eine bestimmte Geste mache und sage „Hier ist eine Hand", und dann hinzufüge, wobei ich mit der linken Hand eine bestimmte Geste mache, „Hier ist noch eine". Und wenn ich, indem ich dies tue, *ipso facto* die Existenz von Außendingen bewiesen habe, werden Sie alle einsehen, daß ich es auch auf eine Vielzahl von anderen Weisen tun kann: es ist überflüssig, noch weitere Beispiele anzuhäufen. (Moore 1969: 178)

Gewichtige Einwände gegen diesen ‚Beweis', der beansprucht ein propositionales Wissen über die Existenz der Außenwelt zu begründen, hat Wittgenstein (1970) vorgebracht. Vgl. dazu Gabriel (2008: 174-181). In jedem Fall würde es sich nur um einen Beweis der empirischen Realität handeln, die auch Idealisten nicht bestreiten.

In Descartes' *Meditationen* gehen literarische Form und philosophische Argumentation eine komplementäre Verbindung ein. Belegt wird so einmal mehr, dass sich eine *trennscharfe* Grenze zwischen Philosophie und Literatur nicht ziehen lässt. Andererseits ist es abwegig, Literatur und Philosophie undifferenziert zusammenfallen zu lassen. Zwischen logischem Beweis und literarischer Vergegenwärtigung gibt es mehr Darstellungsformen der Philosophie als sich Szientisten und Dekonstruktivisten träumen lassen (Gabriel/Schildknecht 1990, Bowman 2007). Positiv gesagt: Zu den Erkenntnisvermögen, die es in der Philosophie zu aktivieren gilt, gehören sowohl die begrifflich-diskursiven Vermögen Verstand und Vernunft als auch die anschaulich-vergegenwärtigenden Vermögen Einbildungskraft und Phantasie.

Was hier zur Rolle von sprachlichen Vergegenwärtigungen ausgeführt wurde, lässt sich in die Tradition der Rhetorik der epideiktischen Rede einordnen (vgl. Rodi 1990: 181 ff.). Die Epideixis besagt im wörtlichen Sinne, etwas zur Schau zu stellen oder zu zeigen, und meint im übertragenen Sinne ein Vergegenwärtigen. Schon in der Einteilung der Redegattungen in der *Rhetorik* des Aristoteles (1358b17-19) wird sie in ihrer speziellen Funktion der Lobrede als auf die *Gegenwart* bezogen charakterisiert. Im Unterschied zu den beiden anderen Gattungen, der Beratungsrede und der Gerichtsrede, die auf die Zukunft bzw. auf die Vergangenheit ausgerichtet sind, ist die epideiktische Rede als vergegenwärtigende Rede nicht argumentativ. Wenn man den Sprachgestus der Vergegenwärtigung als solchen in den Blick nimmt und von der thematischen Engführung auf das Loben absieht, lässt sich ganz allgemein der apodeiktischen oder *be*weisenden Rede und Erkenntnis die epideiktische oder *auf*weisende Rede und Erkenntnis komplementär an die Seite stellen. Gerade für Platon gilt, dass er sich – ungeachtet der Ironie, mit der er Sokrates bestimmte Lobreden der Sophisten (zum Beispiel im Dialog *Menexenos*) aus *inhaltlichen* Gründen überschütten lässt – der Epideiktik als vergegenwärtigender Darstellungs*form* in seinen Dialogen bedient.

Zusammenfassend lässt sich festhalten: Die Beachtung der Darstellungsformen ist in der Philosophie nicht nur aus hermeneutischen Gründen für ein angemessenes Verständnis von Texten erforderlich, sie liefert auch systematische Einsichten für die Reflexion des Methodenproblems. Verdankt sich doch die Vielfalt der Darstellungsformen dem Umstand, dass unterschiedliche Ziele auch unterschiedliche Wege erfordern können. So liefert insbesondere die Analyse literarischer Darstellungsformen der Philosophie Argumente, das Paradigma rein logischer Argumentation zu hinterfragen, nicht um es dekonstruktiv zu untergraben, sondern um ihm andere Erkenntnisformen komplementär an die Seite zu stellen.

10.4 Die Vielfalt der Sprachformen

Im Vorigen wurden der Erkenntniswert sowie die methodische Bedeutung von Darstellungsformen der Philosophie im Sinne unterschiedlicher *Gattungen* untersucht. Beachtung verdienen aber nicht nur solche Großformen, sondern auch die verwendeten Sprachformen. Die Frage ist, ob Erkenntnis von ihrer sprachlichen Darstellung ablösbar ist. Wer dies bejaht, wird dazu neigen, hier bloß von Unterschieden des Stils zu sprechen, die den Inhalt nicht tangieren und damit epistemisch irrelevant sind. Wie aber bereits die Erörterung des Verhältnisses von begrifflicher und metaphorischer Sprache gezeigt hat, ist die Sache so einfach nicht. Unterschiedliche Auffassungen der Philosophie manifestieren sich geradezu in der Verwendung unterschiedlicher Sprachformen. Exemplarisch sei dies an der Auseinandersetzung zwischen Carnap und Heidegger untersucht. Exemplarisch ist diese Auseinandersetzung auch deshalb, weil in ihr der so genannte Gegensatz zwischen analytischer und kontinentaler Philosophie seinen frühesten Ausdruck findet.

Die Philosophie des 20. Jahrhunderts zeichnet sich insgesamt durch eine kritische Reflexion auf ihre sprachlichen Bedingungen aus. Das Verständnis der Philosophie geht einher mit der Wahl, Abwahl und Kritik bestimmter Sprachformen. Von besonderer Bedeutung ist hier die Entwicklung der modernen Aussagen- und Prädikatenlogik, wie sie Frege maßgebend in seiner *Begriffsschrift* (1879) entwickelt hat. In ihr wird die traditionelle Subjekt-Prädikat-Struktur der Aussagen durch eine Argument-Funktions-Struktur ersetzt (vgl. Abschnitt 7.2) und so eine ganz neue und weit reichende logische Analyse der Sprache ermöglicht.

Vor allem im *Wiener Kreis* bildet sich unter dem Einfluss von Wittgensteins *Tractatus* die Auffassung heraus, dass Aussagen nur dann sinnvoll sein können, wenn sie der modernen Logik gemäß syntaktisch wohlgeformt sind. Diesem Kriterium zufolge fällt insbesondere die Metaphysik der Kritik anheim, dass sie sinnlose Scheinaussagen bilde. Als klassisches Beispiel einer solchen Metaphysikkritik als Sprachkritik gilt Carnaps Analyse einer Passage aus Heideggers *Was ist Metaphysik?* (1929). Diese Passage lautet in der zusammengezogenen Wiedergabe Carnaps (1931: 229):

> Erforscht werden soll das Seiende nur und sonst – *nichts*; das Seiende allein und weiter – *nichts*; das Seiende einzig und darüber hinaus – *nichts*. Wie steht es um dieses Nichts? – – Gibt es das Nichts nur, weil es das Nicht, d. h. die Verneinung gibt? Oder liegt es umgekehrt? Gibt es die Verneinung und das Nicht nur, weil es das Nichts gibt? – – Wir behaupten: *Das Nichts ist ursprünglicher als das Nicht und die Verneinung.* – – Wo suchen wir das Nichts? Wie finden wir das Nichts? – – Wir kennen das Nichts. – – *Die Angst offenbart das Nichts.* – – Wovor und warum wir uns ängsteten, war ,eigentlich' – nichts. In der Tat: das Nichts selbst – als solches – war da. – – *Wie steht es um das Nichts?* – – *Das Nichts selbst nichtet.*

Nach Auffassung von Carnap begeht Heidegger den logischen Fehler, „daß das Wort ‚nichts' als Gegenstandsname verwendet wird, weil man es in der üblichen Sprache in dieser Form zu verwenden pflegt, um einen negativen Existenzsatz zu formulieren" (Carnap 1931: 230). So wird der negative Existenzsatz ‚Es ist nicht der Fall, dass es etwas gibt, welches die Eigenschaft P hat' auch durch den Satz ausgedrückt, dass *nichts* die Eigenschaft P hat, wobei ‚nichts' logisch betrachtet für ‚nicht es gibt etwas' als Verbindung von Negator und Existenzquantor steht. Durch Vergegenständlichung der Verwendung von ‚nichts' komme es, so Carnap, zur sinnlosen substantivierenden Rede von ‚dem Nichts'. Mitverantwortlich dafür sei, dass die Verwendungen von ‚sein' im Sinne der Prädikation und im Sinne der Existenz nicht unterschieden würden (Carnap 1931: 233 f.).

Nun verkennt Carnap keineswegs, dass in der traditionellen Metaphysik auch wichtige Inhalte verhandelt werden. Er bestreitet aber, dass sich diese in die Form von logisch wohlgeformten Aussagen bringen lassen. Carnap erkennt ferner an, dass die Sprache noch andere Funktionen hat, als Aussagen zu machen. Neben einer kognitiven komme ihr eine emotiv-expressive Funktion zu. Diese dient dazu, wie Carnap (1931: 239) im Anschluss an Dilthey formuliert, „das Lebensgefühl zum Ausdruck zu bringen". Die Metaphysik versuche, etwas in die Form von Aussagen zu kleiden, was sich nicht sagen, sondern nur ausdrücken lasse. Der Metaphysik liege ein berechtigtes Bedürfnis zugrunde, das aber in unangemessener Form zur Sprache komme. Der adäquate Ausdruck des Lebensgefühls sei nicht die Metaphysik, sondern die Kunst.

> Bei der Metaphysik liegt [...] die Sache so, daß sie durch die Form ihrer Werke etwas vortäuscht, was sie nicht ist. Diese Form ist die eines Systems von Sätzen, die in (scheinbarem) Begründungsverhältnis zueinander stehen, also die Form einer Theorie. [...] Der Metaphysiker glaubt sich in dem Gebiet zu bewegen, in dem es um wahr oder falsch geht. In Wirklichkeit hat er jedoch nichts ausgesagt, sondern nur etwas zum Ausdruck gebracht, wie ein Künstler. (Carnap 1931: 239 f.)

Metaphysik ist danach ein in der Darstellungs- und Sprachform misslungenes Kunst-Surrogat: „Metaphysiker sind Musiker ohne musikalische Fähigkeit." Als historischen Beleg für diese These führt Carnap (1931: 241) Nietzsche als denjenigen Metaphysiker an, „der vielleicht die stärkste künstlerische Begabung besaß" und daher fähig war, das Lebensgefühl in der Form der Dichtung (im *Zarathustra*) zum Ausdruck zu bringen.

Wie ist die Differenz zwischen Carnap und Heidegger zu beurteilen? Betrachtet man die historischen Formen der Philosophie, so finden wir das ganze Spektrum zwischen den beiden Polen Logik und Literatur. Die Frage ist stets, woran man sich orientiert. Carnap orientiert sich methodisch an der Wissenschaft, nämlich an der Begründung von Aussagen. Bei ihm geht die Philosophie in Wissenschaftslogik auf. Eigene Inhalte hat sie nicht mehr. Diese werden an die Dichtung weitergegeben, wo sie ihre angemessene Form finden. Bei Carnap liegt sozusagen Freges *Begriffsschrift* auf dem Schreibtisch und Nietzsches *Zarathustra* auf dem Nachttisch. Das Ergebnis ist eine nicht unproblematische Dichotomie zwischen Erkenntnis und Gefühl. Abgesehen von dieser dichotomischen Zuspitzung scheint Heidegger von demselben Befund eines Widerstreits zwischen Form und Inhalt der Metaphysik auszugehen. Da ihm aber an den Inhalten liegt, verlässt er die wissenschaftliche Form und nähert sich wie Nietzsche konsequenterweise der Form der Dichtung. Carnap und Heidegger, sowie die von beiden mitbegründeten philosophischen Traditionen, haben einen gemeinsamen Ausgangspunkt, gehen von hier aus aber in entgegengesetzte Richtungen und kommen so zu polar konträren Formen der Philosophie.

Der Vergleich zwischen Carnap und Heidegger sollte deutlich gemacht haben, dass die Untersuchung der Darstellungsformen der Philosophie nicht auf Gattungen zu beschränken ist, sondern auch Sprachformen einzubeziehen hat. Die Sprachformen prägen den Sprachstil, und im Sprachstil kommt der Denkstil zum Ausdruck. Der Sprachstil ist eine Sache der Rhetorik, und man kann Autoren unschwer danach unterscheiden, ob sich ihre Rhetorik eher an der Poesie oder an der Logik orientiert. An dieser Differenz wird mitunter der Unterschied zwischen kontinentaler und analytischer Philosophie festgemacht (Friedman 2000: IX). Ganz so glatt geht diese Einteilung allerdings nicht auf. Problematisch ist sie schon deshalb, weil Klassiker der analytischen Tradition wie Frege, Wittgenstein und Carnap nicht nur vom Kontinent kommen, sondern dort auch ihre wesentlichen intellektuellen Prägungen erfahren haben. Aber auch in der Sache ist der Gegensatz keineswegs eindeutig. Wie sich die kontinentalen Autoren keineswegs einheitlich auf die Seite der Literatur schlagen lassen, so stehen auch die analytischen Autoren keineswegs eindeutig auf der Seite der Logik. Insbesondere ist von Vertretern der *Philosophie der normalen Sprache*, der so genannten *Ordinary-Language-Philosophy* (wie zum Beispiel dem späten Wittgenstein, John L. Austin und Gilbert Ryle) gegen Vertreter der *idealsprachlichen* Richtung (wie Frege, Russell und Carnap) argumentiert worden, dass sie sich zu einseitig an Logik und Wissenschaften orientieren, indem ihre Analysen auf wahrheitswertfähige Aussagen und damit auf propositionales Denken beschränkt bleiben. Was hier eingeklagt wird, ist allerdings noch nicht das Recht literarischer Formen als vielmehr die Anerkennung einer Vielfalt von Formen menschlicher Rede. Hat man sich allerdings erst einmal von der Fixierung auf die Aussage als einzige philosophisch relevante Redeform befreit, so rückt auch die Möglichkeit einer Erkenntnisvermittlung durch eher literarische Darstellungs- und Sprachformen in den Blick. Greift bereits Frege zur Erläuterung seiner Grundbegriffe auf Metaphern zurück, so zeichnen sich Wittgensteins Texte insgesamt durch einen aphoristischen Stil und durch treffende kategoriale Metaphern und Vergleiche aus. In dem Bewusstsein der Feststellung „Ein gutes Gleichnis erfrischt den Verstand" (Wittgenstein 1977: 11) beschreibt Wittgenstein seine eigene Methode mit den Worten: „Was ich erfinde, sind neue *Gleichnisse*." (Wittgenstein 1977: 43)

Wittgenstein verbindet im *Tractatus logico-philosophicus* sogar logische Analyse und literarische Form (Gabriel 1991: 20-31). So schreibt er selbst: „Die Arbeit ist streng philosophisch und zugleich literarisch." (Wittgenstein 1980: 95) Eine wesentliche Pointe dieses Textes ist, dass dessen Sätze nicht der logisch-syntaktischen Wohlgeformtheit genügen, die *in* diesen Sätzen als notwendige Bedingung für sinnvolle Aussagesätze gefordert wird. Sinnlos oder, wie Wittgenstein sagt, unsinnig sind danach nicht nur die kritisierten Sätze der Metaphysik, sondern die Sätze des *Tractatus* selbst. Gleichwohl sollen diese Sätze zur richtigen Sicht der Welt führen. Sie können zwar keine propositionalen Erkenntnisse, aber doch philosophische Einsichten vermitteln. Zu welch gravierenden Missverständnissen die Nichtbeachtung der Darstellungs- und Sprachformen der Philosophie führen kann, lässt sich vielleicht nirgends besser zeigen als an Interpretationen der Texte Wittgensteins.

10.5 Beschreibende Vergegenwärtigung

Wir wollen nicht so weit gehen wie Wittgenstein, der (1977: 53) notierte „Philosophie dürfte man eigentlich nur dichten"; denn damit wären argumentative Formen der Philosophie ausgeschlossen. Im Sinne des Komplementarismus ist die dichtende Philosophie aber zuzulassen, erst recht in einer so reflexiv vergegenwärtigenden literarischen Form, wie sie in den *Philosophischen Untersuchungen* umgesetzt wird. Im engeren Sinne dichtend ist deren Darstellungsform freilich nicht. Anders als Descartes' *Meditationen* enthält der Text nämlich keine fiktionalen Erzählungen. Appelliert wird aber ebenfalls an die Imagination, indem permanent aufgefordert wird, sich bestimmte beschriebene Situationen, Sachverhalte, Zustände, Tätigkeiten usw. sowie deren Variationen – bis hin zur Durchführung kategorialer Gedankenexperimente – vorzustellen. Ohne hier eine strenge Grenze ziehen zu wollen, lässt sich zwischen erzählender (narrativer) und beschreibender (deskriptiver) Vergegenwärtigung unterscheiden. In beiden Fällen haben wir es mit Formen *sprachlicher* Vergegenwärtigung im Unterschied zu bildlicher Vergegenwärtigung zu tun.

Den sprachlichen Darstellungsformen der Vergegenwärtigung bei Platon, Descartes und Berkeley wird man ihre Literarizität nicht absprechen können. Insofern haben wir es hier mit literarischen Formen im engeren Sinne zu tun. Literarizität ist aber keine notwendige Bedingung für den Erkenntniswert von

Vergegenwärtigungen. Diese Feststellung gilt insbesondere für beschreibende Vergegenwärtigungen. Deren kognitive Relevanz soll nun am Beispiel des Realitätsproblems aufgezeigt werden. Zunächst ist aber der Status der Realitätsfrage problemgeschichtlich einzuordnen. Dabei ist an die Ausführungen in Abschnitt 2.4 anzuschließen. Dort wurde bereits angedeutet, dass es strittig ist, ob die Realitätsfrage überhaupt eine sinnvolle Frage ist.

Besonders entschieden hat Carnap das Realitätsproblem als „Scheinproblem" eingestuft. Dabei geht er von der „Sachhaltigkeit" als Kriterium für sinnvolle empirische Aussagen aus (Carnap 1928b: § 7). Mit Blick auf die Realitätsfrage heißt dies zu prüfen, ob Realismus und Idealismus unterschiedliche „Sachverhalte" aussprechen, deren Wahrheit oder Falschheit zwar nicht unbedingt faktisch, aber prinzipiell nachprüfbar ist. Erläutert wird dies an folgendem Beispiel: Zwei Geographen, ein Realist und ein Idealist, ziehen aus, um zu prüfen, ob ein Berg, der an einem bestimmten Ort in einem fernen Land vermutet wird, „wirklich existiere" (Carnap 1928b: § 10). Beide werden nach den üblichen empirisch-wissenschaftlichen Kriterien zu demselben Ergebnis kommen, nämlich, dass dies der Fall ist oder nicht. Realisten finden keine anderen Berge in der Welt vor als Idealisten. Hinsichtlich der „empirischen Wirklichkeit", so Carnap, bestehe also Einigkeit zwischen beiden. Ein darüber hinausgehender Streit für oder wider die Anerkennung einer Wirklichkeit an sich bleibe dagegen sinnlos, weil keine Sachverhalte benannt werden können, deren Bestehen oder Nichtbestehen diese Frage entscheiden könnte. Demgemäß seien *beide* Positionen nicht sachhaltig und somit sinnlos.

Carnaps Analyse läuft auf die Unterscheidung zwischen einem sinnvollen empirischen (oder ‚internen') und einem sinnlosen metaphysischen (oder ‚externen') Wirklichkeitsbegriff hinaus. Je nachdem, welcher Wirklichkeitsbegriff vertreten wird, ist dann auch zwischen einem internen und einem externen Realismus zu unterscheiden (Putnam 1993: 156-173). Der interne Realismus entspricht dem „empirischen Realismus" bei Kant.

Zwar in anderer Sprache, aber in der Sache übereinstimmend, führt auch Heidegger (1979: 202) aus, dass die Realitätsfrage „ohne Sinn" sei. Das „Reale" sei „wesenhaft nur als innerweltliches Seiendes zugänglich", also im Sinne des internen Wirklichkeitsbegriffs zu verstehen, wobei die Anerkennung eines solchen Realen – für Heidegger freilich in seiner *Zuhandenheit* und nicht in seiner *Vorhandenheit* – die selbstverständliche Voraussetzung unseres „In-der-Welt-seins" ausmache und mit diesem unauflöslich verwoben sei: „Mit dem Dasein als In-der-Welt-sein ist innerweltliches Seiendes je schon erschlossen." (Heidegger 1979: 207)

Carnaps und Heideggers Einwände haben vieles für sich. Wir müssen hier aber nicht entscheiden, ob es dennoch sinnvoll möglich ist, für oder wider die

Möglichkeit eines externen Bezugs auf eine Welt an sich zu argumentieren. Festzuhalten bleibt jedenfalls gegen jede Form des Panfiktionalismus, dass bereits auf der Grundlage des internen Wirklichkeitsbegriffs die Unterscheidung zwischen Fakten und Fiktionen Bestand hat (vgl. Abschnitt 9.1; zur Kritik des Panfiktionalismus siehe auch Konrad 2014: Kapitel 2). Im internen Sinne ist jeder empirische Wissenschaftler Realist, ungeachtet der Frage, ob er darüber hinaus an einer Realität im externen, metaphysischen Sinne festhält oder nicht. Auch Idealisten sind, was häufig übersehen wird, intern empirische Realisten. Man könnte daher geneigt sein, die Kontroverse zwischen Idealismus und Realismus philosophisch *ad acta* zu legen. Eine weitergehende Analyse vermag ihr aber noch eine ganz andere, unmetaphysische Wendung zu geben, die uns noch einmal auf die Frage nach der angemessenen Darstellungsform zurückführt.

Die Beurteilung des Realitätsproblems als sinnlos setzt das gängige Verständnis voraus, dass beide Positionen einander *propositional* widersprechen. Carnap deutet einen zusätzlichen Aspekt an, wenn er schreibt, „daß die Aufstellung der theoretisch sinnlosen These" des Realismus „eine begleitende Gegenstandsvorstellung", nämlich eine, wie man heute sagen würde, emotive Konnotation „zum Ausdruck" bringe:

> Man könnte etwa bei der realistischen These an gewisse *emotionale Begleitmomente* denken, z. B. an das Fremdheitsgefühl gegenüber dem Berge, an das Gefühl, daß er sich in vielem meinem Willen entzieht oder gar ihm widersteht, und Ähnliches. (Carnap 1928b: § 10)

Angesprochen ist hier das Erlebnis des Widerstands, auf das Wilhelm Dilthey (1990: 98) unseren „Glauben an die Realität der Außenwelt" zurückführt. Emotionale Begleitmomente beschreiben keine Sachverhalte in ihrem Sosein, sondern bestimmen unsere Einstellungen zu ihnen. Sie liefern keinen wahrheitswertrelevanten Beitrag für die Entscheidung der Wahrheit oder Falschheit einer Aussage oder These. Wenn der Gegensatz zwischen Idealismus und Realismus in unterschiedlichen emotionalen Begleitmomenten besteht, dann sind die entsprechenden Positionen nicht sinnvoll in Form propositionaler Behauptungen mit Wahrheitsanspruch zu vertreten, aber doch und immerhin als unterschiedliche Einstellungen zur Welt beschreibbar. Für Carnap beruhen die Formulierungen und die Begründungsversuche der Thesen des Idealismus und des Realismus letztlich auf dem für die Metaphysik charakteristischen Missverständnis, den Ausdruck eines Lebensgefühls in eine Theorie überführen zu wollen. Demnach betrifft die Differenz gar nicht innerweltliche Sachverhalte, sondern ist Ausdruck unterschiedlicher Lebensgefühle, die fälschlicherweise in diskursiver Form gegen einander antreten.

Auch wenn in Carnaps Bewertung eine zu einseitige emotivistische Sicht, verbunden mit der bereits kritisierten Dichotomie zwischen Gefühl und Erkenntnis zum Tragen kommt, enthält seine Beschreibung doch Aspekte, die sich in kognitivistischer Perspektive aufgreifen lassen. Wenn wir es zurückweisen oder zumindest darauf verzichten, den Positionen des Idealismus und Realismus propositionale Geltungsansprüche zuzubilligen, so impliziert dies nicht, dass jeder kognitive Zugang zu ihnen versperrt bleibt. Die Rede von Positionen ist doppeldeutig. Eine Position kann in propositionaler Form vorgetragen werden, sie kann aber auch die Form einer Einstellung annehmen. Im letzteren Sinne lassen sich Idealismus und Realismus als Einstellungen deuten (oder umdeuten), die sich nicht auf Sachverhalte *in* der Welt erstrecken, sondern für Sichtweisen *von* Welt stehen, von Sichtweisen, welche die Welt als Ganzes betreffen. Die Frage ist dann nicht mehr, ob *entweder* der Realismus *oder* der Idealismus Recht hat. Vielmehr können beide als Sichtweisen nebeneinander bestehen, ohne sich auszuschließen, als einander ergänzende Aspekte der *conditio humana*, etwa als komplementäre Einstellungen von realistisch-pragmatischem ‚In-der-Welt-sein' und, sagen wir, idealistisch-kontemplativem ‚Aus-der-Welt-sein'. Eine Vergegenwärtigung dieser Einstellungen in ihrer Komplementarität könnte zum Beispiel in der folgenden Weise erfolgen:

> Stellen wir uns vor, nach einem Aufstieg auf einen Berg mit den damit verbundenen leiblichen Widerstandserlebnissen auf die unter uns liegende Landschaft zu blicken. Dann können wir die realistisch-pragmatische Einstellung des In-der-Welt-seins einnehmen, indem wir *im Raum* (‚in der Ferne') bestimmte gegen-ständliche Objekte referentiell identifizieren, zum Beispiel andere Berggipfel, unsere Hütte, eine Kirche usw. Wir können aber (gerade ‚aus der Ferne') zur idealistisch-kontemplativen Einstellung des Aus-der-Welt-seins wechseln. In dieser Einstellung nehmen wir die Objekte nicht mehr gegen-ständlich wahr, sondern sie erscheinen uns wie Farbtupfer in einem impressionistischen Gemälde. Wir vergessen Raum und Zeit. Wir dürfen uns aber nicht so weit in das kontemplative Schauen vertiefen, dass wir die vor uns liegende räumlich abgründige Tiefe nicht ‚realisieren'. Spätestens dann, wenn wir uns an den Abstieg machen, müssen wir, wenn uns das Leben lieb ist, die idealistische Einstellung verlassen und wieder die realistische Einstellung einnehmen. Die idealistisch-kontemplative Einstellung ist also nur für Augenblicke möglich und ruht insofern auf der realistisch-pragmatischen Einstellung zur Welt und zum Leben auf, zu der und in die es immer wieder zurückzukehren gilt. Wer auf Dauer *aus* der Welt und nicht mehr *in* der Welt ist, der ist nicht mehr von dieser Welt, sondern ein gefährdeter Träumer.

Der sprachlichen Vergegenwärtigung können bildliche zu Hilfe kommen. Denken wir etwa an René Magrittes Gemälde *La Condition Humaine* (*Die Beschaffenheit des Menschen*, 1934), das schon im Titel in Anspruch nimmt, die Situation des Menschen zu vergegenwärtigen, die Situation nämlich, dass unser In-der-Welt-sein ein *In*-sein ist, für das fraglich bleibt, ob ‚hinter' dem empirischen Außen ein Außen-an-sich besteht.

Das Realitätsproblem ist also nicht damit ‚erledigt', dass es sich möglicherweise als propositional unentscheidbares Scheinproblem herausstellt. Es bleibt der Philosophie die Aufgabe, die Einstellungen des Realismus und Idealismus kognitiv zu vergegenwärtigen. Damit sind nur zwei problemgeschichtlich besonders zentrale Positionen angesprochen. Darüber hinaus eröffnet sich hier ein weites Feld für eine Phänomenologie der Einstellungen, Sichtweisen und auch Stimmungen (vgl. Bollnow 1980), die das Ziel hat, mit der *conditio humana* bekannt zu machen und diese in ihrer Komplexität zur *Kenntnis* zu bringen und nachvollziehend verstehbar zu machen. Einmal mehr rückt die Philosophie damit in die Nähe der Literatur. Ihre Vergegenwärtigungen sind nunmehr allerdings weniger erzählend als vielmehr beschreibend. Die Erkenntnis, die vermittelt wird, hat wie im Fall der Literatur den Status einer Erkenntnis- oder Kenntnis-wie-es-ist. Vermittelt wird, *wie* es ist, die jeweilige Einstellung zur Welt einzunehmen. Als kontemplative Einstellung für Augenblicke findet dann sogar der Solipsismus, der als propositionale These abwegig ist, seine Berechtigung.

Wenn Wittgenstein (*Tractatus* 5.62) schreibt „Was der Solipsismus nämlich *meint*, ist ganz richtig, nur läßt es sich nicht *sagen*, sondern es zeigt sich", so *sagt* er damit in einer Hinsicht zu viel, indem er nämlich die solipsistische Position „ganz richtig" nennt, in anderer Hinsicht aber zu wenig, indem er betont, dass sich deren Richtigkeit nur zeigen könne. Als Einstellung lässt sich der Solipsismus immerhin vergegenwärtigen. Eine solche Vergegenwärtigung ist Schopenhauer in seiner Beschreibung des Ichs als „Weltauge" in *Die Welt als Wille und Vorstellung* gelungen, einer Beschreibung, auf die Wittgensteins eigene Auffassung des Ichs als perspektivischer Fluchtpunkt eines kontemplativen Solipsismus zurückgeht: „Ich bin meine Welt." (*Tractatus* 5.63)

Die beschreibende Vergegenwärtigung der solipsistischen Einstellung hat sich nicht nur der ‚glücklichen' Version zu widmen, die der Aufhebung der Subjekt-Objekt-Spaltung in der Kontemplation entspricht. Aufmerksamkeit verdient gerade auch die ‚unglückliche' Version, die aus der Entfremdung des Subjekts erwächst, indem es diesem nicht gelingt, zur Realität der Objekte durchzudringen und die Einstellung des In-der-Welt-seins einzunehmen. Als Beispiel einer dazu passenden *erzählenden* Vergegenwärtigung sei noch einmal eine Passage aus Pascal Merciers Roman *Nachtzug nach Lissabon* angeführt, in der es darum geht, wie die Hauptfigur Raimund Gregorius der Gefahr des Realitätsverlustes durch die Erzeugung eines Dilthey'schen Widerstandserlebnisses zu begegnen sucht:

> Ihm war, als müsse er ein hauchdünnes Luftkissen von sanftestem Widerstand überwinden, um mit den Dingen in Berührung zu kommen. Er hätte die Luftschicht, die es zu durchstoßen galt, wie eine schützende Hülle erleben können, wäre da nicht die aufflackernde Angst gewesen, daß ihm die Welt jenseits davon unaufhaltsam entglitt. Auf dem Bahnsteig in Lissabon war er mit forschem Schritt hin und her gegangen, um sich des steinernen Widerstands zu vergewissern. (Mercier 2006: 421)

Wenn wir zwischen glücklicher und unglücklicher solipsistischer Einstellung unterscheiden können, so gibt uns dies einen Hinweis darauf, dass Einstellungen mit Erlebnissen verbunden sind. Erst recht gilt dies für Stimmungen. Der Erlebnischarakter hebt aber nicht, wie Schlick am Beispiel der Kontemplation von Farben behauptet (vgl. Abschnitt 5.3), den kognitiven Status gänzlich auf. Man kommt der Sache wohl am nächsten, wenn man Erlebnisse als emotional gefärbte Kognitionen bestimmt. So bestätigt sich noch einmal, dass man sich von einer strikten Trennung zwischen Kognition und Emotion zu verabschieden hat. Übergänge gibt es nicht nur zwischen Erkenntnisformen, sondern auch zwischen Gefühl und Erkenntnis.

11 Zusammenfassende Schlussbetrachtung

Nach einer problemgeschichtlichen Skizze der Grundthemen der Erkenntnistheorie stand die systematische Analyse des Erkenntnisbegriffs im Ausgang von der klassischen Bestimmung des propositionalen Wissens als *begründeter wahrer Glaube* im Mittelpunkt der Untersuchung. Vor allem für die Begründung von apriorischem Wissen, aber auch mit Blick auf die Begründung von empirischem Wissen wurde ausführlich die Unterscheidung zwischen Geltung und Genese der Erkenntnis erörtert und die Orientierung philosophischer Erkenntnistheorie an Geltungsfragen gerechtfertigt. Mit der Frage nach den Methoden und Bedingungen kreativen Erkennens fand aber auch die Genese der Erkenntnis in heuristischer Perspektive Berücksichtigung. Als zentrales Vermögen der Heuristik wurde die reflektierende Urteilskraft bestätigt.

Das Vorgehen war insgesamt dadurch bestimmt, die unterschiedlichen Erkenntnisformen in Beziehung zu ihren jeweiligen Darstellungsformen zu setzen und umgekehrt Darstellungsformen auf ihren Erkenntniswert zu untersuchen. Als sprachliche Darstellungsform propositionalen Wissens erwies sich der Sprechakt der Behauptung, indem sich die Merkmale des Wissensbegriffs den Bedingungen, die der Sprecher einer Behauptung zu erfüllen hat, zuordnen ließen. Da in den Wissenschaften nicht nur einzelne Behauptungen, sondern komplexe Theorien aufgestellt werden, wurden deren unterschiedliche Methoden zur Einlösung von Geltungsansprüchen untersucht.

In Ergänzung zum propositionalen Wissen mit dessen Bindung an das Kriterium der Wahrheit galt es, nicht-propositionale Erkenntnisformen zu erkunden, als deren Kriterien sich unterschiedliche Arten von Angemessenheit (Adäquatheit) ergaben. Mit dem durch adäquate Begriffsbildungen und Explikationen gewonnenen Unterscheidungswissen und dessen Darstellung in Definitionen konnte eine Form nicht-propositionaler Erkenntnis sogar in den Wissenschaften nachgewiesen werden. Am Beispiel grundlegender kategorialer Unterscheidungen, in denen auf Metaphern zurückgegriffen wird, fand der Erkenntniswert von Metaphern eine Bestätigung. Als von besonders weit reichender Relevanz erwies sich die Unterscheidung zwischen propositionaler Erkenntnis durch Beschreibung und nicht-propositionaler Erkenntnis durch Bekanntschaft. Auf die Erkenntnis durch Bekanntschaft konnte der Erkenntniswert von Kunst und Literatur im Sinne adäquater Darstellung zurückgeführt und als optische bzw. sprachliche Exemplifikations- und Vergegenwärtigungsleistung bestimmt werden.

Die analysierten Erkenntnisformen dienten als Belege dafür, den Begriff der Erkenntnis über den Begriff des propositionalen Wissens hinaus so zu erweitern, dass er sämtliche Formen kognitiver Welterschließung umfasst. Die Welt ist auch die Welt der Gefühle und Stimmungen. Diese sind nicht nur Gegenstand wissenschaftlicher Erklärungen, wie sie insbesondere die Psychologie, die Hirnforschung und die Anthropologie liefern, sondern auch Inhalt kognitiver Vergegenwärtigung, wie sie Literatur und Kunst bieten. Widersprochen wurde einem Emotivismus, der die Funktion ästhetischer Objekte und Texte auf die Vermittlung von Gefühlen beschränkt. Ohne Literatur und Kunst ihre emotive Wirkung abzusprechen, galt es, beiden auch einen Erkenntniswert zu sichern. Unterschieden wurde zwischen der emotiven Wirkung, die auf der Erweckung von Gefühlen beruht, und der kognitiven Erschließung von Gefühlen, die durch deren Vergegenwärtigung erfolgt. Verneint wurde damit eine strikte Trennung zwischen Kognition und Emotion, aber nicht im Sinne einer Emotionalisierung des Erkennens, sondern einer, wenn man so sagen darf, Kognitivierung der Gefühle.

Das leitende Motiv der Untersuchung war der Nachweis, dass es unterschiedliche Darstellungs- und Erkenntnisformen gibt, die nicht miteinander im Widerstreit liegen, sondern sich gegenseitig ergänzen. Das ausschließende Entweder-oder der Methoden ließ sich durch ein komplementäres Sowohl-als-auch ersetzen. Die angestrebte Komplementarität ist am ehesten mit derjenigen der Farbenlehre vergleichbar. Komplementärfarben sind solche, die sich im Farbkreis gegenüberliegen (zum Beispiel Gelb und Blau oder Rot und Grün), allerdings über Zwischenstufen allmählich in einander überführbar sind. So haben wir etwa die Konzeptkunst als eine Übergangsform zwischen Kunst und Philosophie kennen gelernt. Es können sich sogar gegensätzliche Darstellungs- und Erkenntnisformen, wie diejenigen der Wissenschaft und der Dichtung, zu Mischformen verbinden. Eine exemplarische Untersuchung solcher Mischformen in der Philosophie, in denen sich Argumente und Vergegenwärtigungen kreuzen, bildete den Abschluss der Studie und sollte hinreichend verdeutlicht haben, dass nicht nur außerhalb, sondern auch innerhalb der Philosophie ein pluralistisches Methodenverständnis anzuerkennen ist.

Eine Brücke zwischen Wissenschaft und Dichtung schlägt auch die Science-Fiction-Literatur, die mit ihren Gedankenexperimenten zu möglichen Welten ebenfalls philosophische Themen anspricht. Als ein prinzipieller Gegensatz wurde derjenige zwischen der Logik der Anschauung und der Logik des Begriffs untersucht und damit der kategoriale Unterschied zwischen Bild und Sprache bestimmt. Eine Verbindung beider vollzieht bereits das Drama, sofern es nicht nur ein Lesestück bleibt, sondern auch als Bühnenstück aufgeführt wird. Erst recht findet sich eine Verbindung von Bild und Sprache im Spielfilm. Zu fragen ist schließlich, wie weit der Musik über ihre emotive Wirkung hinaus ein Erkenntniswert zukommt. Die Vielfalt möglicher Darstellungs- und Erkenntnisformen ist jedenfalls mit den hier analysierten Beispielen nicht erschöpft.

Literaturverzeichnis

Abel, Günter (Hrsg.) (2006): *Kreativität*. XX. Deutscher Kongreß für Philosophie 2005. Kolloquiumsbeiträge, Hamburg: Felix Meiner.
Adorno, Theodor W. (1996): „Noten zur Literatur", in: *Gesammelte Schriften*, Bd. 11, hrsg. von Rolf Tiedemann, 4. Aufl. Frankfurt a. M.: Suhrkamp.
Aristoteles (1993): *Rhetorik*, übers. von Franz G. Sieveke, 4. Aufl. München: Wilhelm Fink.
Bartelborth, Thomas (2007): *Erklären*, Berlin u. New York: Walter de Gruyter.
Beardsley, Monroe C. (1958): *Aesthetics. Problems in the Philosophy of Criticism*, New York u. a.: Harcourt, Brace & World.
Benedictus, David (2009): *Pu der Bär. Rückkehr in den Hundertsechzig-Morgen-Wald*. Aus dem Englischen von Harry Rowohlt, Hamburg: Cecilie Dressler Verlag.
Bergson, Henri (1985): *Denken und schöpferisches Werden. Aufsätze und Vorträge* (1948). Nachdruck Frankfurt a. M.: Europäische Verlagsanstalt.
Berkeley, George (1949): „Philosophical Correspondence between Berkeley and Samuel Johnson, II Berkeley to Johnson", in: *The Works of George Berkeley, Bishop of Cloyne*, hrsg. von Arthur A. Luce/Thomas E. Jessop, Bd. 2, London: Thomas Nelson and Sons, 279-283.
- (1957): *Eine Abhandlung über die Prinzipien der menschlichen Erkenntnis*, hrsg. von Alfred Klemmt, Hamburg: Felix Meiner.
- (1980): *Drei Dialoge zwischen Hylas und Philonous*, 3. Aufl., hrsg. von Wolfgang Breidert, Hamburg: Felix Meiner.

Birus, Hendrik (1978): *Poetische Namengebung. Zur Bedeutung der Namen in Lessings „Nathan der Weise"*, Göttingen: Vandenhoeck & Ruprecht.
Blößner, Norbert (2013): „Argument und Dialogform in Platons *Menon*", in: Erler/Heßler (2013), 33-57.
Blumenberg, Hans (1979): „Ausblick auf eine Theorie der Unbegrifflichkeit", in ders., *Schiffbruch mit Zuschauer. Paradigma einer Daseinsmetapher*, Frankfurt a. M.: Suhrkamp, 75-93.
- (1999): *Paradigmen zu einer Metaphorologie*, 2. Aufl. Frankfurt a. M.: Suhrkamp.

Boehm, Gottfried (2007): *Wie Bilder Sinn erzeugen. Die Macht des Zeigens*, Berlin: Berlin University Press.
Bollnow, Otto Friedrich (1980): *Das Wesen der Stimmungen*, 6. Aufl. Frankfurt a. M.: Klostermann.
Bolzano, Bernard (1837): *Wissenschaftslehre*, Sulzbach: J. E. von Seidelsche Buchhandlung.
Bowman, Brady (Hrsg.) (2007): *Darstellung und Erkenntnis. Beiträge zur Rolle nichtpropositionaler Erkenntnisformen in der deutschen Philosophie und Literatur nach Kant*, Paderborn: mentis.
Brandt, Reinhard (2000): *Philosophie in Bildern. Von Giorgione bis Magritte*, Köln: DuMont.
Brendel, Elke (2013): *Wissen*, Berlin u. Boston: Walter de Gruyter.
Bugge, Günther (Hrsg.) (1955): *Das Buch der grossen Chemiker*, Bd. 2, Nachdruck Weinheim: Verlag Chemie.
Carnap, Rudolf (1928a): *Der logische Aufbau der Welt*, Berlin: Weltkreis-Verlag.
- (1928b): *Scheinprobleme in der Philosophie. Das Fremdpsychische und der Realismusstreit*, Berlin: Weltkreis-Verlag.
- (1930): „Die alte und die neue Logik", in: *Erkenntnis*, 1, 12-26.

- (1931): „Überwindung der Metaphysik durch logische Analyse der Sprache", in: *Erkenntnis*, 2, 220-241.
Carroll, Lewis (1970): *The Annotated Alice*. With an Introduction and Notes by Martin Gardner, Harmondsworth: Penguin Books.
Danto, Arthur C. (1984): *Die Verklärung des Gewöhnlichen. Eine Philosophie der Kunst*, Frankfurt a. M.: Suhrkamp.
Demmerling, Christoph (2004): *Gefühle und Moral. Eine philosophische Analyse* (= Bonner Philosophische Vorträge und Studien 22), Bonn: Bouvier.
Descartes, René (1986): *Meditationes de prima philosophia/Meditationen über die Erste Philosophie*, lat.-dt., hrsg. von Gerhart Schmidt, Stuttgart: Reclam.
Dilthey, Wilhelm (1990): „Beiträge zur Lösung der Frage vom Ursprung unseres Glaubens an die Realität der Außenwelt und seinem Recht", in ders., *Gesammelte Schriften*, Bd. 5, 8. Aufl. Göttingen: Vandenhoeck & Ruprecht, 90-138.
Döring, Sabine A. (1999): *Ästhetische Erfahrung als Erkenntnis des Ethischen. Die Kunsttheorie Robert Musils und die analytische Philosophie*, Paderborn: mentis.
Dostojewskij, Fjodor (2003): *Die Brüder Karamasow*, übers. v. Swetlana Geier, Zürich: Ammann.
Ebert, Udo (2013): „Hirnforschung und strafrechtliche Verantwortlichkeit", in: *sozialpsychiatrische informationen*, 43, 18-25.
Erler, Michael/Heßler, Jan Erik (Hrsg.) (2013): *Argument und literarische Form in antiker Philosophie*. Akten des 3. Kongresses der Gesellschaft für antike Philosophie 2010, Berlin: Walter de Gruyter.
Ernst, Gerhard (2002): *Das Problem des Wissens*, Paderborn: mentis.
Ernst, Gerhard/Marani, Lisa (Hrsg.) (2013): *Das Gettierproblem. Eine Bilanz nach 50 Jahren*, Münster: mentis.
Frege, Gottlob (1879): *Begriffsschrift, eine der arithmetischen nachgebildete Formelsprache des reinen Denkens*, Halle a. S.: L. Nebert.
- (1884): *Die Grundlagen der Arithmetik. Eine logisch mathematische Untersuchung über den Begriff der Zahl*, Breslau: W. Koebner.
- (1891): *Funktion und Begriff*, Jena: H. Pohle.
- (1892a): „Über Sinn und Bedeutung", in: *Zeitschrift für Philosophie und philosophische Kritik*, 100, 25-50.
- (1892b): „Über Begriff und Gegenstand", in: *Vierteljahrsschrift für wissenschaftliche Philosophie*, 16, 192-205.
- (1893): *Grundgesetze der Arithmetik*, Bd. 1, Jena: H. Pohle.
- (1904): „Was ist eine Funktion?", in: *Festschrift Ludwig Boltzmann*, Leipzig: J. A. Barth, 656-666.
- (1918): „Der Gedanke. Eine logische Untersuchung", in: *Beiträge zur Philosophie des deutschen Idealismus*, 1, 58-77.
- (1969): *Nachgelassene Schriften*, hrsg. von Hans Hermes/Friedrich Kambartel/Friedrich Kaulbach, Hamburg: Felix Meiner.
Fricke, Harald (1981): *Norm und Abweichung. Eine Philosophie der Literatur*, München: C. H. Beck.
Friedman, Michael (2000): *A Parting of the Ways. Carnap, Cassirer, and Heidegger*, Chicago u. La Salle, Illinois: Open Court.
Fries, Jakob Friedrich (1819): *System der Logik*, 2. Aufl. Heidelberg: Mohr u. Winter.
Gabriel, Gottfried (1975): *Fiktion und Wahrheit. Eine semantische Theorie der Literatur*, Stuttgart-Bad Cannstatt: Frommann-Holzboog.

- (1991): *Zwischen Logik und Literatur. Erkenntnisformen von Dichtung, Philosophie und Wissenschaft*, Stuttgart: Metzler.
- (2008): *Grundprobleme der Erkenntnistheorie. Von Descartes zu Wittgenstein*, 3. Aufl. Paderborn: Schöningh (UTB 1743).

Gabriel, Gottfried/Schildknecht, Christiane (Hrsg.) (1990): *Literarische Formen der Philosophie*, Stuttgart: Metzler.

Gehlen, Arnold (1986): *Zeit-Bilder. Zur Soziologie und Ästhetik der modernen Malerei*, 3. Aufl. Frankfurt a. M.: Athenäum.

Gettier, Edmund L. (1963): „Is Justified True Belief Knowledge?", in: *Analysis*, 23, 121-123.

Gittel, Benjamin (2013): *Lebendige Erkenntnis und ihre literarische Kommunikation. Robert Musil im Kontext der Lebensphilosophie*, Münster: mentis.

Goethe, Johann Wolfgang (1994): *Faust. Texte*, hrsg. von Albrecht Schöne, Frankfurt a. M.: Deutscher Klassiker Verlag.
- (1999): *Johann Peter Eckermann, Gespräche mit Goethe in den letzten Jahren seines Lebens*, hrsg. von Christoph Michel, Frankfurt a. M.: Deutscher Klassiker Verlag.

Gombrich, Ernst Hans (2004): *Kunst und Illusion. Zur Psychologie der bildlichen Darstellung*, 2. Aufl. Berlin: Phaidon.

Goodman, Nelson (1984): *Weisen der Welterzeugung*, Frankfurt a. M.: Suhrkamp.
- (1995): *Sprachen der Kunst. Entwurf einer Symboltheorie*, übers. von Bernd Philippi, Frankfurt a. M.: Suhrkamp.

Gräfrath, Bernd (1997): *Evolutionäre Ethik? Philosophische Programme, Probleme und Perspektiven der Soziobiologie*, Berlin u. New York: Walter de Gruyter.

Grasskamp, Walter (1998): *Kunst und Geld. Szenen einer Mischehe,* München: C. H. Beck.

Grundmann, Thomas (2008): *Analytische Einführung in die Erkenntnistheorie*, Berlin u. New York: Walter de Gruyter.

Gumbrecht, Hans Ulrich (2004): *Diesseits der Hermeneutik. Die Produktion von Präsenz*, Frankfurt a. M.: Suhrkamp.

Habermas, Jürgen (1985): „Exkurs zur Einebnung des Gattungsunterschiedes zwischen Philosophie und Literatur", in ders., *Der philosophische Diskurs der Moderne*, Frankfurt a. M.: Suhrkamp, 219-247.

Haftmann, Werner (1989): „Kasimir Malewitsch", in: Kasimir Malewitsch, *Suprematismus. Die gegenstandslose Welt*, hrsg. von Werner Haftmann, Köln: DuMont, 7-25.

Hampe, Michael (2014): *Die Lehren der Philosophie. Eine Kritik*, Frankfurt a. M.: Suhrkamp.

Harth, Manfred/Steinbrenner, Jakob (Hrsg.) (2013): *Bilder als Gründe*, Köln: Herbert von Halem.

Heidegger, Martin (1929): „Was ist Metaphysik?". Neudruck in ders., *Wegmarken* (Gesamtausgabe, Bd. 9), Frankfurt a. M.: Klostermann 1976, 109-122.
- (1979): *Sein und Zeit*, 15. Aufl. Tübingen: Max Niemeyer.

Hempel, Carl Gustav (1977): *Aspekte wissenschaftlicher Erklärung*, Berlin u. New York: Walter de Gruyter.

Hirzel, Rudolf (1895): *Der Dialog. Ein literarhistorischer Versuch*, Leipzig: S. Hirzel.

Hoffmann, Ernst (1950): *Platon*, Zürich: Artemis-Verlag.

Hogrebe, Wolfram (1996): *Ahnung und Erkenntnis. Brouillon zu einer Theorie des natürlichen Erkennens*, Frankfurt a. M.: Suhrkamp.

Hösle, Vittorio (2006): *Der philosophische Dialog. Eine Poetik und Hermeneutik*, München: C. H. Beck.

Hühn, Helmut (2009): „Unterscheidungswissen, Begriffsexplikation und Begriffsgeschichte", in: Lutz Danneberg/Carlos Spoerhase/Dirk Werle (Hrsg.), *Begriffe, Metaphern und*

Imaginationen in Philosophie und Wissenschaftsgeschichte, Wiesbaden: Harrassowitz, 23-38.
Hüttemann, Andreas (2013): *Ursachen*, Berlin u. Boston: Walter de Gruyter.
Hütter, Hans Walter (Hrsg.) (2000): *Bilder, die lügen. Begleitbuch zur Ausstellung der Stiftung Haus der Geschichte der Bundesrepublik Deutschland*, Bonn: Bouvier-Verlag.
Iser, Wolfgang (1991): *Das Fiktive und das Imaginäre*, Frankfurt a. M.: Suhrkamp.
Jäger, Christoph (2005): „Kunst, Kontext und Erkenntnis. Eine Einführung", in: Christoph Jäger/ Georg Meggle (Hrsg.), *Kunst und Erkenntnis*, Paderborn: mentis, 9-39.
Kambartel, Friedrich (1968): *Erfahrung und Struktur. Bausteine zu einer Kritik des Empirismus und Formalismus*, Frankfurt a. M.: Suhrkamp.
Kamlah, Wilhelm/Lorenzen, Paul (1967): *Logische Propädeutik. Vorschule des vernünftigen Redens*, Mannheim: Bibliographisches Institut.
Kant, Immanuel (1968): *Kants Werke. Akademie-Textausgabe*, 9 Bde., Berlin: Walter de Gruyter. Kürzel: AA.
- (1968a): „Kritik der reinen Vernunft", 2. Aufl. 1787, in: *Kants Werke. Akademie-Textausgabe*, Bd. 3, Berlin: Walter de Gruyter. Kürzel: KrV B.
- (1968b): „Kritik der Urteilskraft", in: *Kants Werke. Akademie-Textausgabe*, Bd. 5, Berlin: Walter de Gruyter, 165-485.
- (1968c): „Anthropologie in pragmatischer Hinsicht", in: *Kants Werke. Akademie-Textausgabe*, Bd. 7, Berlin: Walter de Gruyter, 117-333.
- (1968d): „Logik", in: *Kants Werke. Akademie-Textausgabe*, Bd. 9, Berlin: Walter de Gruyter, 1-150.
Keil, Geert (2013), *Willensfreiheit*, 2. Aufl. Berlin u. Boston: Walter de Gruyter.
Kekulé, August (1929a): „Die wissenschaftlichen Ziele und Leistungen der Chemie. Rede, gehalten beim Antritt des Rektorates der Rheinischen Friedrich-Wilhelms-Universität [Bonn] am 18. Oktober 1877", in: Richard Anschütz, *August Kekulé*, 2 Bde., Berlin: Verlag Chemie, Bd. 2: *Abhandlungen, Berichte, Kritiken, Artikel, Reden*, 903-917.
- (1929b): „Rede gehalten bei der ihm zu Ehren veranstalteten Feier der Deutschen Chemischen Gesellschaft im großen Saal des Rathauses der Stadt Berlin am 11. März 1890", in: Anschütz, a. a. O., 937-947.
Keller, Gottfried (o. J.): *Sämtliche Werke und ausgewählte Briefe*, hrsg. von Clemens Heselhaus, München: Hanser.
Kleist, Heinrich von (1996): „Über die allmähliche Verfertigung der Gedanken beim Reden", in ders., *Werke*, Bd. 3, hrsg. von Rolf Toman, Köln: Könemann, 310-316.
Koch, Heiner Albert (2014): *Kleine Stilgeschichte der Philosophie. Auf der Suche nach dem literarischen Mehrwert*, Würzburg: Königshausen & Neumann.
Konrad, Eva-Maria (2014): *Dimensionen der Fiktionalität. Analyse eines Grundbegriffs der Literaturwissenschaft*, Münster: mentis.
Koppe, Franz (1983): *Grundbegriffe der Ästhetik*, Frankfurt a. M.: Suhrkamp.
Köppe, Tilmann (2007): „Grünbeins Idee von der Erkenntnis des Dichters", in: Kai Bremer/ Fabian Lampart/Jörg Wesche (Hrsg.), *Schreiben am Schnittpunkt. Poesie und Wissen bei Durs Grünbein*, Freiburg: Rombach, 259-270.
- (2008): *Literatur und Erkenntnis. Studien zur kognitiven Signifikanz fiktionaler literarischer Werke*, Paderborn: mentis.
Kraus, Karl (1913): *Die Fackel*, Nr. 376/377 (30. Mai 1913).
Kreimendahl, Lothar (1994): *Hauptwerke der Philosophie. Rationalismus und Empirismus*, Stuttgart: Reclam.

Kuhn, Thomas S. (1976): *Die Struktur wissenschaftlicher Revolutionen*, 2. Aufl. Frankfurt a. M.: Suhrkamp.
Kulenkampff, Jens (2001): „Die Philosophie und die Kunst am Beispiel von Joseph Kosuth, *One and Three Chairs* (1965)", in: *Strukturen der Wirklichkeit. Zeitschrift für Wissenschaft, Kunst und Kultur*, Heft 3/2001, 9-17.
Lakatos, Imre (1978): *Mathematics, Science and Epistemology*, Philosophical Papers, Bd. 2, hrsg. von John Worrall/Gregory Currie, Cambridge: Cambridge University Press.
Lauer, Gerhard (2007): „Spiegelneuronen. Über den Grund des Wohlgefallens an der Nachahmung", in: Karl Eibl/Katja Mellmann/Rüdiger Zymner (Hrsg.), *Im Rücken der Kulturen*, Paderborn: mentis, 137-163.
Leibniz, Gottfried Wilhelm (1961): *Neue Abhandlungen über den menschlichen Verstand*, frz.-dt., hrsg. von Wolf von Engelhardt/Hans Heinz Holz, 2 Bde., Frankfurt a. M.: Insel-Verlag.
- (1965): „Meditationes de Cognitione, Veritate et Ideis" (1684), in: *Philosophische Schriften*, hrsg. von Carl I. Gerhardt (1880), Bd. 4, repr. Hildesheim: Olms, 422-426.
Lichtenberg, Georg Christoph (1973): *Schriften und Briefe*, hrsg. von Wolfgang Promies, Bd. 1, 2. Aufl. München: Carl Hanser.
Littell, Jonathan (2008): *Die Wohlgesinnten*, Berlin: Berlin-Verlag.
Locke, John (1981): *Versuch über den menschlichen Verstand*, 2 Bde., Hamburg: Felix Meiner.
Lorenz, Konrad (1941/42): „Kants Lehre vom Apriorischen im Lichte gegenwärtiger Biologie", in: *Blätter für Deutsche Philosophie*, 15, 94-125.
Lütterfelds, Wilhelm (Hrsg.) (1987): *Transzendentale oder evolutionäre Erkenntnistheorie?*, Darmstadt: Wissenschaftliche Buchgesellschaft.
Mach, Ernst (1917): *Erkenntnis und Irrtum. Skizzen zur Psychologie der Forschung*, 3. Aufl. Leipzig: Johann Ambrosius Barth.
Man, Paul de (1983): „Epistemologie der Metapher", in: Anselm Haverkamp (Hrsg.), *Theorie der Metapher*, Darmstadt: Wissenschaftliche Buchgesellschaft, 414-437.
Menninghaus, Winfried (2003): *Das Versprechen der Schönheit*, Frankfurt a. M.: Suhrkamp.
Mercier, Pascal (2006): *Nachtzug nach Lissabon*, 13. Aufl. München: btb.
Misch, Georg (1994): *Der Aufbau der Logik auf dem Boden der Philosophie des Lebens*, hrsg. von Gudrun Kühne-Bertram/Frithjof Rodi, Freiburg u. München: Alber.
Mittelstraß, Jürgen (1982): „Versuch über den Sokratischen Dialog", in ders., *Wissenschaft als Lebensform. Reden über philosophische Orientierungen in Wissenschaft und Universität*, Frankfurt a. M.: Suhrkamp, 138-161.
- (2004): „Brauchen Gedanken Bilder?" in: Wolfram Hogrebe (Hrsg.), *Grenzen und Grenzüberschreitungen.* IX. Deutscher Kongreß für Philosophie, 854-862.
- (2012): *Die Kunst, die Liebe und Europa. Philosophische Seitenblicke*, Berlin: Berlin University Press.
Monk, Ray (1993): *Wittgenstein. Das Handwerk des Genies*, 3. Aufl. Stuttgart: Klett-Cotta.
Moore, George E. (1969): „Beweis einer Außenwelt", in ders., *Eine Verteidigung des Common Sense. Fünf Aufsätze aus den Jahren 1903-1941*, mit einer Einleitung von Harald Delius, Frankfurt a. M.: Suhrkamp, 153-184.
Neuber, Matthias (Hrsg.) (2014): *Fiktion und Fiktionalismus. Beiträge zu Hans Vaihingers ‚Philosophie des Als Ob'*, Würzburg: Königshausen & Neumann.
Nietzsche, Friedrich (1973a): „Die Geburt der Tragödie", in: *Werke*, hrsg. von Karl Schlechta, Bd. 1, 7. Aufl. München: Carl Hanser, 7-134.

- (1973b): „Die fröhliche Wissenschaft", in: *Werke*, hrsg. von Karl Schlechta, Bd. 2, 7. Aufl. München: Carl Hanser, 7-274.
- (1973c): „Über Wahrheit und Lüge im außermoralischen Sinn", in: *Werke*, hrsg. von Karl Schlechta, Bd. 3, 7. Aufl. München: Carl Hanser, 309-322.

Nolte, Ulrich (1995): *Philosophische Exerzitien bei Descartes. Aufklärung zwischen Privatmysterium und Gesellschaftsvertrag*, Würzburg: Königshausen & Neumann.

Nussbaum, Martha C. (1990): *Love's Knowledge. Essays on Philosophy and Literature*, New York u. Oxford: Oxford University Press.

- (2001): *Upheavals of Thoughts. The Intelligence of Emotions*, Cambridge: Cambridge University Press.

Pessoa, Fernando (2008): *O livro do desassossego (Das Buch der Unruhe des Hilfsbuchhalters Bernardo Soares)*, hrsg. von Richard Zenith. Aus dem Portugiesischen übers. und revidiert von Inés Koebel, Zürich: Ammann.

Platon (1967): *Sämtliche Werke*, 3 Bde., 5. Aufl. Köln u. Olten: Jakob Hegner.

Popper, Karl R. (1982): *Logik der Forschung*, 7. Aufl. Tübingen: Mohr Siebeck.

Putnam, Hilary (1993): *Von einem realistischen Standpunkt. Schriften zu Sprache und Wirklichkeit*, Reinbek bei Hamburg: Rowohlt.

Quine, Willard Van Orman (1951): „Two Dogmas of Empiricism", in: *The Philosophical Review*, 60, 20-43.

Ranke, Leopold von (1874): „Geschichten der romanischen und germanischen Völker von 1494 bis 1514" (2. Aufl.), in ders., *Sämmtliche Werke*, Bd. 33, Leipzig: Duncker & Humblot.

Reichenbach, Hans (1938): *Experience and Prediction. An Analysis of the Foundations and the Structure of Knowledge*, Chicago u. London: University of Chicago Press.

Reicher, Maria E. (2007): „Fiktion, Wahrheit und Erkenntnis", in: Alex Burri/Wolfgang Huemer (Hrsg.), *Kunst denken*, Paderborn: mentis, 25-45.

Reza, Yasmina (2010): „KUNST", in dies., *Stücke I*, Lengwil am Bodensee: Libelle Verlag, 187-245.

Ricken, Friedo (2013): „Dihairese Mythos Beispiel. Literarische Werkzeuge der philosophischen Argumentation in Platons *Politikos*", in: Erler/Heßler (2013), 169-177.

Rickert, Heinrich (1934): „Kennen und Erkennen. Kritische Bemerkungen zum theoretischen Intuitionismus", in: *Kant-Studien*, 39, 139-155.

Ricœur, Paul (1996): *Das Selbst als ein Anderer*, München: Wilhelm Fink.

Rodi, Frithjof (1990): *Die Erkenntnis des Erkannten. Zur Hermeneutik des 19. und 20. Jahrhunderts*, Frankfurt a. M.: Suhrkamp.

Rorty, Richard (2001): *Philosophie & die Zukunft. Essays*, 2. Aufl. Frankfurt a. M.: Fischer.

Russell, Bertrand (1976): „Erkenntnis durch Bekanntschaft und Erkenntnis durch Beschreibung", in ders., *Die Philosophie des Logischen Atomismus. Aufsätze zur Logik und Erkenntnistheorie 1908-1918*, hrsg. von Johannes Sinnreich, München: Nymphenburger, 66-82.

Schildknecht, Christiane (1990): *Philosophische Masken. Literarische Formen der Philosophie bei Platon, Descartes, Wolff und Lichtenberg*, Stuttgart: Metzler.

- (2002): *Sense and Self. Perspectives on Nonpropositionality*, Paderborn: mentis.

Schildknecht, Christiane/Teichert, Dieter (Hrsg.) (1996): *Philosophie in Literatur*, Frankfurt a. M.: Suhrkamp.

Schlaffer, Heinz (1972): „Namen und Buchstaben in Goethes ‚Wahlverwandtschaften'", in: *Jahrbuch der Jean-Paul-Gesellschaft*, 7, 84-102.

Schlick, Moritz (1913): „Gibt es intuitive Erkenntnis?", in: *Vierteljahrsschrift für wissenschaftliche Philosophie und Soziologie*, 37, 472- 488.
- (1918): *Allgemeine Erkenntnislehre*, Berlin: Julius Springer.
- (1926): „Erleben, Erkennen, Metaphysik", in: *Kant-Studien*, 31, 146-158.

Scholz, Oliver R. (2004): *Bild, Darstellung, Zeichen. Philosophische Theorien bildlicher Darstellung*, 2. Aufl. Frankfurt a. M.: Vittorio Klostermann.

Schürmann, Eva (2007): „Henry James' ‚Die goldene Schale' oder ist Literatur die bessere Moralphilosophie?", in: Gerhard Gamm/Alfred Nordmann/Eva Schürmann (Hrsg.), *Philosophie im Spiegel der Literatur* (= *Zeitschrift für Ästhetik und Allgemeine Kunstwissenschaft*, Sonderheft 9), Hamburg: Meiner, 43-59.

Searle, John R. (1990): „Der logische Status fiktionalen Diskurses", in ders., *Ausdruck und Bedeutung. Untersuchungen zur Sprechakttheorie*, 3. Aufl. Frankfurt a. M.: Suhrkamp, 80-97.

Seel, Martin (1985): *Die Kunst der Entzweiung. Zum Begriff der ästhetischen Rationalität*, Frankfurt a. M.: Suhrkamp.

Sextus Empiricus (1993): *Grundriß der pyrrhonischen Skepsis*, eingel. und übers. von Malte Hossenfelder, 2. Aufl. Frankfurt a. M.: Suhrkamp.

Sidney, Philip (1971): *A Defence of Poetry*, hrsg. von Jan A. van Dorsten, 2. Aufl. Oxford: Oxford University Press.

Spree, Axel (2002): „Erkenntnistheorie der Kunst. Die symboltheoretische Ästhetik Nelson Goodmans", in: Thomas Hecken/Axel Spree (Hrsg.), *Nutzen und Klarheit. Anglo-Amerikanische Ästhetik im 20. Jahrhundert*, Paderborn: mentis, 124-151.

Sutrop, Margit (2000): *Fiction and Imagination. The Anthropological Function of Literature*, Paderborn: mentis.

Szlezák, Thomas A. (1990): „Gespräche unter Ungleichen. Zur Struktur und Zielsetzung der platonischen Dialoge", in: Gottfried Gabriel/Christiane Schildknecht (Hrsg.), 40-61.
- (1993): *Platon lesen*, Stuttgart-Bad Cannstatt: Frommann-Holzboog.

Teichert, Dieter (1996): „Praktische Vernunft, Emotion und Dilemma. Philosophie in der Tragödie", in: Schildknecht/Teichert (Hrsg.), 202-229.
- (2008): „Die Geltung der Geschichte: Begriffsgeschichte als Philosophie?", in: Christiane Schildknecht/Dieter Teichert/Temilo van Zantwijk (Hrsg.), *Genese und Geltung*, Paderborn: mentis, 107-125.

Tolstoi, Leo (1978): *Tolstoy's Letters*, Bd. I, hrsg. von R. F. Christian, London: The Athlone Press.

Torczyner, Harry (1977): *René Magritte. Zeichen und Bilder*, Köln: DuMont.

Weinrich, Harald (1996): „Semantik der kühnen Metapher", in: Anselm Haverkamp (Hrsg.), *Theorie der Metapher*, 2. Aufl. Darmstadt: Wissenschaftliche Buchgesellschaft, 316-339.

White, Hayden (1986): *Auch Klio dichtet oder Die Fiktion des Faktischen*, Stuttgart: Klett-Cotta.

Whitehead, Alfred N./Russell, Bertrand (1927): *Principia Mathematica*, Bd. 1, 2. Aufl. Cambridge: Cambridge University Press.

Wieland, Wolfgang (1982): *Platon und die Formen des Wissens*, Göttingen: Vandenhoeck & Ruprecht.

Wiesing, Lambert (1997): *Die Sichtbarkeit des Bildes. Geschichte und Perspektiven der formalen Ästhetik*, Reinbek bei Hamburg: Rowohlt.
- (2000): „Denken mit Bildern: das virtuelle Gedankenexperiment", in ders., *Phänomene im Bild*, München: Wilhelm Fink, 31-41.
- (2005): *Artifizielle Präsenz. Studien zur Philosophie des Bildes*, Frankfurt a. M.: Suhrkamp.
- (2009): *Das Mich der Wahrnehmung. Eine Autopsie*, Frankfurt a. M.: Suhrkamp.

Wille, Matthias (2012): *Transzendentaler Antirealismus. Grundlagen einer Erkenntnistheorie ohne Wissenstranszendenz*, Berlin u. Boston: Walter de Gruyter.
Windelband, Wilhelm (1894): *Geschichte und Naturwissenschaft*, Straßburg: Heitz.
- (1915): „Kritische und genetische Methode?", in ders., *Präludien*, Bd. 2, 5. Aufl. Tübingen: J. C. B. Mohr (Paul Siebeck), 99-135.

Wittgenstein, Ludwig (1970): *Über Gewißheit*, hrsg. von G. E. M. Anscombe/G. H. von Wright, Frankfurt a. M.: Suhrkamp.
- (1977): *Vermischte Bemerkungen*, hrsg. von Georg Henrik von Wright, Frankfurt a. M.: Suhrkamp.
- (1980): *Briefwechsel*, hrsg. von Brian F. McGuinness/Georg Henrik von Wright, Frankfurt a. M.: Suhrkamp.
- (1984): „Tractatus logico-philosophicus. Tagebücher 1914-1916. Philosophische Untersuchungen", in: *Werkausgabe*, Bd. 1, Frankfurt a. M.: Suhrkamp.

Wolters, Gereon (1991): „Die Natur der Erkenntnis. Ein Thema der Philosophie oder der Biologie?", in: Helmut Bachmaier/Erst Peter Fischer (Hrsg.), *Glanz und Elend der zwei Kulturen. Über die Verträglichkeit der Natur- und Geisteswissenschaften*, Konstanz: Universitätsverlag, 141-155.
Wood, James (2011): *Die Kunst des Erzählens*, 3. Aufl. Reinbek bei Hamburg: Rowohlt.
Woolley, Jacqueline D./Wellmann, Henry M. (1993): „Origin and Truth. Young Children's Understanding of Imaginary Mental Representations", in: *Child Development*, 64, 1-17.
Zantwijk, Temilo van (2009): *Heuristik und Wahrscheinlichkeit in der logischen Methodenlehre*, Paderborn: mentis.

Namenregister

Abel, G. 86
Adorno, Th. W. 101, 151 f.
Anselm von Canterbury 155
Aristoteles 24, 89, 151, 157, 166
Augustinus 152
Austin, J. L. 169

Bartelborth, Th. 76, 81
Baumgarten, A. G. 89, 107 f., 131
Bayle, P. 152
Beardsley, M. C. 102
Benedictus, D. 19
Bergson, H. 64, 66 ff.
Berkeley, G. 4, 8, 10, 13, 156, 161 f., 170
Beuys, J. 106, 112 ff., 122
Birus, H. 132
Blößner, N. 160
Blumenberg, H. 55, 95
Boehm, G. 97, 101
Bollnow, O. F. 174
Bolzano, B. 48, 152
Bowman, B. 166
Brandt, R. 99
Brendel, E. 1, 29 f., 61
Brouwer, L. E. J. 156
Bugge, G. 91

Calderón, P. 126
Carnap, R. 8, 21, 48, 63, 68 f., 72, 150, 167 ff., 171 ff.
Carroll, L. 50, 126
Cassirer, E. 131
Cervantes, M. de 126

Danto, A. C. 115
Demmerling, Ch. 137
Descartes, R. 7-13, 16, 22, 41, 98, 152, 156, 163-166, 170
Dilthey, W. 68, 168, 172, 174
Döring, S. A. 105
Dostojewskij, F. 136
Duchamp, M. 108 f., 114, 119-122
Dughet, G. 101 f.

Ebert, U. 39
Empedokles 152
Epikur 152
Ernst, G. 29
Eucken, R. 80
Euklid 31, 75, 77

Fechner, G. Th. 67, 72
Fichte, J. G. 3, 32
Frege, G. 6, 16, 18, 20 f., 25, 32, 36, 38, 50 f., 54, 57, 61, 75 ff., 80 f., 90 f., 94 f., 98 ff., 102 ff., 147, 150 f., 154 f., 157, 167, 169
Freud, S. 26 f., 71
Fricke, H. 128
Friedman, M. 169
Fries, J. F. 89

Gehlen, A. 110 f.
Gethmann, C. F. 57
Gettier, E. L. 29 f.
Gittel, B. 142
Glück, G. 113, 115
Goethe, J. W. 86 ff., 94 f., 110, 122, 131 f., 135
Gombrich, E. H. 101
Goodman, N. 102 f., 111 f., 131
Gräfrath, B. 28
Grasskamp, W. 121
Grimm, J. 15
Grimm, W. 15
Grundmann, Th. 1, 29 f., 61
Gumbrecht, H. U. 137

Habermas, J. 151
Haftmann, W. 121
Hampe, M. 49, 152
Harth, M. 101
Hegel, G. W. F. 3, 65, 82
Heidegger, M. 64, 149 f., 167 ff., 171
Helmholtz, H. von 72
Hempel, C. G. 76
Heraklit 12
Hieber, J. 140 f.
Hilbert, D. 75 f.
Hirzel, R. 155, 161

Hobbes, Th. 43
Hoffmann, E. 158
Hoffmann, E. T. A. 132
Hofmannsthal, H. von 126
Hogrebe, W. 66
Hopper, D. 122
Hösle, V. 161
Hühn, H. 53
Hume, D. 3 f., 8, 30
Husserl, E. 64, 66
Hüttemann, A. 74
Hütter, H. W. 100

Iser, W. 126

Jäger, Ch. 136
James, H. 137
Joyce, J. 130

Kafka, F. 137
Kambartel, F. 76
Kamlah, W. 18, 47
Kant, I. IX, 3 ff., 8, 10, 13, 17 f., 21-26, 30, 39, 50, 54, 59, 62-65, 89, 96, 102 f., 108 ff., 112, 131, 151, 160, 171
Keil, G. 42, 93
Kekulé, A. 90 ff., 94 f.
Keller, G. 133 ff.
Kierkegaard, S. 151
Klein, Y. 60, 121
Kleist, H. von 93
Klemperer, V. 141
Koch, H. A. 152
Konrad, E.-M. 128, 134, 172
Koppe, F. 137
Köppe, T. 142
Kordon, K. 135
Kosuth, J. 117 ff.
Kraus, K. 71
Kreimendahl, L. 8
Kronecker, L. 85
Kuhn, Th. S. 53, 86
Kulenkampff, J. 118

Lakatos, I. 89
Lauer, G. 24

Leibniz, G. W. 5, 8, 13, 16 f., 21, 62, 77, 86, 89, 92, 156, 161 f.
Lenz, S. 140
Lichtenberg, G. Ch. 92, 152
Littell, J. 140
Locke, J. 4 f., 8 ff., 16, 53, 161
Lorenz, K. 25
Lorenzen, P. 18, 47
Lotze, H. 16
Loyola, I. von 165
Lukács, G. 131
Lütterfelds, W. 25
Luxemburg, R. 83

Mach, E. 10, 23, 94
Magritte, R. 115 f., 119, 173
Malewitsch, K. 119 ff.
Man, P. de 54, 150
Mann, Th. 141
Marani, L. 29
Marquard, O. 51
Marx, K. 27, 82 f.
Mauthner, F. 152
Menninghaus, W. 24
Mercier, P. 151, 174 f.
Misch, G. 67
Mittelstraß, J. 97, 103, 160
Monk, R. 153
Montaigne, M. de 152
Moore, G. E. 153, 165
Musil, R. 151

Neuber, M. 125
Neurath, O. 72
Newman, B. 60, 121
Newton, I. 71 f., 89
Nietzsche, F. 26 f., 39, 54, 125, 149, 151 f., 168 f.
Nolde, E. 140
Nolte, U. 165
Novalis 90, 152
Nussbaum, M. C. 137 ff.

Parmenides 12, 152
Pascal, B. 43
Peano, G. 31 f., 75
Pessoa, F. 143

Platon 3, 11, 16, 24, 29, 35, 43, 46, 52, 118, 129, 150 f., 154-163, 166, 170
Plotin 159
Popper, K. R. 8, 21 ff., 78, 82, 89 f.
Presley, E. 122
Putnam, H. 171

Quine, W. V. O. 17

Rahn, H. 122
Ranke, L. von 82
Reichenbach, H. 21 f.
Reicher, M. E. 134, 142
Reza, Y. 107, 122
Ricken, F. 160
Rickert, H. 62, 64 ff.
Ricœur, P. 137
Rodi, F. 166
Rorty, R. 139
Russell, B. 44 f., 59, 63, 66, 153, 169
Ryle, G. 169
Ryman, R. 107, 121

Sade, Marquis D.-A.-F. de 140
Schelling, F. W. J. 3, 32, 149
Schildknecht, Ch. 60, 66, 151, 160, 166
Schlaffer, H. 132
Schlick, M. 63 f., 66-69, 142, 175
Schlotter, S. IX
Schmidt, A. 130
Scholz, O. R. 99, 102 f.
Schopenhauer, A. 174
Schürmann, E. 138
Searle, J. R. 128
Seel, M. 106
Seneca 152

Sextus Empiricus 163
Sidney, Ph. 130
Singer, W. 40
Sokrates 16, 35, 154 f., 157, 166
Spree, A. 105
Stalin, J. 83
Steinbrenner, J. 101
Stirner, M. 27
Sutrop, M. 137
Szlezák, Th. A. 158 ff.

Teichert, D. 53, 136, 151
Tolstoi, L. 135
Torczyner, H. 116
Trendelenburg, A. 80 f.

Waismann, F. 158
Warhol, A. 122
Weinrich, H. 89
Wellmann, H. M. 125
White, H. 126
Whitehead, A. N. 45
Wieland, Ch. M. 126
Wieland, W. 160
Wiesing, L. 98 f., 101, 163, 165
Wille, M. 15
Windelband, W. 16, 81
Wittgenstein, L. 30, 33, 55, 68, 98, 100 ff., 151 ff., 157 f., 161, 165, 167, 169 f., 174
Wolff, Ch. 8, 89, 152
Wolters, G. 25
Wood, J. 136
Woolley, J. D. 125
Wundt, W. 72

Zantwijk, T. van 22

Sachregister

a posteriori 17 f.
– aposteriorische Wissenschaft 32
a priori 17 ff.
– apriorische Wissenschaft 32
Aberglaube 20 f.
als ob 128 f.
Analogie 88-91, 93 f.
analytisch 17 f.
– analytische Wissenschaft 32
Anschauung s. Begriff und Anschauung
Arithmetik 18 f.
ars iudicandi und ars *inveniendi* 22
ästhetisches Urteil 109 f.
Aussage 36
Axiomatik (Axiomensystem) 31 f., 75 ff., 80

Begriff und Anschauung 59 f., 62, 65 f., 102 f., 110, 118
Begriffsdichtung 69, 145
Begriffsgeschichte 53, 55
Begründung 73 ff.
– Begründungsapriori 18 f., 21
– Begründungs- und Entdeckungszusammenhang 20-23
Behauptung 33-37
Bekanntschaft 58 f., 66, 142-145
Besonderes und Allgemeines 23, 81 f., 96, 112, 131, 135, 137 ff.
Beweis 75
Bilder 97-102, 105
– Erkenntniswert der Bilder 99-106
– Logik der Bilder 102 f.

cognitio circa rem und *cognitio rei* 59, 67

Dasein und Sosein 9-12, 126, 128 f., 143
Definition 43-47, 50 ff., 57
– analytische 45
– lexikalische 45 f., 50, 117 f.
– persuasive 47
– synthetische 45
Dekonstruktion 54, 64, 150, 153 f., 166
Determinismus, neurobiologischer 39-42
Dialog 154-162

Dichtung und Historie 140 f.
Dichtung und Moral 136-140
Dualismus, ontologischer 12 f.

Eigennamen, fiktionale (poetische) 131 ff.
Einbildungskraft (Phantasie) 87, 90, 92, 94 f., 98, 109 f., 144, 166
Emotion s. Gefühl
Emotivismus (in der Dichtungstheorie) 130 f., 137
Empirismus 8
Entdecken 20-23, 85
Epideixis 166
Erfinden 85
Erkenntnis
– intuitive 63-67, 94 f.
– nicht-propositionale 57-69, 104 f.
– vorpropositionale 43, 52
– wissenschaftliche 71-83
Erkenntnisrelation 4 ff.
Erkenntnistheorie 3 f.
– evolutionäre 25
Erklärung 74-80
– monokausale 77
Erläuterung, kategoriale 38, 43, 51, 53, 91, 95, 150, 169 f.
Erleben (Erlebnis) 61, 63, 66 ff., 142 f., 175
Ethik, evolutionäre 28
exemplarische Einführung 57
Exemplifikation 111-117, 120 f.
Explikation 47-51

Faction-Literatur 135
Fakten und Fiktionen 125 ff., 135, 140 f.
Falsifikation 78 ff., 82
fiktionale Rede 127-130
Fiktionalismus 125 ff.
Finden 85
Flashmob-Freeze 106

Gefühl (Emotion) 104 f., 144
Geltung und Genese 15-28, 81, 88
– Verwechselung von Geltung und Genese 23-28, 71

Genie 87-90, 96, 121
Geschichtswissenschaft 81 f.
Geschmack, ästhetischer 109
Gesetzmäßigkeiten, historische 81 f.
Gewissen 26
Glauben 30
Gründe und Ursachen 15, 21, 41 f., 74

Handlungsfreiheit 39
Heuristik 15, 22 f., 71, 85, 88, 90, 93, 96, 177
Hinweisdefinition 47
Hirnforschung 21 f., 39-42, 93
Hypothese 90 f.
– hypothetisch-deduktives System 77

iconic turn 97
Idealismus
– erkenntnistheoretischer 9 ff., 171-174
– objektiver 11
– subjektiver 11
Ideen
– angeborene 16 f.
– ästhetische 109 f.
– Platonische 11, 16 f., 118, 159 f.
idiographisch 81
Intentionalität 112
Intertextualität 83
Intuition s. Erkenntnis, intuitive

Kausalgesetz und Kausalprinzip 76
Kennen (Kenntnis) 63-66, 68, 142
klar und deutlich 62, 64
Kognitivismus, ästhetischer 104 f.
Komplementarität der Erkenntnisformen 2, 64 ff., 178
Kontemplation 67, 173 f.
Konzeptkunst 115, 117-121
Kreativität 23, 85-96
– kategoriale 86, 91
Kunst
– Kunst und Nicht-Kunst 106-123
– Erkenntniswert der Kunst 97-123

Lebensgefühl 68, 168
Lebensphilosophie 67 ff.
Letztbegründung 13, 32
linguistic turn 97 f.

Literatur
– Erkenntniswert der Literatur (Dichtung) 125-145
– Literaturwissenschaft und Literatur 148 f.
Logizismus 32, 95, 156
Lüge 99 f.

Massenbegriff 20
Materialismus 13
– Historischer Materialismus 82 f.
Meditation (Descartes) 163-166
Meinen 30
Metapher 53 ff., 89, 91, 95, 97, 150, 163
– kategoriale 54, 169 f.
Metaphysikkritik 68, 167 ff.
Methode, analytische und synthetische 22
Monismus, ontologischer 12 f.
Moralität 26
Mythos und Logos 149

Nachahmung (Mimesis) 24, 118, 127
nomothetisch 81

Objektivität 5 f.

Panfiktionalismus 172
Paradigmenwechsel 53, 86, 91
Phänomenalismus 10
Philosophie 51, 53
– analytische und kontinentale 167, 169
– Erkenntnisformen der Philosophie 147-175
– literarische Formen der Philosophie 150-166
– Schriftlichkeit der Philosophie 147
– Vergegenwärtigungen in der Philosophie 156-166, 173 f.
Platonismus, kontemplativer 159
Prägnanz des Kunstwerks 110, 136, 143
Prognose 76 f., 79 f.
– historische 81 f.
Psychologie 72
Psychologismus 15, 18, 21, 24, 98
Pyrrhonismus 163 f.

Qualia 60, 66
Qualitäten, primäre und sekundäre 9, 60

Rationalisierung 27

Rationalismus 8, 16
Raumkunst 106 f., 110 f.
Readymades 108 f., 114 f.
Realismus
– empirischer 171 f.
– erkenntnistheoretischer 9 ff., 171-174
– interner und externer 171 f.
– literarischer (poetischer) 126 f., 133 f., 140
Realität (Realitätsproblem) 9 ff., 13, 165 f.
Referenz 126-129

Sagen und Zeigen 101, 103 f., 106, 110 f., 133
Scharfsinn 87, 96
Scheinproblem 13, 171
Schönheit (schön) 24, 108
Schriftkritik 157 ff.
Skepsis, pyrrhonische 163 f.
Solipsismus 11, 174 f.
Sortenbegriff (Sortal) 20, 154 f.
Sozialwissenschaften 82
Spiegelneuronen 24
Spiritualismus 13
Subjekt und Objekt der Erkenntnis 4 ff., 9-12, 174
Subjektivität 5 f.
synthetisch 17 f.
– synthetisch-apriorische Wissenschaft 32
– synthetisches Apriori 21
– synthetische Wissenschaft 32

Tatsachenfragen 21
Täuschung 99 f.
Type-Token-Verhältnis (in der Konzeptkunst) 121

Unbestimmtheit des Kunstwerks 111 f.
ungeschriebene Lehre (Platon) 158-161
Universal-Poesie 151
Unmittelbarkeit 64 f., 68
Unterscheidungen, kategoriale 50-53, 95, 150, 177

Unterscheidungswissen 43-58, 62
Uroboros-Schlange 91
Urteilskraft, reflektierende 23, 96, 112, 125, 131 f., 177
Urteilskraft, Schulung der 57 f.

Vergegenwärtigung
– ästhetische 105 f.
– beschreibende 170-175
– in der Literatur (Dichtung) 125, 136-145
– in der Philosophie 156-166
Verifikation 78
Verneinung, kategoriale 116
Verstehen 80-83
Vorstellung 98, 103
– wahre 100

Wahrheit 64 f.
– Wahrheit der Dichtung 130-136
– Wahrheitstheorien 37 ff.
Wahrnehmungserkenntnis 66
Weltauge (Schopenhauer) 174
Wesensdefinition 52
Widerstandserlebnis (Dilthey) 172-175
Wiedererkennen 62
Willensfreiheit 26, 39-42
Wink 159, 162
Wirklichkeit 10 f., 126 ff., 143, 171 f.
– empirische 171
– Faktenwirklichkeit und Lebenswirklichkeit 141
– Gefühl der Wirklichkeit 134
Wissen
– phänomenales 59-63, 66
– propositionales 29-31, 43, 61
Wissenschaftstheorie 1 f., 72 f.
Witz 55, 87 f., 94 ff.

Zeigen s. Sagen und Zeigen
Zustimmung 41
Zweifel, methodischer 7 ff., 11

www.ingramcontent.com/pod-product-compliance
Lightning Source LLC
Chambersburg PA
CBHW051100230426
43667CB00013B/2375